传统文化的传承与发展研究

荆怀芳 黄文敬 王 皎 著

中国原子能出版社

图书在版编目（CIP）数据

传统文化的传承与发展研究 / 荆怀芳，黄文敬，王
皎著. --北京：中国原子能出版社，2024.3
ISBN 978-7-5221-3284-6

Ⅰ.①传⋯　Ⅱ.①荆⋯②黄⋯③王⋯　Ⅲ.①中华文
化–文化发展–研究　Ⅳ.①K203

中国国家版本馆 CIP 数据核字（2023）第 255305 号

传统文化的传承与发展研究

出版发行　中国原子能出版社（北京市海淀区阜成路 43 号　100048）
责任编辑　张　磊
责任校对　冯莲凤
责任印制　赵　明
印　　刷　北京九州迅驰传媒文化有限公司
经　　销　全国新华书店
开　　本　787 mm×1092 mm　1/16
印　　张　11.25
字　　数　235 千字
版　　次　2024 年 3 月第 1 版　2024 年 5 月第 1 次印刷
书　　号　ISBN 978-7-5221-3284-6　　定　价　65.00 元

前　言

　　传统文化是一个国家、一个民族的灵魂，承载着丰富的历史信息，凝聚着民族精神。在全球化、信息化发展的今天，传承和发展传统文化显得尤为重要。我国拥有五千年的历史，传统文化源远流长、博大精深。从先秦诸子百家，到后来的道教、佛教、儒家等，我们的传统文化涵盖了哲学、道德、艺术、科学等各个方面。这些传统文化不仅为我们的先民提供了智慧和力量，而且对世界文明产生了深远影响。然而，在历史的长河中，传统文化的传承并非一帆风顺。在不同的历史时期，传统文化受到了不同程度的冲击和挑战。如何在新时代背景下，传承和发展传统文化，使之焕发新的生机和活力，成为我们面临的重要课题。

　　本书共分为七章，旨在讨论我国传统文化在新时代背景下的发展和创新。我国传统文化发展大背景是在全球化竞争的国际背景下，对于国外我们继续弘扬中国特色社会主义文化自信，积极宣传传统文化；对于国内我们要继续发扬传统文化中的优秀成分，建设以人民为中心的社会主义文化体系，服务人民和社会发展。我国社会仍旧在进行大规模的城市化，传统文化势必要受到现代城市快节奏生活的洗礼，传统服饰文化、饮食文化和器具文化等都要有一番新的变革。我国传统文化要在党的领导下乘着我国"一带一路"倡议发展的机遇，发展文化创意，快速向外传播。

　　本书致力于为关心传统文化传承与发展的人们提供一个思考和交流的平台。在撰写过程中，笔者充分吸收了学术界的研究成果，力求观点鲜明、论证严谨。希望通过本书的探讨，能够引发更多人对传统文化传承与发展的关注和思考，为我国传统文化的繁荣和发展贡献一份力量。

目　录

第一章　中国特色社会主义文化自信

文化自信是一个相对抽象的话题。由于人们对文化的认识不同，也由于文化自信极其重要，以至于人们对文化自信产生各式各样的分析和理解，这些认识有感性的也有理性的，其中还夹杂着一些似是而非的观点，影响学术界对文化自信的深入研究。因此，需要对文化自信的一般理论进行梳理、总结。这包括如何理解文化自信的概念与内涵、实质与特征，以及研究文化自信的重要意义等。厘清"文化"和"文化自信"的概念，探究中国特色社会主义文化自信的本质与内涵，认识中国特色社会主义文化自信的重要意义，有助于建立对中国特色社会主义文化自信问题的正确认知。

第一节　中国特色社会主义文化自信的内涵

一、文化自信的概念与内涵

"文化"与"文化自信"的概念和内涵作为我们研究文化自信的基础问题而提出，具有十分重要的研究意义。随着时代的更迭，"文化"和"文化自信"的含义也都在不断的发展变化，对这两个概念进行明确的阐释和界定是做好文化自信研究的首要条件。

（一）文化的概念与内涵

"文化"是一个复杂和简单相互交织的概念，它既可以包含十分庞杂的内容，也可以包含十分具体的指向，因为它与人们的生活紧密联系，不同的环境造就不同的文化认知，因此对"文化"的概念界定也是多种多样。"文化"的概念是研究的基础性问题，只有做好"文化"概念的界定，才能够在接下来的研究中准确理解和把握文化自信的内涵与实质。

1. "文化"的概念

"文化"一词在我国语言系统中早已有之。"文"的本义，指各色交错的纹理。在这个解释的基础上，"文"又被引申为各种象征性符号，以及文物典籍、礼仪制度等；"化"的本义指事物动态变化过程，后延伸出造化等意思，并由自然万物的生成、引申出道德伦理的化成。《礼记·中庸》中说："可以赞天地之化育"，这里提到的"化"，就是改造、教化之意。"文"和"化"一同出现于《周易·贲卦·象辞》中，这里提到了"天文"和"人文"两个词语，所谓的"天文"一词，指的是自然现象，也就是由阴阳、刚柔、正负、雌雄等两端交互作用而形成的自然世界。所谓"人文"，就是指自然现象经过人的认识、变化、改造的活动被称为人文活动。从西汉刘向开始将"文"与"化"二字联为一个词，他所提到的"文化"一词其本义是与"武力"相对的，即以文德来教化天下之意。到了近现代，对"文化"的理解就更加明确。梁漱溟指出："文化，就是吾人生活所依靠之一切。"这里对文化的解释虽然简单，但包含的内容较为丰富。

"文化"一词在西方语言体系中，来源于拉丁文"cultura"，指农耕及对植物的培育。15世纪以后，这个词语渐渐在社会上广泛流传开来，引申为对人的品德和能力的培养。19世纪中叶以来，"文化"一词被广泛应用开来，它也成为了含义较为丰富的一个词语。英国人类学家 E.B.泰勒出版了《原始文化》一书对文化的定义较为接近现今狭义的文化概念，他认为文化是包罗万象的，囊括了人类社会所具有的与文化相关的各项能力。这个定义非常具体地将文化内容进行了详细的分解和罗列，使这个抽象的名词更加浅显易懂。

以上所列举的文化定义仅仅是所有文化定义中的一小部分，因文化定义众多，没有任何一个人能够作出所有人都认同的文化定义。因此，综合上述定义所述，本书所研究的文化自信中的"文化"主要是狭义的文化，即按照张岱年、程宜山在《中国文化精神》一书中所指出的，"文化是包括哲学、宗教、科学、技术、文学、艺术、教育、风俗等的一个统一体系。"

2. 文化的内涵

"文化"一词不仅有着概念的多义性，同时也有着更为丰富的内涵。"文化"本身既具备"硬实力"，同时也具备相当强的"软实力"，它在推动人类改造自然和创造物质财富中发挥巨大的"硬实力"作用，而在"以文化人"、提升人类修养方面有着无以替代的"软实力"作用。文化以其强大的力量和深厚的内涵决定了其在整个社会发展中都具有举足轻重的作用。

文化是人类社会发展水平的反映。在马克思主义看来，文化在本质上是人类的一种特殊精神生活。而这样的比较高级的精神生活，必然是以一种比较高级的物质生产力发展水平为基础的。有什么样的社会发展水平，就会有同样水平的文化与之相匹配，如恩格斯所指出的，工业革命使人们的劳动生产力达到了一个相当高的水平，才使人类能够突破自我，创造出了可以满足全体社会成员丰富的物质消费的产品，并做好非常充足的准备，才使人们有空闲去学习文化、科学等更为有价值的东西。

文化是人类思想的外化，具有较强的凝聚作用。文化是思想的语言表达形式，从人类创造出文化开始，它就对人类产生了影响力，这种影响力是通过语言、文字等形式进行的。文化本身包含的内容较为复杂，表现形式较为广泛，究其原因是思想的多姿多彩赋予了文化的丰富内涵。文化具有凝聚社会力量的作用，这一理论来源于文化认同的作用。一个社会是否具有凝聚力来源于民族的凝聚力，民族是否具有凝聚力来源于是否有文化认同感。文化既不是枪也不是炮，但是为什么它能发挥出如此巨大的能量，就是因为它作为一种精神力量能够唤醒人们的思想意识。

文化具备较强的渗透性和融合性。文化其实是一种无形的"武器"，它作为国家之间竞争的重要因素而存在，代表着一个国家软实力的建设情况。文化作为一种无形的"武器"，具备较强的渗透性。国家的建设离不开文化的支撑，人们社会生活中任何时候都离不开文化，因此，文化是一种无形的力量，能对国家的发展和人们的思想产生极大的影响。融合性也是反映文化渗透性的一个方面，我们常常用文化无国界这样一个表述来形容本国文化与其他国家文化之间的关系，其所指的就是文化的融合性。所谓文化的融合性是指一种文化与另一种文化之间的交流、融汇、贯通。文化的融合作用非常广泛，它既可以发挥在传统文化与现代文化之间，又可以发挥在东西方文化之间，无论哪种文化都可以通过融会贯通进而相互了解，相互学习，共同进步。

（二）文化自信的概念与内涵

1. 文化自信的概念

"自信"中的"自"指的就是自己之意，"信"是"相信、信任"的意思，这个词从字面就非常容易理解，即自己要相信自己。"其拉丁文词源是 confidentia，取的含义是信赖、相信之意。"自信是一种对自己所具有能力的信任，是内心达到一个平衡点的心理状态，是自我内心强大的重要表现形式。

文化自信，就是指一定的文化主体对自身文化价值的总体认可和充分肯定，对自身文化生命力的自豪感和坚定信念。它与文化认知、文化能力和文化价值等密切相关。文化自信是一个国家、民族和政党对自己的思想、文化、学说等方面发自内

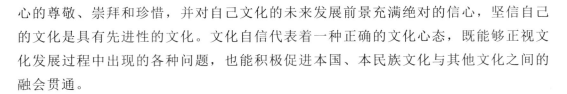

心的尊敬、崇拜和珍惜，并对自己文化的未来发展前景充满绝对的信心，坚信自己的文化是具有先进性的文化。文化自信代表着一种正确的文化心态，既能够正视文化发展过程中出现的各种问题，也能积极促进本国、本民族文化与其他文化之间的融会贯通。

2. 文化自信的内涵

"文化自信"是对社会主体的文化心理的抽象描述，主体是有差异的、具体的，因而文化也通过主体的差异性表现出了不同的形式和样态。人们在对文化的多样态进行回应时，会产生不同的态度，这其中，会存在着认同和反对两种态度，这两种态度会通过文化实践表现出来。文化自信，由于其是作为主体对自我的文化构建实践，因而十分重要。国内许多学者也对文化自信的内涵给出自己的理解，有的学者认为"文化自信是一种对自身文化价值和文化生命力的确信和肯定的稳定性的心理特征"。文化自信，从本质上讲是一种心理认同，这种认同不是受到威胁或者强迫才产生的，而是自发的一种心理行为。

二、中国特色社会主义文化自信的内涵

新的时代赋予文化自信更加丰富的内涵与实质，进一步提升了中国文化建设迈向新台阶、达到新高度的必然性。对中国特色社会主义文化自信的内涵与实质的探讨，是新的历史时期，研究文化自信这一论题的重要基础。

中华优秀传统文化、革命文化和社会主义先进文化作为一个有机整体，丰富和发展了中国特色社会主义文化自信的内涵，体现了在新的时代背景下，文化自信所具有的本质特征。

（一）中华优秀传统文化是中国特色社会主义文化自信之根

中华优秀传统文化是国家发展、民族兴盛的根脉，其所体现出的精神内涵是中华民族文化的精神实质，是我们治国理政的重要文化资源。中华优秀传统文化在滋养人心、固本安邦等方面都为我们提升中国特色社会主义文化自信提供了丰厚的养料，几千年的文化积淀是中国特色社会主义文化自信建设的重要根基。

首先，中华优秀传统文化是中华民族的精神来源。中华优秀传统文化不仅是中华文明生生不息的标志，更是中华民族精神的象征，是维护国家团结统一、反抗侵略的重要精神支撑。中华民族之所以千百年来屹立不倒，就是因为中华优秀传统文化赋予的精神气概。中华优秀传统文化中的优秀思想为我们今天解决国际社会共同面临的问

题提供了思路和方法，是我们中华民族不朽的精神命脉。

其次，中华优秀传统文化是中国特色社会主义文化建设的重要支撑。中国特色社会主义道路在建设过程中充满了艰难险阻，没有改革开放 40 多年的伟大实践，没有对新中国成立 70 多年来的持续探索，没有深厚的历史文明作根基，是根本不可能实现的。文化自信与文化自强，都是中国特色社会主义文化建设的重要组成部分。中华优秀传统文化不仅仅是一种文化，它还具有帮助解决当代人类面临各种难题的重要价值，这些难题正是制约当今世界发展的重要因素。中华优秀传统文化中对政治、社会等方面的哲理性判断，以及丰厚的思想资源，是我们在当前全球化进程中不可或缺的宝贵财富，是能够为解决这些发展难题提供行之有效的解决办法的重要资源。

（二）革命文化是中国特色社会主义文化自信之本

革命文化作为中国特色社会主义文化的重要组成部分，是中国特色社会主义文化自信的精神基石。革命文化是在新民主主义革命中取得的胜利果实，更是中国共产党和中国人民伟大创造精神的体现。

革命文化为中国特色社会主义文化自信补充精神之钙。习近平总书记将缺乏理想信念比作精神上的"缺钙"。之所以提到要给部分党员精神上"补钙"的问题，就是因为精神上"缺钙"不是一个小问题，它关系到中国共产党的发展前途，关系到中国社会的持续稳定。在工作生活中，我们有一些党员干部出现了理想信念不够坚定的问题，因此，我们现在急需寻找好的"药方"，给一些党员补好精神之"钙"。中国共产党在马克思主义理论的指导下，领导中国人民进行顽强的斗争，不仅仅是获得了革命战争的胜利和建设新中国的伟大成就，还有在这一过程中形成的星光熠熠的革命精神，这种革命精神就是我们打败强大敌人的重要精神力量。

革命文化为中国特色社会主义文化自信提供发展动力。在科学技术日益发达的今天，不仅中国发生着日新月异的变化，整个世界的发展也已经进入了一个新的时代。革命文化的形成，一方面是中国共产党在革命实践中形成的理论、方法，另一方面是中华传统文化优秀特质的传承和发展，才造就了在世界历史上都为之震撼的中国革命文化。革命文化是中国文化史册上的一颗耀眼的明珠，它完全体现了中国人民团结一心、破除万难的伟大力量，向世界证明了中国人民在中国共产党的领导下是无坚不摧、无所不能的，因此这种精神不仅是在战争年代需要，在我们进行社会主义先进文化建设的新时代更加需要。

革命文化为中国特色社会主义文化自信增强斗争意识。改革开放初期，我们国家把经济建设放在首位，取得了经济的飞速发展，人民生活水平获得极大的提高，整个中国社会发生了翻天覆地的变化。随着改革开放的不断深入，经济建设取得了巨大的成功，与之相匹配的精神文化需求，也被提到了日程上。革命精神代表着在艰难困苦中开辟新生活的决心和信心，是我们每一名共产党员和每一名中国人都不应忘却和丢失的精神品格。

多年以来，习近平总书记走访了多个革命圣地，他用自己的实际行动践行着对革命文化的追根溯源。革命文化主要诞生于革命年代，它摆脱了传统文化的某些束缚，具有革命的、创新的精神。正因为它自身所具有的革命性和先进性，决定了它具有着厚重的历史感、极强的时代感和巨大的凝聚力。

（三）社会主义先进文化是中国特色社会主义文化自信之魂

社会主义先进文化代表着中国文化的前进方向，是构建中国特色社会主义文化自信的重要组成部分。"高举什么样的文化旗帜，坚持什么样的文化方向，开辟什么样的文化道路，是一个政党的生命之源与精神之钙。"建设具有中国特色的社会主义文化强国，必须坚持社会主义先进文化前进方向。

社会主义先进文化对文化建设起到引领作用。从中国近代历史的发展来看，先进文化才是能够在新的时代引领中国大步向前的重要力量，更是能够凝结传统文化和革命文化精髓的核心力量。缺少先进文化作为中国文化精神的引领，中国就不能形成具有科学性、民族性、群众性、实践性和开放性的文化，更不能从一个经济落后、封建传统浓厚的国家，发展成为一个令世界为之瞩目的现代化国家。

改革开放以来，随着政治、经济体制改革的逐步深入，先进文化的智力和精神的支持作用逐步显现。先进文化在中国由计划经济体制向市场经济体制转变过程中，起到了保证社会稳定、促进改革发展的巨大作用，同时在提高中华民族的精神文明方面也发挥了无可替代的作用。改革开放过程中，诸多的社会矛盾和思想矛盾都一一显现，没有先进文化作指导，社会发展必然陷入混乱的局面，造成人们迷失在经济发展的浪潮中，失去精神世界的指引，必然造成社会的不稳定。中国改革开放40多年来的事实证明，先进文化的建设是中国改革开放取得巨大成就的重要保证。

在新的历史条件下，社会主义先进文化的重要性更加凸显。党的十八大报告中就已经把先进文化的发展与文化强国宏伟目标紧密联系在一起，并指出要在坚持其发展方向的基础上，树立高度的文化自觉和文化自信。社会主义先进文化指引着我们实现文化强国伟大目标的前进方向，是我们抵御错误文化思潮、纠正错误文化观念的重要武器。

重视社会主义先进文化的发展蕴含深意。重视和发展社会主义先进文化，具有非常重要的现实意义。我们正处在历史上最好的时代，改革开放充分释放了中国经济制度和政治制度的活力，向世界证明了社会主义制度的优越性。同时，也表明了我们要坚持发展社会主义先进文化的必要性。发展社会主义先进文化还是我们提升文化软实力的重要保证。在经济全球化浪潮席卷之下，文化与政治、经济之间的互相渗透已经不可避免，文化产业的重要性已经得到体现，文化产业带来的高额的经济利润，以及对国家价值观的输出、综合性国家整体实力的快速增强产生强烈的影响。

社会主义先进文化不是什么特殊的或者神秘的文化，也不是脱离社会实际的文化，它是我们目前正在全力以赴进行建设的文化，它的发展既是中华传统文化中优秀特质的继承和发扬，又是革命文化的延伸和发展。社会主义先进文化的建设与新中国的成立同步开启，一直到现在历经 70 多年的发展历程。文化自信伴随着社会主义先进文化建设的曲折发展也经历了许多波折，历经从自信到怀疑再到重新建立自信的过程，现在，我们的文化自信和社会主义先进文化一起迈进了发展的新纪元。中国特色社会主义先进文化代表着中国最强大的文化力量，是国家综合国力的重要组成部分。社会主义先进文化为现代化建设提供巨大的思想保证，并以其先进性保证了给予文化建设最重要的智力支持。无论是继承中华优秀传统文化还是弘扬奋斗的革命文化，其最终目的都是为了建设我们的社会主义先进文化，构建中国特色社会主义文化自信，最终实现文化强国这一伟大目标。

三、中国特色社会主义文化自信的重要意义

文化自信问题，在新的历史时期再次成为一个重要的实践和学术问题，并不是一种简单的时代归因，而是由历史与现实等多个重要因素合力促成的。强调中国特色社会主义文化自信建设，是对新时期国家建设核心问题的积极回应。新的时代，我们国家的综合国力正在大踏步地前进，我们的民族自信心也正在不断的增强，而文化作为世界各国的"必争之地"，其重要性不言而喻，文化自信作为一种精神、一种心态是我们未来占领文化高地的首要条件。

（一）中国特色社会主义文化自信决定着中国文化的发展高度

文化自信问题从提出之日起，它就已经不仅是一个文化问题，而是肩负着重要的历史使命，与国家和民族发展的命运联系在一起的一个政治问题。没有坚定的文化自信，就不能够正视历史，也不能有展望未来的能力，没有文化自信的国家就可能成为一盘散沙，就等同于整个国家没有同一的精神指向，再强大的经济力量也不足以独立支撑起一个国家、一个民族的发展。当今世界，我们能够越来越明显地感受到文化自信的强大力量，这种力量正带领着中华民族走在伟大复兴的道路上。文化自信我们自古就已有之，中华民族尽管经历过无数的磨难，但从未放弃过对自己文

化的自信，新的时代，我们的责任就是要更加提振整个民族的精神与气魄，要树立更加进取与自信的文化心态，要展示更加积极开放的文化形象，要让中国故事讲述得更加动人、更加温情，也更加自信，要让中华文化的成就为世界所用，为人类社会的发展提供中国能量。

（二）人民精神世界的强大是民族强大的内在保证

中国特色社会主义文化自信之所以成为中华民族伟大复兴的重要和必要条件之一，还因为它所具有的划时代的意义。文化自信问题是中华民族千百年来发展进程中非常重要的议题，任何时候都没有停止过对这个问题的研究和探讨，但是在新的时代，文化自信问题已经不再是以往的老问题，新时代的文化自信是区别于其他任何一个历史时期的新问题，是新时代赋予了文化自信更加丰富的内涵。我们正处在一个人民至上的新时代，一个马克思主义中国化焕发新生的新时代，一个以构建人类社会和谐发展为己任的新时代，必然要求我们的文化自信也要有与之相匹配的发展高度，能够坚定而执着地引领中国人民精神文化的前进方向。

改革开放后，大量的西方思潮渐渐涌入进来，由于各种思潮带来不同的思想，一开始人们对这些新的思想充满了好奇心，对它们研究的热情一阵高过一阵，一段时间以内，中国社会受到西方自由主义思潮的影响，人们的价值观产生了一定的偏颇，对奋斗、对理想的认识明显不足，中华民族的精神气概没有得到很好的彰显。随着中国经济实力、科研能力、政治能力等综合能力的不断增强，以及中国人民对问题的研究和分析能力逐步提升，最重要的是中国共产党在思想意识形态工作上及时地纠正纠偏，使人们对思潮的辨别力和思考力也逐步提升。当今时代我们需要的是怎样的精神特质、怎样的文化自信，一系列的问题摆在我们面前。中国共产党与中国人民一道，在寻找答案的路上共同前行。党的十八大以后，我们看到了更加充满光明的未来，中国人民的精神家园得到了进一步的巩固，居安思危的意识更强，更能够理性对待西方价值观，更加认可中国特色社会主义核心价值观的核心价值理念，对本民族的文化认同感更加增强。

第二节　中国特色社会主义文化自信的发展过程

中国特色社会主义文化自信源于"古"而成于"今"。唯有源自历史的文化自信，才是有"根"和"魂"的文化自信。数千年来，中华民族都对自身文化有着强烈的认同感和自豪感，五千年的文明孕育了伟大的中国文化。

一、中华五千年文明史孕育了中国特色社会主义文化自信

中华文明对整个世界的文明作出了不可磨灭的巨大贡献，深深影响了世界历史的进程。中华民族优秀而灿烂的文化深深根植于中国漫长的历史进程中，其产生的强大的精神力量是中国特色社会主义文化自信最深沉、最持久的历史底蕴。

（一）中华文明的独特思想和文化精神是中国特色社会主义文化自信的深厚根基

"数千年来，中华文明一直按照自身的逻辑延续和发展着，并创造了许多曾经领先世界的光辉成就。"在中华民族五千年文明发展进程中，形成了独特的思想体系和厚重的民族精神，这些思想和精神尽管已经流传几千年之久，在今日却仍然具有着独特的魅力和实践价值。屹立东方五千年的中华文明史绵延不断，培养了中华民族自强不息、刚健有为、以和为贵、和而不同、民为邦本、本固邦宁等许多优秀的思想，为中华民族发展壮大提供了丰厚滋养。正是如此，在漫长社会发展进程中，中华民族能在顺境中淡然处之、在逆境中奋而崛起。中国特色社会主义文化自信就是以这样深厚的底蕴为根基，在中国共产党的带领下继续创新创造和发展中华优秀传统文化，将马克思主义与中华优秀传统文化融会贯通，取得了文化上的大发展与大繁荣。

中华文明孕育了中华民族独特思想和文化精神，养成了中华民族良好的文化心态，培育出了许多世界级的文明成果，为人类社会的发展提供了弥足珍贵的精神食粮。中华文明带给中国人民的不仅仅是精神上的富足，还有更多的是对实际生活的指导性和可实践性，中华文明这种旺盛的生命力正是中华民族自信心的不竭之源。

（二）中华文明的光辉成就是中国特色社会主义文化自信的重要源泉

中国文化从先秦诸子百家开始，汉武帝"罢黜百家、独尊儒术"之后，儒家思想被抬高到统治和支配整个民族精神文化的主宰地位，成为了在之后两千多年时间里称霸思想界的一枝独秀，其主导地位在"五四革命"以前从未动摇。不可否认，儒学是中国文化历史上的一颗桂冠，他是中华民族历史最悠久，生命力最旺盛的传统文化。先秦早期儒学初步形成，孔子思想一经问世，就获得了上层统治阶级的欢迎，孔子提出的"仁政德治"主张成为了中国文化传统的思想宗旨。虽然儒学经过了秦始皇时期的"焚书坑儒"等一些坎坷经历，但是在西汉时期，由于汉武帝以积极的态度确立了儒家学术至尊无上的地位，使思想文化上的统一局面在汉王朝出现了。随着儒家文化的高度繁荣，我们打开了通向西方的通道，为西方输送了先进的文化和技术，对西方

文明乃至世界文明都带来了强烈的震撼和影响。从此开启了中华民族文化自信的篇章。

两汉时期，张骞出使西域、班超经营西域，开通了陆路丝绸之路。"张骞通西域，使汉王朝的声威和汉文化的影响传播到西域，又由此传到欧洲，当时的中国以文明和富强的政治实体而闻名于世。"伴着隋唐盛世的到来，中华民族的文化自信也进入了大发展时期。强盛的综合国力和高度繁荣的经济文化，使得唐朝成为了亚洲文明的中心，吸引了众多的亚欧国家前来学习和交流。我们的传统文化在这一时期也被广泛传播开来，以至于到现在，许多当时曾派使节前来学习和交流的国度至今保存着唐朝时期的传统文化。随着北宋时期指南针在航海中的应用，海上丝绸之路在宋元时期开始进入了极速扩张以至达到顶峰时期，中国的四大发明也开始在世界各国中传播开来，中华民族的文化自信仍然以巨人的姿态站在了各国面前。这一时期，丝绸之路上商贾往来频繁，贸易相当活跃。"通过丝绸之路，西夏、吐蕃、回鹘、龟兹、波斯、印度、罗马等国的使节运送毛皮、玉石、香料等不断地由洛阳和开封进入北宋腹地，北宋的丝绸、茶叶、金银器皿、书籍等也源源不断地流向西方。"丝绸之路更深层的意义在于文化的交流，洛阳的书画成为了朝鲜和日本人跪求的对象，宋代的陶瓷也成为欧洲贵族们高贵的象征，这一时期，宋朝周边的辽国、金国等国家也都相继认同和学习中原文化，法国著名汉学家谢和耐曾说："在社会生活、艺术、娱乐、制度、工艺技术诸领域，中国（宋朝）无疑是当时最先进的国家，它具有一切理由把世界上的其他地方仅仅看作蛮夷之邦。"虽然元朝是历史上第一个由少数民族掌握全国政权的国家，但是中华传统文化在这一时期非但没有中断，反而不断地发展壮大。元代在传统文化传承上还有自己比较独特的一面，它把中原农耕文化和北方游牧民族的草原文化、其他少数民族文化以及中亚伊斯兰文化、佛教文化、基督教文化等多方渗入，形成了具有元代时代特色的中华传统文化。元代不仅继承了历史上中华先进的文化，在国际上对中华传统文化的传播也起到了极大的推动作用，这时期，中外文化之间的交往日益频繁，宽松的文化环境使得文化更加繁荣发展。明朝是把中国文化发扬到又一个历史高度的朝代，向西方世界展示了中华灿烂辉煌的文明。明朝文学艺术发展空前繁荣，古代科学技术在明代也得到不断的发展，其中农学、医药学、金属冶炼等都居世界领先地位。在明朝，东亚及西方各国与明朝的往来更加密切。"中国的文化包括儒家经典著作等，也以这些传教士为中介，陆续向西方传播，在西欧一些国家掀起一股崇尚中国的风气。"清朝，因他是中华民族历史上的最后一个王朝而具有着极其特殊的意义。清朝前期政治稳定、经济繁荣，促进了文化的发展繁荣。但是，在这一时期，统治阶级推行的文化专制主义对文化的发展还是有一定的破坏性的。随着历史的推进，由于晚清政府的昏庸，中华传统文化也逐渐由兴盛走向了衰微。清朝后期，中国的封建制度显出了它的颓废之势，处在了土崩瓦解之际，然而，世界局势不会因为中国社会的落后而停止发展变化。16 世纪西欧各国先后进入资本主义时代，"到 1807 年，第一艘蒸汽轮船在西方国家造成，世界形势急剧变革，新兴资产阶级国家对中国施行炮舰政策已经提上议程，而处于釜中鱼、幕上燕这种险境的清朝道光皇帝还懵懂不知，大做其天朝上国万事长存的甜梦"。伴随着中华传统文化的衰落，中国人的文化心理也发生了重大嬗变，即由文化自信转向了文化自卑。

二、中国共产党百年奋斗史孕育了中国特色社会主义文化自信

中国共产党的百年革命史和奋斗史是中华民族持续走向政治解放、经济腾飞、文化重建的民族复兴之路的坚实基础。一百年来的辉煌与艰辛，使中国共产党成为中华民族最坚强的领导力量。中国共产党肩负着为中国人民获得解放、为中华民族摆脱衰亡走向复兴的历史使命。在新的伟大时代，文化自信的提升更加离不开中国共产党在百年斗争中传承的英勇无畏、义无反顾的精神支撑，中国共产党百年奋斗史就是中国特色社会主义文化自信的发展史。

（一）五四新文化运动与文化自信的重塑

马克思主义在中国的传播是五四新文化运动最重要的历史成就。从此，在马克思主义指导下，中国文化面貌焕然一新。五四新文化运动不仅打破了旧思想的束缚，并且帮助中国走出了落后思想的泥潭，改变了我国近代文化的走向，是重塑中国文化自信的开端。

五四新文化运动是一场真正的思想革命，也正是有了这样一场彻底的反对封建专制和封建道德的思想革命，才唤起了民族意识的觉醒。五四新文化运动对旧文化进行了批判，特别是对"孔学"进行了批判。但五四新文化运动并不是对传统文化的完全的批判，而是对封建礼教的批判。五四新文化运动的"反孔"言论，重点是破坏礼法、破坏旧伦理、破坏旧习俗，对儒学的理论层面，如仁、义、心、性等问题则几乎没有涉及。从新文化运动的积极作用中，我们又一次看到了社会革命的先声必然是思想文化。新文化运动既然作为辛亥革命在思想方面的继续，足以说明文化的作用在任何一个时代都是举足轻重的，文化才是真正能够使一个民族一个国家强大的思想根基。思想不进步，永远也不可能换来国家进步；文化不发展，永远不可能换来国家富强。

因此，五四新文化运动是中国近代社会发生的种种变化的重要一环，同时他也是我们在当今时代要深入研究和不断反思的一个历史时期，我们只有不断地回顾历史，才能够更好地展望未来。历史不仅仅是借鉴，它更深刻的作用是促进今人的反思和自

省。五四新文化运动作为中国"新学"和"旧学"之间的一个分水岭，引发了中国文化变革的发生，这是中国几千年来文化方面发生的最大的纷争和变革的开端，其所形成的巨大影响，是我们谈中国文化时不能绕开的一个重要时期。

五四新文化运动，是近代中国文化的一个转折点。从一个角度说，基于对现代性的认识和渴望，人们对孔子及其学说进行了新的探微，在当时的中国，这种探微是具有批判性的，当时的儒家势必要对这种批判性进行回应，同样基于现代性的需求，儒家的这种回应，促使儒家文化内部出现了面向现代的转型；从另一个角度说，面对着"数千年未有之大变局"的知识分子，自然地对日渐形而上的"传统"产生了无力感，人们需要新的、系统性的方法，来解决新的问题，"民主"和"科学"被认为是改变世界力量局面的核心因素，因而也被认为是当时中国破局的希望所在。这种站在中国反思中国，基于西方认识西方的心态，以其极强的开放性，推动了一种更加革命的、先进的、科学的社会方法论——社会主义运动在中国的传播、诠释与实践，从而为以追求民族独立，构建民族国家为目的的新民主主义文化的形成，指出了新的希望，有志者得到了新文化的滋养，精神上得到灌溉，灵魂上得到激励。在五四新文化运动中，陈独秀、李大钊、胡适、鲁迅等人认为中国传统文化中的陈旧的、封建的观念是导致中国专制主义思想的根源。因此，他们把1840年鸦片战争以来的中国危机归结为政治思想上现代观念的缺乏，尤其是对自由、民主观念的缺乏。他们批判旧文化、旧道德，呼唤新文化、新道德。五四新文化运动对传统文化的批判，以及对西方自由、民主、平等的大力提倡和宣传，为共产主义思想与文化在中国的传播扫清了障碍，加速了中国传统文化向现代新文化的转型。

"新文化运动初期，大多数知识分子是在激进民主主义、无政府主义和历史进化论的鞭策和引导下，奔向新文化的队伍。"他们在五四精神的指引下，对中国传统文化进行了强烈的批判，取得了一定的文化硕果，如陈独秀的政治思想、蔡元培的教育理论、胡适的哲学著作、鲁迅的小说创作、郭沫若的诗歌以及白话文运动、新道德建设，都是这场新文化运动的"战绩"。中国新文化的诞生和发展，是无数仁人志士和知识精英在与传统文化痛苦斗争中赢得的。如果没有五四新文化运动带来的文化觉醒，就不可能有民族文化发展的到来。

十月革命以后，马克思主义在中国得到了广泛的传播。李大钊发表了《法俄革命之比较观》《庶民的胜利》《布尔什维主义的胜利》《我的马克思主义观》等介绍和宣传马克思主义的文章，并且在北京大学组织马克思学说研究会，成为马克思主义在中国传播的奠基人。同时，马克思、恩格斯、列宁的部分著作中译本开始出版。除了这些力量的使然，真正使马克思主义在中国思想界成为主流力量的，是"三次论战"。所谓"三次论战"，是指马克思主义同资产阶级改良主义的论战、同基尔特社会主义的论战、同无政府主义的论战。"'五四'时期，马克思主义文化在与其他文化的比较、对话和论战中胜出，成为新文化运动的主导。"马克思主义的传播改变了新文化运动的主线，使中国人民找到了救亡图存的真理。五四新文化运动时期，中国人的思想之所以能够走出以前的泥潭，中国人的面貌之所以能够焕发一新，就是因为马克思主义像一团熊熊燃烧的烈火，在中国土地上以不可阻挡之势进行广泛传播，"中国人找到了马克思列宁主义这个放之四海而皆准的普遍真理。中国的面目就起了变化了。"

（二）革命文化的发展与文化自信的形成

五四新文化运动中重塑的文化自信，是马克思主义指导的文化自信，可以说是新民主主义革命文化自信的萌芽。具有这种文化自信的，在当时只是一些先进分子，而我们现在所说的革命文化自信，是中国共产党及其领导的中国人民对革命文化的自信。这种对革命文化的自信，只能在中国共产党成立后，随着革命文化的发展而形成。

五四运动后，在马克思主义与中国工人运动相结合的基础上，中国共产党于1921年7月成立。中国的先进文化，在当时就是以马克思主义为指导的新民主主义的革命文化。在中国共产党第一次全国代表大会通过的决议中，就规定要建立工会、工人学校和工会组织的研究机构，研究马克思主义的经济学说、工人运动史和各国工人运动和现状，"研究的成果应定期发表""教育工人，使他们在实践中去实践共产党的思想"，并对书籍、期刊和报纸等的出版作了相关规定。这些规定表明，中国共产党从成立之时起就十分重视革命文化的建设，就举起了革命文化的旗帜。中国共产党成立后，创办了一批报刊，出版了一批书籍。1921年8月创办的《劳动周刊》，通俗地向工人宣传马克思主义。同年12月创办的《妇女声》（半月刊），向广大妇女宣传革命思想和文化知识。1922年1月创办的《先驱》（半月刊），是向青年宣传马克思主义的刊物。同年9月创办的《向导》周报，是中共中央机关报。在书籍出版方面，仅一年时间就出版革命书籍（包括马克思主义著作）15种，每种印数3 000册。在这同时，中国共产党还在一些城市创办了一批工人夜校、妇女学校，并于1922年10月同国民党人于右任一起创办了培养干部的学校——上海大学。中国工人运动之所以从1922年1月开始形成高潮，中国革命之所以开始出现新局面，与中国共产党的这些宣传工作分不开。这些宣传工作，可以说是中国共产党领导的革命文化建设的开端。

1924年1月，中国共产党与中国国民党的第一次合作建立后，革命文化建设在国共合作条件下有了一定的发展。在国共两党合作创办的中国国民党陆军军官学校（黄埔军校）中，担任政治教育工作的主要是共产党人。在国民党开办的农民运动讲习所中，担任政治教育工作的主要也是共产党人。他们既讲授孙中山的三民主义，也讲马克思主义和社会主义，讲俄国革命，讲中国工人运动和农民运动。中国共产党还通过

《向导》周刊等报刊，宣传反帝反封建的革命纲领，宣传统一战线政策，报道各地的工农运动，揭露和批判国民党右派的反革命活动。

毛泽东任主编的《政治周报》，对打破各种反动派别的反革命宣传、维护革命统一战线，起了重要的作用。中国共产党领导的农民运动，使政治宣传和文化活动发展到农村。在农民运动开展起来的地方，作为封建文化遗留的族权、神权、夫权思想乃至各种邪教组织、迷信活动，都受到冲击或被破除，各地农民的文化程度迅速地提高了。这一时期的革命文化建设虽然有了一定发展，但总体上说还不是中国共产党独立领导的文化建设，革命文化建设的方针尚未提出。革命文化尚未在人民群众中得到相当的普及，尚未形成对革命文化的自信。

1927 年大革命失败后，中国革命进入土地革命战争时期。中国共产党确定了武装反抗国民党反动统治、实行土地革命的总方针，领导了南昌起义、秋收起义、广州起义和其他各地的起义，建立了中国共产党领导的人民军队——中国工农红军，相继开辟了十几块农村革命根据地，这就为进一步发展革命文化建设提供了条件。1928 年 7 月，在中国共产党第六次全国代表大会通过的决议之一《宣传工作的目前任务》中指出：第一，应使全体党员具有较强的政治意识；第二，要注重培养党性意识强的理论宣传员，不断提升他们的理论认知，并且还要着重对工农群众进行党的理论的普及。1934 年 1 月，毛泽东在第二次全国苏维埃代表大会上的报告中指出："为创造革命的新时代，苏维埃必须实行文化教育的改革，解除反动统治阶级所加在工农群众精神上的桎梏，而创造新的工农的苏维埃文化。"党的第六次全国代表大会这个决议中的规定和毛泽东在这个报告中提出的要求，实际上是中国共产党在当时发展革命文化的方针。在这样的方针指导下，中国共产党领导的革命文化建设全面展开。

在根据地，中国共产党和苏维埃政府先后创办了《布尔什维克》《斗争》和《红色中华》《苏维埃文化》等党的机关报和政府机关报，宣传党的主张，宣传党和政府的方针政策，报道全国形势和革命斗争的形势，指导根据地的政治、经济、文化建设。在这些报纸中，《红色中华》的影响最大。各级苏维埃政府都设有文化教育的管理部门，管理干部教育、中小学教育和社会教育以及各种文化事业。在党和政府的领导下，各根据地的文化教育事业出现了欣欣向荣的景象。1929 年 12 月召开的红四军第九次党代会通过的毛泽东起草的决议案（即古田会议决议）中关于军队政治教育和军队文化工作的经验，在全军得到推广。中央革命军事委员会和总政治部还先后创办了《红旗报》《红星报》《政治工作》等报刊，指导军队建设，其中包括军队的文化建设。在军事报刊中，《红星报》的影响最大，邓小平、陆定一先后主持过该报的编辑工作，周恩来在该报上发表过文章，毛泽东曾为该报题词。在国民党统治区，中国共产党主要是推动和领导左翼文化运动。中共中央要求在国统区工作的党组织团结革命的、进步的文化工作者，把他们团结在鲁迅的旗帜下进行斗争。1930年2月，中国左翼作家联盟成立，随后又成立了中国左翼文化界总同盟，其中包括社会科学界、戏剧界、教育界、新闻出版界、音乐界、美术界、电影界的左翼文化组织。这些左翼文化组织和左翼文化工作者在国民党统治区内坚持弘扬和发展进步文化、革命文化，其中的先进人物郭沫若、艾思奇、王亚南、郭大力等还撰写出版了宣传马克思主义的著作或翻译出版了马克思主义经典著作。

土地革命战争开始后，中国共产党领导进行的这些工作及其成效表明，革命文化建设得到了全面加强，党、红军和全国人民特别是根据地人民对革命文化的自信也在增强。但中国革命进入土地革命战争以后，中国共产党内连续出现了三次"左"倾错误，尤其是在1931年1月中共六届四中全会后，以王明为代表的"左"倾错误，影响了党的各方面工作的发展，给中国革命造成了许多损失，包括革命文化建设的损失。1934年10月以后，各根据地红军的反"围剿"战争相继失败，被迫退出根据地进行长征。所以，革命文化的力量尚未充分地表现出来。但中国共产党成立以来的革命文化建设，毕竟为革命文化力量的充分显示，为革命文化自信的充分表现，奠定了基础。

文化自信是人民对一定文化的自信，是一种精神力量，这种精神力量不但表现为对一定文化在思想上的认同，而且表现为对这种文化在实际行为上的坚持和坚守。这种在行为上的坚持和坚守，是主观能动性的发挥，是一种物质力量。这种精神力量的实际行为，往往在外部条件的作用下得到强化，并充分地表现出来，对革命文化的自信也是这样。1935年1月，中共中央政治局于长征途中在贵州遵义召开了扩大会议，即遵义会议。这次会议总结了反"围剿"战争失败的教训，结束了以王明为代表的"左"倾错误在中央的支配地位，把党的路线方针转到了正确的轨道上来，开始形成了以毛泽东为核心的中央领导集体，从而在极其危急的情况下挽救了党和红军，挽救了中国革命，成为中国共产党历史上一个生死攸关的转折点。遵义会议后，红军继续长征，并于1935年10月到达陕北，同陕北的红军会师。1936年10月，各路红军在西北地区会师，历时两年的长征胜利结束。红军长征的胜利，使中国革命有了新的出发点和落脚点，开创了中国革命的新局面。

红军的长征，形成了伟大的长征精神。长征精神虽然是后来概括的，但这种精神的表现却是当时的。这种精神不但是中国共产党的革命精神，也是中国人民的革命精神，因为中国共产党是中国人民的先锋队，红军是人民的军队。人民群众为长征胜利作出了重要的贡献。长征精神的底蕴，是中国共产党提出的革命的社会理想，是中国共产党倡导的革命的思想观念，而这些恰恰是由革命文化体现的更基础、更广泛、更深厚的和更深层的精神力量。长征精神是对这样的社会理想和思想观念在思想上的认同，在行为上的坚持和坚守。所以，长征精神所体现的归根结底是对革命文化的自信。

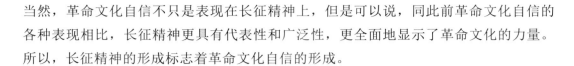

当然，革命文化自信不只是表现在长征精神上，但是可以说，同此前革命文化自信的各种表现相比，长征精神更具有代表性和广泛性，更全面地显示了革命文化的力量。所以，长征精神的形成标志着革命文化自信的形成。

（三）文化自信在新民主主义革命中的发展

在新民主主义革命时期，以毛泽东为代表的中国共产党人，在领导中国革命、解决民族解放和民主革命的时代性课题的同时，对新民主主义文化建设从理论和实践上进行了探索，形成了系统的新民主主义文化理论。在新民主主义革命中形成的革命文化是我们中国特色社会主义文化自信的源泉之一，具有着十分重要的地位和作用，有力推动了新民主主义文化建设事业及中国革命事业的发展，也为新中国成立以后中国共产党开辟中国特色社会主义发展道路提供了宝贵经验。

革命文化在抗日战争时期和解放战争时期对革命和建设的胜利起到了极大的推动作用，没有"革命文化事业，革命和建设的胜利是不可能的"。革命文化是革命的有力武器，它贯穿于革命的始终，是一条重要的战线。在这一时期，革命文化战线与军事战线同等重要，建设一支文化的军队，是战胜敌人的重要法宝。毛泽东指出，如果不发展文化，我们的经济、政治、军事都要受到阻碍。尤其像不识字、不会算账等这些基础文化的缺少，会严重妨碍我们的经济、政治、军事的发展。因此，毛泽东提出了要发展文化的倡议。在这一时期，革命文化不仅是为革命战争服务的，它同时也是将来建设中的重要因素。没有革命文化，革命和建设都不可能取得胜利。

在新民主主义革命过程中形成的文化理论，为中国革命文化事业的发展提供了切实可行的战略方案，是中国新文化建设的有力政治基础。这个文化观就是《新民主主义论》中提出的"民族的、科学的、大众的文化……就是中华民族的新文化"。这一文化的思想的提出，使这一时期的文化建设目标更加明确。抗日战争开始以后，教育受到了更加广泛的重视，中国共产党人大力兴办学校，开展小学义务教育，同时，还注重教育体系的改革，使新课程的实施以抗日救国为主要目标。不仅在学校教育上有所变革，在群众教育上也同时推进创办识字班、宣传抗日等活动。在干部教育上也齐头并进，争取吸收更多的知识分子，扩充中国共产党的人才队伍，为之后抗日战争的胜利提供了有力的人才保障。这一时期，除了发展教育，文艺宣传工作也有了长足的进展。中国共产党在革命根据地开展了各种形式的文艺宣传活动，并组织儿童剧场、戏剧团队和宣传队等到战区做宣传和慰问工作。作为文化建设的重要组成部分，新闻出版工作也是这一时期文化建设的重要方面。中国共产党人高度重视新闻的宣传和引导作用，积极开展新闻出版工作，主要是通过媒体报刊等宣传我们的抗战方针等，在主要报刊发表毛泽东等重要领导的讲话和文章，使全国人民更加及时、准确地了解我们的抗日救国的主张，进一步了解抗战情况。

新民主主义革命时期，中国共产党人创造的革命精神是形成文化自信的重要来源。这一时期形成的伟大建党精神、井冈山精神、长征精神、延安精神……，把中国革命精神推向了一个又一个的高峰，"诠释了革命精神的真髓，是中国共产党革命精神最生动、最完整的鲜活范本和表现形态"。在抗日战争时期，面对强大的敌人，中国共产党与中国人民一起，凭借着百折不挠、坚忍不拔的必胜信念和顽强的毅力，取得了抗日战争的胜利。解放战争的胜利是中国人民解放军英勇善战和在人民群众的强大支援下取得的胜利。中国人民解放军的英雄气概保证了我们中国革命最终走向胜利。人民群众在解放战争中为中国人民解放军提供了强大的后方保障，为战争提供了从人力到物力的支持，没有广大人民群众的支持与帮助，中国人民解放军不会在最短的时间就实现了解放战争的胜利。

对新民主主义革命中产生的革命文化，中国共产党人有着足够的自信。毛泽东在《唯心历史观的破产》中，以对中国革命深刻的总结反驳了美国资产阶级发言人艾奇逊对中国近代史的污蔑，表现出了中国共产党人对革命文化的充分自信。从 1840 年鸦片战争开始到 1919 年五四运动，中国人缺少思想武器抵御帝国主义，即使后来被迫学习西方资产阶级进化论和资产阶级共和国等思想和政治方案，组织过政党，举行过革命，都没有带领中华民族走出泥潭。直到中国共产党的诞生，学会了马克思列宁主义新文化，即科学的宇宙观和社会革命论，与帝国主义的斗争开始逐步走向胜利。毛泽东认为我们这种通过中国人民解放战争和人民大革命夺取的胜利，使我们的伟大的人民创造的文化已经从精神层面超越了资本主义。

三、新中国史和改革开放史孕育了中国特色社会主义文化自信

新中国成立后的 70 多年，中国的社会主义建设一路虽充满了艰辛与困苦，仍取得了令世界瞩目的辉煌成就，改革开放解放了人的思想，提升了整体社会的活力。我国实现了从封闭半封闭到全方位对外开放的历史性转变，实现了从落后于时代到大踏步赶上时代、再到引领时代的历史性转变。正是改革开放这个伟大革命为中国特色社会主义文化自信建设实现质的飞跃奠定了坚实的基础。

（一）新中国成立后文化自信的培育和构建

新中国成立初期，中国仍然处在社会剧烈变迁和全面转型相互交织的特殊历史时期，中国共产党作为执政党，面临着艰巨的历史任务与挑战。同时，由于旧思想的存在，一部分文化教育工作者对党的文化政策和马克思主义的方法、理论并不十分了解，

因此，中国共产党急需构建新的文化体系，以引领和统一人民大众的思想。

新中国成立之初的马克思主义教育是在社会深刻变革与急剧变迁的历史背景下开展的，是一场产生深远影响的马克思主义宣传教育活动。

首先，加强党员干部的理论教育。"新中国成立前，干部的马克思主义理论水平较低，只有极少数干部系统阅读过马列著作，绝大多数干部都没有学过或只读过一点。"党员干部的理论功底和科学素养，对于能否胜任领导工作，开展新中国的建设工作，有着举足轻重的作用。党员干部的言行举止是一个政党的精神的反映，因此，新中国成立后各级党委通过创办党校来满足党员干部学习马克思主义理论的需要。其次，对知识分子进行思想再造。新中国成立后，知识分子接受新思想教育的问题一直受到中共中央的重视，并决定通过对知识分子进行马克思主义理论的教育使他们适应新社会的发展，并尽快成为马克思主义理论阵营中的一员。主要是通过开办各种培训班、军政大学、革命大学等途径，让他们学习社会发展史、历史唯物论等几门课程。

新中国成立初期，中国共产党通过报纸、刊物以及广播等来宣传马克思主义理论，充分借助媒体的宣传面广的特点，加大党的理论知识的宣传和教育活动。首先，不断丰富报纸内容，在报纸上宣传党的方针政策和思想理论。新中国成立后，中国报纸业的发展非常迅猛，像《人民日报》《光明日报》《解放军报》等都开始大量宣传马克思主义基本理论。其次，通过创办理论刊物大力传播马克思主义理论。新中国成立初期，中国共产党创办了许多理论刊物，如《红旗》《哲学研究》《经济研究》等刊物，许多专家学者在上面积极踊跃地发表关于马克思主义理论研究的文章，在社会上引起了较大的反响。最后，通过举办社会科学学习讲座，宣传理论知识。新中国成立初期，中央及各地广播电台邀请社会科学的理论专家开展学习讲座，介绍中国新民主主义革命史、中国革命的主要经验、新民主主义的政治、经济、文化和中国革命的前途等问题。

新中国成立初期，创作了一些非常优秀的电影作品，将马克思主义理论融入到作品中去，以最贴近人民群众的、最易于人民群众接受的形式灌输马克思主义。这一时期的优秀影视作品有《中国人民的胜利》《上甘岭》《白毛女》等。同时，中国共产党通过改编传统戏曲来传播马克思主义的新思想。我国戏曲不仅资源丰富，还是人民群众非常喜欢的一种娱乐形式。新中国成立初期，中国共产党通过多方努力，积极营造学习马克思主义理论的环境，多途径推进马克思主义学习教育活动，成效显著，增强了人民群众对马克思主义的学习和了解。

新中国成立初期，我们党在对待传统文化上采取了毛泽东提出的取其精华、剔除糟粕的方针，但是由于时代的不同，我们所面临的问题也就不同，使我们在中华传统文化上还是与新民主主义时期产生了一些区别，但并没有改变辩证对待中华传统文化的基本方向。这一时期，辩证地继承和发展中华传统文化成为文化改造的主旋律。1956

年，在中共八大的决议中指出要努力创造社会主义的民族的新文化。随后，毛泽东又提出了"百花齐放、百家争鸣"和"古为今用""洋为中用"的方针，这一时期对传统文化和外来文化的关系研究较多，主张不排斥外来文化，但是对外来文化不能实行"拿来主义"，主张要继承传统文化，但是对传统文化不能无条件地继承。中国共产党对待传统文化批判继承的态度极大地推动了传统文化的发展，"辩证的否定观"从理论和思想上给予传统文化足够的重视，并通过对传统文化的改造使其能够为新社会服务，有助于新中国成立初期文化自信的建立和发展。另外，中国共产党通过认真开展针对传统文化中的陋俗文化的批判运动，对各种丑恶现象进行了无情的揭露，改变了整个社会风气，为社会主义建设提供了重要的思想保证。但是由于中华传统文化根基较深、受众人群较多，仅仅批判还不能够使陋俗文化消亡，中国共产党采取了改造的措施，掀起了一场群众性的运动。如当时对新《婚姻法》的宣传，中央政府政务院决定在"全国范围内（少数民族地区和尚未完成土地改革的地区除外）针对婚姻法开展宣传活动，要从根本上解决这个封建顽疾，解除束缚女性的婚姻枷锁，实现男女平等、婚姻自由。"各地充分利用多种途径和方法宣传婚姻法，新《婚姻法》在人民群众中接受度显著提高。同时，还对旧的教育进行了积极的改造，取消了国民党政府开设的"党义""公民""童子军""军事训练"等反动课程，逐步开设革命政治课。

（二）社会主义文化自信的建构与曲折发展

新中国成立后，在新民主主义向社会主义过渡阶段，我们国家在文化建设上也进行了大力的推进和改革，取得了长足的进展，文化建设呈现一片欣欣向荣的景象，极大地调动了人民群众参与文化建设的热情，文化自信建设进入了一个新高潮。但是在中国开展"反右"运动以后，中国文化事业的脚步有所停滞。

新中国成立前夕，毛泽东曾自豪地宣布，近代世界历史上那种看不起中国人，看不起中国文化的时代应当完结了。这强烈的文化自信必然带来轰轰烈烈的革命热潮和建设热情。伴随着全国各项事业的稳步推进，社会主义文化的发展热情也十分高涨。主要是在 1949 年到 1956 年这段时间，社会主义文化蓬勃发展，取得了比较大的成就。首先是制定了文化发展的长远目标，把社会主义文化建设提到了战略的高度；其次是开展了全面的文化教育活动，例如全国范围的扫盲运动；再次是进行了一系列文化政策的制定以保证社会主义文化建设。在这一时期，中国共产党开辟了许多文化发展的新路径，创立了新的文化理论和新的文化形式等等，文化在各个方面都展现出了繁荣的景象。人民群众的文化自信也随着文化的繁荣发展不断提升，人们享受着空前的文化盛宴，文学、艺术等各个方面百花齐放，百家争鸣，产生了一大批优秀的文学艺术作品。这些作品深切地体现了人民群众对美好生活的热爱和对未来生活的向往。

1957 年"反右"运动开始以后，社会主义文化建设进入了曲折时期。尤其是"文化大革命"开始之后，我们的文化建设遭到了重创，但是中国人民并没有放弃斗争，对待西方的恶意封锁进行不屈的斗争，在联合国上争取到了合法席位。同时，国内的各项建设工作也没有落后，为战争做好了全面的、充足的准备。在这一时期，出现了以"铁人精神""大寨精神""红旗渠精神""雷锋精神"等为代表的英雄模范人物，他们创造了在任何困难条件下都仍然坚持奋斗的社会主义文化精神。

改革开放后文化自信的培育和重构终于吹了进来，重提"双百方针"、进行真理标准的大讨论、坚持"二为"方向、为受迫害的文艺工作者平反等一系列工作，使社会主义文化建设走上了正轨。国家从多个方面为文化建设的发展提供有利条件，极大地促进了文化自信的发展。

改革开放以后，中国文化建设取得了丰硕的成果，对中华传统文化的认识也经历了从最初的小心翼翼到放开手脚去研究的发展过程，扭转了从五四新文化运动以来中华传统文化饱受鞭挞和批判的局面。随着改革开放的不断深化，社会和文化环境进一步宽松，加大对传统文化的研究力度、重新认识传统文化价值的呼声越来越高。由于20 世纪 80 年代引进西方文化的同时，历史虚无主义和民族虚无主义思潮乘虚而入，对中国文化的弱化作用十分明显。党和国家领导人深刻意识到如不对这些思潮加以引导，其带来的社会危害显而易见。因此，在这种背景下，中央领导人李瑞环于 1990 年在全国文化艺术工作情况交流座谈会上发表了关于弘扬民族优秀文化的若干问题的讲话。这是新中国成立后第一次由中央最高领导层为传统文化发声，开中国共产党历史之先河。这次对传统文化的阐述非常的具体，提出了在当前形势下弘扬传统文化的重要性、借鉴与吸收外来文化的作用等，重申了对待传统文化的方式方法，重点阐述了对待传统文化的理解和尊重态度。以李瑞环讲话为标志，中华传统文化的价值得到了基本的肯定。

进入 21 世纪，党的十六大的报告中明确要求："要把弘扬和培育民族精神作为文化及社会建设极为重要的任务"。随着改革开放的发展，国际文化间交流、交融、交锋更加频繁，中国在国际舞台上的影响力与日俱增，中华传统文化的价值被进一步发掘和认可。这一时期，以"国学热"为代表，掀起了一阵又一阵学习传统文化的高潮，孔子学院扎根于世界多个国家，预示着传统文化的春天真正来临。党的十七大提出了"弘扬中华文化，建设中华民族共有精神家园"的任务。

党的十八大以后，我国传统文化发展深入贯彻新发展理念，坚持以人民为中心的工作导向，坚持以社会主义核心价值观为引领，坚持创造性转化、创新性发展，坚守中华文化立场、传承中华文化基因，不忘本来、吸收外来、面向未来，汲取中国智慧、弘扬中国精神、传播中国价值，不断增强中华优秀传统文化的生命力和影响力，创造中华文化新辉煌。习近平总书记在党的十九大报告上则指出，"文化是一个国家、一个民族的灵魂。文化兴则国运兴，文化强民族强"。这充分说明文化是一个国家、一个民族的基石和精神命脉。它承载着一个民族的历史底蕴、精神追求和价值观念，深刻影响着国家的发展道路和民族的精神风貌。因此，文化兴则国家兴，文化强则民族强。只有文化兴盛了，国家才能真正强盛起来；只有文化发展了，民族才能真正强大起来。我们要深刻认识到文化的重要性和价值，坚定文化自信，推动中华优秀传统文化与时代相结合，不断进行创造性转化、创新性发展，为民族复兴提供强大精神力量。"党的二十大报告则又指出中华传统文化要紧密和马克思主义中国化相结合。按照党中央的部署，我们要在实践中不断探索、创新，让传统文化的精神内涵在现代社会中焕发新的生机和活力。

第三节　传统文化与中国特色社会主义文化自信

中华传统文化是中华民族的精神之根和文化之魂，中华优秀传统文化中的价值理念和道德规范是文化自信的重要来源，中国特色社会主义文化自信离不开中华优秀传统文化的滋养。研究用中华优秀传统文化培育文化自信这一问题，能够使我们更加明确中华优秀传统文化在培育和践行社会主义核心价值观、提升国家软实力、提高人民群众的文化素养等方面的作用，从而达到增强文化自信、实现中华民族伟大复兴的目标。

一、中国特色社会主义文化源自于中华优秀传统文化

人是一种历史的和社会的存在，也是文化的存在。每个民族在自身发展过程中会形成独具特色的传统文化，是本民族独有的"精神标识"和民族品格，它的民族性反映在其成员的内心世界、思维模式和行为方式上。

当今中国，文化自信中的文化实质是中国特色社会主义文化。中国特色社会主义文化，源自于中华民族五千多年文明历史所孕育的中华优秀传统文化，熔铸于党领导人民在革命、建设、改革中创造的革命文化和社会主义先进文化，植根于中国特色社会主义伟大实践。

中国特色社会主义文化深深植根于中华传统文化的丰厚沃土之上，继承了传统文化的优质基因。若割裂文化血脉，中国特色社会主义文化便真的成了无源之水，无本之木。中华文化曾拥有过辉煌的历史，一度引领世界文化潮流，虽经历了近代内忧外

患、内外夹击，仍保持旺盛的生命力，其中蕴含的哲学思想、人文精神、道德思想等对当今世界发展仍具有借鉴价值。"天人合一、道法自然"的世界观、"自强不息、厚德载物"的人生观、"己所不欲勿施于人"的黄金律令、"致良知"的道德主体自省、"以民为本、安民富民乐民"的治国主张、"亲""诚""惠""容"的周边外交理念……这些思想理念和文化精神涵养孕育了社会主义先进文化，经过不断地创造性转化和创新性发展，逐渐增加与中国特色社会主义的契合度，在社会主义建设和改革中焕发出新的生命力。

历史继承性是文化的一个重要特性，文化的历史继承性使前一阶段的文化能够流传下来成为后一阶段文化的重要发展资源，实现文化的革故鼎新。文化是人类社会实践的产物，其源泉是自由自觉的实践活动。中华文化就是炎黄子孙千百年来自由自觉的实践活动的智慧结晶，主要包括传统文化、革命文化和社会主义先进文化，他们构成了中国特色社会主义文化的重要内容。这三种文化相互关联、密不可分。社会主义先进文化是对传统文化和革命文化的继承发展与推陈出新的结果，由于文化具有历史继承性，我国的革命文化是传统文化滋养和孕育的革命文化，是对传统文化的继承和发展；我国的社会主义先进文化是蕴含传统文化和革命文化的先进文化，是对传统文化和革命文化的发扬光大。中国特色社会主义文化融合了优秀传统文化、革命文化、社会主义先进文化，是对三种具体文化内容的整合统一，而追根溯源，中国特色社会主义文化源自于优秀传统文化。

二、弘扬中华优秀传统文化促进培育文化自信

优秀传统文化是构筑中国特色社会主义文化自信的重要基础。中华优秀传统文化是中华民族在长期历史发展中积累起来的精神财富和不竭动力，具有深厚的历史渊源和广泛的现实基础，是构成中华民族文化软实力的根基。充分认识中华优秀传统文化的思想精髓、道德理念、民族精神和时代价值，使之成为涵养中国特色社会主义文化的重要源泉。只要处理好继承和发展的关系，做好创造性转化和创新性发展，做到以古鉴今、古为今用，做到中华优秀传统文化与中国特色社会主义发展相契合，弘扬优秀传统文化必定对培育中国特色社会主义文化自信产生积极作用。

中西方文化碰撞中弘扬中华优秀文化有利于培育中国特色社会主义文化自信。当前，在西方文化思潮的涌入为我国文化发展带来了生机活力的同时，西方文化的渗透、侵蚀，甚至同化，对我国文化发展的不利影响也逐渐显现出来。西方强势文化的涌入与传播一定程度上冲击了我国的主流价值观念，同时也造成了对文化自信的冲击。坚定文化自信必须建立在对自身文化优势的认知和自觉、对西方文化本质深刻了解和洞

察的基础之上，在多元文化与价值观念中确立自身的价值观，促进中国特色社会主义文化的发展。而中华优秀传统文化经历了无数的内忧外患、天灾人祸，仍然能经久不衰、繁衍发展、生生不息。这种传统文化经得起时间的考验，经得住岁月的洗礼，是中华民族理想与情感的载体，是抵制民族文化认同危机的厚重基础和坚实支撑。

中华优秀传统文化的生命力在于它可顺应时代发展而吐故纳新。对中华优秀传统文化，我们应坚持创造性转化和创新性发展的原则，顺应时代发展，通过赋予传统文化新的内容和表现形式，激活它的生命力，增强传统文化的感召力和影响力。例如，"礼之用，和为贵"（《论语·学而》）是儒家倡导的道德实践原则。其含义是，礼的作用，贵在能够和顺。传统文化中所提倡的"和为贵"的思想，在当今社会主义核心价值观中被赋予了新的含义，即发挥中国传统文化的智慧启示作用，建构一种多元存在、合作共赢的现代人际关系、社会关系和国际关系。

坚持"取其精华，去其糟粕"的马克思主义辩证思维，中国传统文化经创新转化彰显其时代特色与当代价值，必定有利于提升中国特色社会主义文化自信。历经五千年沉淀传承下来的传统文化，经历了历朝历代的演变，带着历史的印记，不可能完全适应中国特色社会主义新时期建设的需要。我们应坚持历史唯物主义态度对待传统文化的继承与发展问题，既不能全盘否定，也不能不辨真伪连糟粕也一同吸收，应秉持理性的态度，"取其精华，去其糟粕，而不能采取全盘接受或全盘抛弃的绝对主义态度"，要"有鉴别地加以对待，有扬弃地予以继承"，弘扬传统文化中的优秀积极因素，摒弃阻碍社会进步的消极落后因素。这样，才能彰显中华优秀传统文化古为今用、与时俱进的优秀品质，才能凸显优秀传统文化的当代价值，才能更加坚定文化自信。

第二章　我国优秀传统文化的主要内容

第一节　优秀传统文化的内涵

一、中国传统文化的概念

　　文化是一个包含多层次多方面内容的统一体系，主要从广义文化与狭义文化两个角度考虑。广义文化一般指人类在历史发展过程中各种活动方式以及由人类活动创造的物质财富、精神财富及其他一切成果的总和。广义文化体系复杂，分析其内在逻辑结构和层次时一般将广义文化分为物质文化、精神文化、行为文化和制度文化四个层次。物质文化多指人类物质生产方式及其劳动产品的总和，主要满足人类衣、食、住、行等生存需要。精神文化指人类在长期社会实践中形成于物质形态之上的思想观念等精神成果的总和，包含文学艺术与思想观念等。制度文化多指人类在社会实践活动中建立的社会规范的总和，包括经济、政治、宗教等制度与组织形式。行为文化多指人类交往中形成的风俗习惯等。广义文化的四个方面相互联系，体现了人与自然、人与社会、人与自身等多重关系。狭义文化主要指精神文化。本书主要针对狭义文化中观念形态文化进行研究，以正确地继承中国传统文化的精华，批判其糟粕。

　　中国传统文化，就是指有中国特点的传统文化。"中国"突出了文化具有的民族属性，体现了中华民族的创造性。"传统文化"则体现文化的历史继承性。中国传统文化的定义，学术界有多种理解。顾冠华指出，中国传统文化主要是指中国几千年文明发展过程中在特定的自然环境、经济形式、政治结构、意识形态作用下形成的积累和流传下来并且至今仍在影响着当代文化的"活"的中国古代文化；有的学者认为，中国传统文化是从过去发展起来的文化，是现代文化的反映；还有的学者认为，中国传统文化是存在于民族土壤中的稳定的东西，但又是动态的，是过去与现在的交融，渗入了各个不同时代的新思想、新血液。笔者认为中国传统文化主要指中华民族在历史发

展过程中传承下来的、能够影响整个社会的、具有相对稳定性的精神成果的总和。

二、中国传统文化的基本特征

中国传统文化源远流长，博大精深，与西方文化形成了比较鲜明的对照。中国传统文化不仅铸造了伟大的中华民族，而且在世界范围内产生了深远的影响，推动了人类文明的不断进步。

（一）刚健有为

中华民族在人类的发展史上谱写了灿烂的篇章，创造了辉煌的文化，这与中华民族"刚健有为"的民族精神是密不可分的。《易传》云"天行健，君子以自强不息"，就是要求有志向、有作为的人像自然的变化发展一样，生生不息，永远向前。世界是不断发展的，人类是不断进步的，刚健有为、自强不息是人类前进的动力。中国的哲人早在 2000 多年前，对此已作出了精辟的论述。《中庸》云："天地之无不持载，无不覆帱，譬如四时之错行，如日月之代明，万物并育而不相害，道并行而不相悖，小德川流，大德敦化，此天地之所以大为也。"《墨子·法仪》云："天之行广而无私，其施厚而不德，其明久而不衰，故圣人法之。"这些哲人从自然规律的角度探讨人生精神，为中国文化注入了勃勃生机。人类在与自然界的矛盾斗争中不断发展进步，人类时时被自然界所制约，人类又时时在改造着自然界，人类对自然界认识的不断加深，就是人类对自身命运的进一步把握。从这个意义上讲，刚健有为正是中华民族完善生命、把握自身、百折不挠、自强不息的力量源泉。中华民族很早就已进入了比较发达的农业社会，中国传统文化也就必然深深烙上农业文明的印迹。在农业社会中尤其是在生产力还很落后的情况下，人类在与自然界的斗争中是处于弱小地位的。正是这种弱小与强大的斗争，使中华民族更崇尚自强不息的精神，因此，在中国的古代传说中，不停地讴歌着夸父逐日、精卫填海、愚公移山这些明知不可为而为之的英雄。

（二）中庸平和

"中庸平和"思想，是中国传统文化的重要内容。在儒家经典之中，《中庸》位列四书，处于重要地位。《中庸》开宗明义，在第一章中就讲道："天命之谓性，率性之谓道，修道之谓教。道也者，不可须臾离也；可离，非道也。是故君子戒慎乎其所不睹，恐惧乎其所不闻，莫见乎隐，莫显乎微，故君子慎其独也。喜怒哀乐之未发，谓之中；发而皆中节，谓之和。中也者，天下之大本也；和也者，天下之达道也。致中和，天地位焉，万物育焉。"

（三）天人协调

天地苍茫，星河浩瀚，古往今来的人们置身宇宙之中，无时无刻不在探索着人与自然的关系。在天人的关系上，中国传统文化与其他文化有着根本的差异。"天人合一"是中国传统文化中一个重要命题。

在中国文化中，对天的认识和思考决定了中国人的人生方向。郭象云："天者，万物之总名。"（《庄子·齐物论注》）就是中国古代对天的认识的高度概括。中国古人认为，天是万事万物的根源，天是万事万物的总和，天道是宇宙万物的法则，更是人生应该遵循的必然规律。《易传》曰："昔者庖牺氏之王天下也，仰则观象于天，俯则观法于地，观鸟兽之文与地之宜，近取诸身，远取诸物，于是始作八卦，以通神明之德，以类万物之情。"《易传》总结的就是中国古人对自然界的认识过程，剥去其神秘的面纱，其实是人类探索自然规律、遵循自然规律的力证。在这个探索中，天被神秘化了，天成为了囊括一切、昭示一切、主宰一切的本源。这在《易传》其他章句中可以充分证明。

随着人们对天的认识的不断加深，人们对人与天的关系如何定位提出了各种理论。如儒家的"唯天为大，唯尧则之"（《论语·泰伯》）。道家的"天地与我并生，万物与我为一"（《庄子·齐物论》）。荀子的"天人有分"、刘禹锡的"天人相胜"等。但在中国文化的主流上，人们对天人关系的定位是"天人合一"。

至汉儒董仲舒时代，"天人合一"的思想被体系化了。董仲舒从形体方面入手，以阴阳五行学说糅入儒家思想，提出了"天人相类"的理论。

（四）道德本位

中国的传统社会是一个泛道德主义的社会，中国的传统文化是一种道德本位的文化。在这个历史和社会中，任何个人的言行都要受到道德价值的制约与评价。从帝王以至庶民，都有一套道德体系约束着。每个人的社会活动本身就是一种道德实践。因此，从这个意义上说，中国传统文化的价值系统是以道德价值为核心的，由此引发其他一切判断。正如儒家经典《大学》所讲："大学之道，在明明德，在亲民，在止于至善。""自天子以至于庶人，壹是皆以修身为本。"中国传统文化对整个社会个体的要求就是每个人都遵守自己所应遵守的道德规范，每个人都全身心地去实现自己的道德价值。孔子曾经讲："君子怀德，小人怀土；君子怀刑，小人怀惠。"（《论语·里仁》）所谓君子，就是指品质优秀、道德高尚的人，他们应该时时谨守道德规范，关心国家的典章制度，依法度行事，须臾不可放松自己的言行；而作为与君子相对照的小人，则念念不忘的是自己的生活处境，只顾获取个人的小利。孔子举出正反两个方面的例子，正是为了鞭策人们时时以君子为榜样，以道德礼法约束自己，从而使整个社会和谐稳

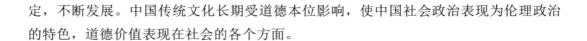

定，不断发展。中国传统文化长期受道德本位影响，使中国社会政治表现为伦理政治的特色，道德价值表现在社会的各个方面。

第二节　优秀传统文化的思想成就

一、儒家思想

儒家思想是中国传统文化的主体，对中华民族乃至世界的发展产生过深远的影响，但儒家思想的主体地位并不是开始就有的，它的形成、发展、兴盛和衰落反映着历史发展的规律，与中国封建社会的兴亡息息相关。

（一）儒家的产生

探讨儒学的产生和发展，首先要面对儒的问题。究竟什么是儒，关系到儒学的性质，我们可以大体进行一下考证。

东汉许慎云："儒，柔也，术士之称。从人，需声。"（《说文解字·人部》）

东汉郑玄云："《儒行》者，以其记有道德者所行也。儒之言优也，柔也；能安人，能服人。又，儒者，濡也，以先王之道，能濡其身。"（《礼记·儒行》之《正义》引郑玄《目录》）

西汉杨雄云："通天地人曰儒，通天地而不通人，曰伎。"（《法言·君子》）

西汉韩婴云："儒者，儒也。儒之为言无也。不易之术也。"（《韩诗外传·卷五》）

东汉应劭云："儒者，区也，言其区别古今。居则玩圣哲之词，动则行典籍之道。稽先王之制，立当时之事，此通儒也。若能纳而不能出，能言而不能行，讲诵而已，无能往来，此俗儒也。"（《后汉书·杜林伟》注引《风俗通》）

《周礼·天官》云："儒以道得民。"郑玄注曰："儒，诸侯保氏，有六艺以教民。"贾公彦疏曰："诸侯师氏之下又置一保氏之官，不与天子保氏同名，故号曰儒。"

由以上关于"儒"的记载和训诂我们可以看出，无论解释为柔、优还是儒，儒都是一种具有特殊行为方式或品格倾向的人。这种人最初是与"方士""伎"联系在一起的。儒的产生是早于儒家学派的，而且儒家学派建立之后，也有些方士虽不是儒者却照样称儒。儒作为一类人究竟是怎样出现的，不同学者有不同看法。胡适认为儒最初是殷民族的教士；冯友兰认为儒不与殷民族有关；郭沫若则说儒本来是邹鲁之士缙绅先生们的专号。总之，最初的儒应是有知识、懂礼仪、具有独立人格的一些知识分子，他们在春秋战国奴隶制度土崩瓦解的过程中发展成为一个特殊群体，他们凭借自身的知识，依托于各诸侯、大夫为生计。

现代意义上的儒是孔子建立儒家学派以后产生的。儒家作为一个独立的学派，在太史《史记》中始有评论。《史记·太史公自序》载："儒者博而寡要，劳而少功，是以其事难尽从。然其序君臣父子之礼，列夫妇长幼之别，不可易也。""夫儒者以六艺为法。六艺经传以千万数，累世不能通其学，当年不能究其礼，故曰博而寡要，劳而少功。若夫列君臣父子之礼，序夫妇长幼之别，虽百家弗能易也。"

后来班固在《汉书》中又把儒家列为诸子之首，言曰："儒家者流，盖出司徒之官，助人君，顺阴阳，明教化者也。游文于六经之中，留意于仁义之际，祖述尧舜，宪章文武，宗师仲尼，以重其言，于道最为高。"（《汉书·艺文志》）

这段话全面说明了儒家学派的来历、宗旨、始祖、宗师、经典及影响。

（二）孔子及其思想

1. 孔子的家世与生平

孔子，名丘，字仲尼，春秋鲁昌平乡陬邑（今山东曲阜东南）人。生于鲁襄公二十二年（公元前 551 年，周灵王二十一年），死于鲁哀公十六年（公元前 479 年，周敬王四十一年），享年 73 岁。

孔子的先人，为宋国贵族，是殷商后代，时人孟釐子曾说："孔丘，圣人之后，灭于宋。"（《史记·孔子世家》）服虔曰："圣人谓商汤。"杜预曰："孔子六世祖孔父嘉为宋华督所杀，其子奔鲁也。"（《史记·孔子世家》）始居鲁者，为孔子五世祖。孔父嘉之前为史籍所称道尚有二人：十世祖弗父何，本宋湣长子，当继嗣有国，以让国于弟鲋祀（宋厉公），声誉大振，世为宋大夫。七世祖正考父，佐宋之戴、武、宣三公，愈受命而愈恭谨，故考父庙之鼎铭云："一命而偻，再命而伛，三命而俯，循墙而走，亦莫余敢侮。"（《左传》昭公七年）偻、伛、俯，其愈恭敬，人亦愈尊重。及居鲁后，孔子之父叔梁纥曾以战功显，因先妻所生九人皆女，妾生子孟皮又有足疾，故晚年乃娶颜氏女徵在为妻，而生孔子。叔梁纥与徵在年龄悬殊，婚时纥或在 64 岁之后，有违于礼仪，故《史记》称"纥与颜氏女野合而生孔子。"

孔子生三岁叔梁纥死，自幼全靠母徵在哺育教养。"孔子为儿嬉戏，常陈俎豆，设礼容。"（《史记·孔子世家》）孔子自言："吾少也贱，故多能鄙事。"（《论语·子罕》）在孤儿寡母的艰辛生活之中，孔子奋力自学的情景是不难想象的。"吾十有五而志于学"（《论语·为政》），17 岁时就颇以"知礼"而闻名，是年，鲁大夫孟釐子将死，即告诫其子："今孔丘年少好礼，……若必师之。"（《史记·孔子世家》），一说此事当在孔子

24 岁之时（清崔述《洙泗考信录》卷一），其时，孔子母亲亦死，尚未弱冠的孔子便开始了独立谋生的生活。"及长，尝为季氏史（吏），料量平；尝以司职吏而畜蕃息。"（清崔述《洙泗考信录》卷一）此即《孟子》所讲"委吏"与"乘田"，为季氏管理仓库账目与牛羊。大约自此之后，孔子曾去鲁，之齐逐乎宋、卫，困于陈蔡，返鲁，适周问礼等，一直到孔子 50 岁时，由于史传记载甚少，难以确系其事。鲁定公九年，孔子 51 岁，"定公以孔子为中都宰（中都县长），一年，四方皆则之。由都宰为司空，由司空为大司寇"。定公十年，孔子参与了齐鲁"夹谷之会"，表现了相当的胆识与外交才能。十三年夏，孔子提出"臣无藏甲，大夫毋百雉之城"的建议，并策划实施"堕三都"的活动。"定公十四年，孔子年五十六，由大司寇行摄相事""与闻国政三月，粥羔豚者弗饰贾，男女行者别于涂，涂不拾遗"（《史记·孔子世家》）由于"堕三都"受阻，内政已颇有危机，又值齐国以"女乐文马"腐蚀鲁国国君，使鲁君"往观终日，怠于政事"。既然道不得行，孔子只好出走，周游列国，开始了长达 14 年的游荡生活。"孔子之去鲁凡十四岁而反乎鲁""然鲁终不能用孔子，孔子亦不求仕。"（《史记·孔子世家》）此后，孔子即把主要精力用之于古代典籍的整理工作，直至终老。

2. 孔子思想体系的核心——"仁"

孔子作为中国儒家学派的奠基人，首先就在于思想体系的奠基。就是说，儒家学派的一系列思想学说，均以孔子的思想学说为根基和源头。孔子既开创了儒家学派，又是儒学的第一位大师，是"儒之所至"或"至圣"；而后世儒者，多数不能直接受教于孔子，其间私淑传承的纽带就是思想学说的联系。

仁，是孔子及儒家思想学说最基本的范畴之一。近代多数学者认为，孔子思想体系的核心就是仁，这是符合实际的。《吕氏春秋·不二》篇曾以一字列举春秋战国时期十家之所贵，其中孔子即为"贵仁"。《庄子·天道》载老聃问孔子学说之"要"，孔子答曰："要在仁义。"《尸子·广泽》言"孔子贵公"，"公"字所指，亦为人际关系的平等，无偏无私，实亦"仁"也。说孔子思想体系的核心是仁，表明孔子思想的各个组成部分正是环绕于"仁"而形成一个整体。

"仁"字在《论语》中出现百次以上，其含义宽泛而多变。每一次仁的用法和用意都各有不同，但从整体上把握来看，孔子的仁学思想是一个由近及远的四重结构，而这四重结构又互有交叉渗透。孔子的仁学思想在中国传统文化中处于极其重要的地位。

（三）董仲舒及其思想

1. 董仲舒的生平

董仲舒，广川（今河北枣强县东北广川镇）人。据清人苏舆推算，约生于汉文帝前元年（公元前 179 年），卒于汉武帝太初元年（公元前 104 年）。

少治《春秋》，孝景时为博士。尝"下帷讲诵，弟子传以久次相授业，或莫见其面。盖三年不窥园。"（《汉书·董仲舒传》）"仲舒治学，精思专一，志无他顾。故菜园虽在门庭，亦无暇窥视。或曰，仲舒尝乘马，而不觉其牝牡，亦言其志在经书。"（见《太平御览》八百四十引邹子语）此人品格，亦很受称道："进退容止，非礼不行，学士皆师尊之。"（《汉书·董仲舒传》）武帝征贤良对策，颇得赏识，"天子以仲舒为江都相，事易王。"易王虽骄悍好勇，仲舒亦能"以礼谊匡正，王敬重焉。"（《汉书·董仲舒传》）。董仲舒治国，主张以《春秋》灾异之变推阴阳所以错行，从而采取相应的措施。时有辽东高庙、长陵高园殿灾，仲舒以为这是上天对当政者的谴告，并由此推说当杀亲近权贵以自省。说刚草具，被主父偃偷而上奏，几乎招致杀身之大祸。由是仲舒不敢再说灾异。与仲舒并世的公孙弘亦治《春秋》，其学不如仲舒，却以曲阿迎逢之术，位至公卿。仲舒为人廉直，声望益高，弘嫉之，欲加害仲舒。武帝之兄胶西王刘端为人纵恣暴戾，曾数害大臣，弘乃荐"独董仲舒可使相胶西王"。幸刘端亦知仲舒为当世大儒，竟"善待之"。仲舒亦恐时久获罪，乃称病免归。居家始终不问产业，专以修学著书为事。朝廷或有大议，尝使使就其家而问之。终老于家。

《春秋繁露》本传言："仲舒所著，皆明经术之意，及上书条教，凡百二十三篇。而说《春秋》事得失，《闻举》《玉杯》《蕃露》《清明》《竹林》之属，复数十篇，十余万言，皆传于后世。"依此，则《春秋》诸说当在"百二十三篇"之外。又，《汉书·艺文志》载，《诸子略》儒家类有"《董仲舒》百二十三篇"，《六艺路》《春秋》类有"《公羊董仲舒治狱》十六篇"。至《隋书·经籍志》，始于《春秋》类著录"《春秋繁露》十七卷""《春秋决事》十卷"。今存者，仅《春秋繁露》十七卷、八十二篇。另有本传中之"天人三策"，及《汉书》《食货志》《五行志》中所引仲舒疏奏之片断。对于"繁露"（或"蕃露"）二字何解，《南宋馆阁书目》曾言："'繁露'之名，先儒未有释者。案《逸周书·王会解》：'天子南面立，冕无繁露。'注云：繁露，冕之所垂也。有联贯之象。《春秋》属辞比事，仲舒立名，或取诸此。"（《二十二子·春秋繁露》卷首）董仲舒的主要思想观点，均见于此书及"天人三策"等文字中。

2. 天人感应学说

天人感应学说，是古代中国哲学中一种关于天道与人道关系的理论。它认为，天道自然规律与人间社会伦理道德之间存在着相互感应的关系。这种感应关系，可以通过人的内心感受和外在表现来体现。在董仲舒的影响下，天人感应学说被广泛应用于封建社会政治、文化、宗教等领域。它强调了人类社会的道德修养和行为规范，提倡人与自然的和谐相处。同时，它也提醒人们要关注自然环境的变化，以及人类行为对自然环境的影响。然而，在现代社会，随着人类对自然环境的破坏和污染的加剧，天人感应学说面临着新的挑战和困境。人们需要重新审视自己的行为和观念，思考如何保护自然环境，实现可持续发展。

（四）朱熹及其思想

1. 朱熹的生平

朱熹，字元晦，一字仲晦，号晦庵，别称紫阳，亦称晦翁、云谷老人；沧州病叟、遁翁等。徽州婺源（今属江西）人，生于南宋高宗建炎四年（1130 年），卒于宁宗建元六年（1200 年）。父朱松，字乔年，号韦斋，与李侗同学于罗从彦之门，曾举进士，历官司勋、吏部郎，因不附和议忤秦桧，出任福建尤溪县尉。建炎四年罢官，寓尤溪城外毓秀峰下郑氏草堂，遂生熹。"熹幼颖悟，甫能言，父指天示之曰：'天也。'熹问曰：'天之上何物？'松异之，就傅，授予《孝经》，一阅，题其上曰：'不若是，非人也。'尝从群儿戏沙上，独端坐以指画沙，视之，八卦也。"（《宋史·朱熹传》）

熹年十四丧父，遵遗嘱师事籍溪胡原仲（胡宪）、白水刘致中（勉之）、屏山刘彦冲（子翚）三人。刘勉之以女妻之。二刘早殁，熹从胡宪习业最久。年十九登进士第，授左迪功郎，泉州同安主簿。其间治绩卓著，公余并究释老之学。年二十四徒步数百里往受学于延平李侗，承洛学传统，悟二氏之非。28 岁（绍兴二十七年）自同安罢官归里，此后曾三次往延平问学，师事李侗，久益不懈。孝宗即位（1162 年），诏求直言，熹上封事言："帝王之学，必先格物致知，以极夫事物之变，使义理所存，纤悉毕照，则自然意诚心正，而可以应天下之务。"又言："修攘之计所以不定时者，讲和之说误之也。夫金人于我有不共戴天之仇，则不可和也明矣。"（《宋史·朱熹传》）次年（隆兴元年），复召入对，再申前议，主"今日所当为者，非战无以复仇，非守无以制胜"（《宋史·朱熹传》）。并陈古先圣王强本折冲、威制远人之道。时宰相汤思退力主和议，熹之主张不被用，于是 4 年之间，虽屡蒙召用，辞不赴召者达 6 次之多。淳熙二年（1175 年），吕祖谦来访，留居旬日，共编《近思录》，又由吕祖谦邀请，与陆九渊兄弟会于鹅湖，因与陆讲论不合而散。淳熙五年（1178 年），年 49 岁，辞官隐居已逾 20 载，知南康军，访白鹿洞书院遗址，奏复其旧，作学规。逾 3 年，陆九渊来，熹请陆讲《论语》"君子喻于义，小人喻于利"章，以为切中学者时弊，同年（淳熙八年），除直秘阁，任提举两浙东路常平茶盐。不久，因弹劾唐仲友并与宰相王淮不和辞归。自此，虽屡有任命，多辞不就，而屡向孝宗直谏，无所顾忌。淳熙十五年（1188 年）上"戊申封事"，言："今天下大势，如人有重病，内自心腹，外达四肢，无一毛一发不受病者。且以天下之大本与今日急务，为陛下言之；大本者，陛下之心；急务则辅翼太子，

选任大臣，振举纲纪，变化风俗，爱养民力，修明军政，六者是也。"（《宋史·朱熹传》）

时朱熹之名渐重，屡仕而又去。诋毁朱学者亦渐重。陈贾为监察御史，面对孝宗，首论之曰："道学者，大率假名以济伪。愿摈弃勿用。"盖指朱熹。本部侍郎林栗曾与朱熹论《易》《西铭》不合，因劾曰："本无学术，徒窃张载、程颐绪余，谓之'道学'。所至辄携门生数十人，妄希孔、孟历聘之风，邀索高价，不肯供职，其伪不可掩。"（《宋史·朱熹传》）上曰："林栗言似过。"太常博士叶适亦上疏与栗辨，谓其言无一实者，道学云云，无实尤甚。遂黜栗。宁宗即位，赵汝愚首荐熹及陈傅良，除焕章阁待制、侍讲，辞，不许。多所献替。曾奏勉上讲德云：愿陛下日用之间，以求放心为之本，而于玩经观史，亲近儒学，益用力焉……而又因以察其人才之邪正短长，庶于天下之事各得其所。"（《宋史·朱熹传》）时韩侂胄自恃有定策功，居中用事。

朱熹即上疏斥言左右窃柄之失，在讲筵复申言之。遂除宫观。庆元二年（1196 年），沈继祖为监察御史，诬熹十罪，诏落职罢祠，门人蔡元定亦送道州编管。自此，"熹登第五十年，仕于外者仅九考，立朝才四十日。"（《宋史·朱熹传》）

自朱熹去国，韩侂胄势力日张，中司何澹希旨，首论专门之学，文诈沽名，乞辨直伪。刘德秀亦因在长沙时不为张拭之徒所礼，恨之。及为谏官，首论留正（时为宰相）引伪学之罪。"伪学"之称自此始，太常少卿胡纯亦谓"比年伪学猖獗，图为不轨"。右谏议大夫姚愈亦论道学权臣结为死党，窥伺神器，或竟有上书乞斩朱熹者。时"士之绳趋尺步、稍以儒名者，无所容其身。

从游之士，特立不顾者，屏伏丘壑；依阿巽懦者，更名他师，过门不入，甚至变异衣冠，狎游市肆，以自别其非党。而熹日与诸生讲学不休，或劝以谢遣生徒者，笑而不答。"（《宋史·朱熹传》）庆元四年，熹已年近七十，申秘致仕，五年依所请。逾年，卒，年七十一。朱熹死后，于嘉泰（1201 年）初，学禁稍弛。后韩侂胄死，嘉定元年（1208 年）赐谥曰文，故世人称朱文公，理宗宝庆三年（1227 年）追封信国公，绍定三年（1230 年）追封徽国公，淳祐元年（1241 年）配祀学宫。

朱熹的著作，依《宋史·朱熹传》有：《周易本义》《易学启蒙》《蓍卦考误》《诗集传》《大学、中庸章句》《或问》《论语》《孟子集注》《太极图说解》《遗书解》《西铭解》《楚辞集注》《楚辞辩证》《韩文考异》。

所编次者有：《论孟集议》《孟子指要》《中庸辑略》《孝经刊误》《小学书》《通鉴纲目》《宋名臣言行录》《家礼》《近思录》《河南程氏遗书》《伊洛渊源录》，又《仪礼经传通解》未脱稿。平生所为文，成《文集》百卷及《语类》80 卷、《别录》10 卷。

2. 朱熹的理气说

朱熹思想体系的核心是天理论，其天理论以理气说为中心内容，这是承袭二程，特别是程颐的理气说，又吸收周（周敦颐）、张（张载）的思想综合而成。

理与太极。朱熹认为，理或天理是宇宙的根源、根本。《语类一》曰：未有天地之先，毕竟也只是理。有此理，便有此天地；若无此理，便亦无天地，无人无物，都无该载了！有理，便有气流行，发育万物。

理是宇宙的根本。天地、人物都因理而有，都由最根本的理所产生、囊括、负载。"该载"，即是囊括、负载之意。有理才有气，由气化流行而发育万物。

宋代理学探讨宇宙存在之原理，基本上以一元论为根据。周敦颐言太极，邵雍言先天，张载言太虚之气，皆归宇宙万物为一个本原。朱熹以理为宇宙根源，以为天地万物总是一个天理，大体是继承周敦颐以太极为宇宙本体的思想。周子《太极图说》之第一句："自无极而为太极。"朱熹解之曰："上天之载，无声无臭，而实造化之枢纽，品汇之根柢也，故曰无极而太极。非太极之外，复有无极也。"（《太极图说解》）他以"上天之载，无声无臭"解"无极"，以为宇宙本体是超离人的认识的；又以"造化之枢纽，品汇之根柢"谓"太极"，则说明此本体俨然存在，毫无可疑，是为实体。因此又说："不言无极，则太极同于一物，而不足为万化之根。不言太极，则无极沦于空寂，而不能为万化之根。"（《文集》卷三十六，《答陆子美书》）朱熹以"无极而太极"概括理、气两个方面，而以为太极即是理，其为宇宙本体非属气，亦非理气之外别为一物。曰："太极只是一个'理'字。""太极只是天地万物之理。在天地言，则天地中有太极；在万物言，则万物中各有太极。未有天地之先，毕竟是先有此理。动而生阳，亦只是理；静而生阴，亦只是理。"（《语类一》）太极即是宇宙之本体（理），它作为本体是超越时间、空间，遍在充塞者，故朱熹在《答陆子静书》中曰，太极"无方所，无形状。以为在无物之前，而未尝不立于有物之后。以为在阴阳之外，而未尝不行乎阴阳之中。以为通贯全体无乎不在，则又初无声臭影响之可言也。"（《文集》卷三十六）无方所，无形状，无乎不在，通贯全体。这里对于"太极"性状的描绘正合"未有天地之先，毕竟是先有此理"中"理"的含义。

理、气。理、气本是朱熹取自程颐的思想，但在程颐时理、气关系未得充分之发挥。朱熹论理、气关系，以理为本，而认为气是依附于理的，理、气有形而上与形而下之别。《语类一》曰："天下未有无理之气，亦未有无气之理。理未尝离乎气。然理形而上者，气形而下者。自形而上下言，岂无先后！理无形，气便粗，有渣滓。气以成形，而理亦赋焉。"

二、道家思想

道家思想在中国传统文化中占有重要地位，发挥过重要作用。道家思想包含有两个重要组成部分，其一是以老子、庄子为代表的道家学派及其思想；其二是尊崇老子为尊神的"道教"宗教思想，这两者既有联系又有根本性的差别，共同构成道家思想。

道家思想源远流长，但道家作为诸子百家之一的学术流派，产生于春秋战国时期。在这一时期，中国社会生产力发展水平、政治制度以及阶级关系都在发生显著变化。诸侯争霸，群雄并起，阶级矛盾日益尖锐，思想斗争也无比激烈，正是在这种情况下，道家学派应运而生了。道家学派的创始人是老子，他也是后世道教尊奉的尊神。

（一）老子及其思想

1. 老子的生平

老子是道家学派的创始人在学术界早已达成共识，但老子究竟是什么样的人，《老子》一书成于何时，历来众说纷纭，莫衷一是。关于老子记载最多的是《史记》，其文曰："老子者，楚苦县厉乡曲仁里人，姓李氏，名耳，字聃，周守藏室之史也。孔子适周，将问礼于老子。老子曰'子所言者，其人与骨皆已朽矣，独其言在耳。且君子得其时则驾，不得其时则蓬累而行。吾闻之，良贾浅藏若虚，君子盛德，容貌若愚。去子之骄气与多欲，态色与淫志，是皆无益于子之身。吾所以告子，若是而已。'孔子去，谓弟曰：'鸟，吾知其能飞；鱼，吾知其能游；兽，吾知其能走；走者可以为罔，游者可以为纶，飞者可以为缯。至于龙，吾不能知，其乘风云而上天。吾今日见老子其犹龙耶！'老子修道德，其学以自隐无名为务。居周久之，见周之衰，乃遂去。至关，关令尹喜曰：'子将隐矣，强为我著书。'于是老子乃著书上下篇，言道德之意五千余言而去，莫知其所终。或曰，老莱子亦楚人也，著书十五篇，言道家之用，与孔子同时云。盖老子百有六十余岁，或言二百余岁，以其修道而养寿也。自孔子死之后百二十九年，而史记周太史儋见秦献公曰：'始秦与周合，合五百岁而离，离七十岁而霸王者出焉。'或曰儋即老子，或曰非也，世莫知其然否。老子，隐君子也。老子之子名宗，宗为魏将，封于段干。宗子注，注子宫，宫玄孙假，假仕于汉孝文帝。而假之子解为胶西王卬太傅，因家于齐焉。世之学老子者皆绌儒学，儒学亦绌老子。'道不同不相为谋'，岂谓是耶？李耳无为自化，清静自正。"（《史记·老庄申韩列传》）

《史记》关于老子就给出好几种说法，可见老子的确切情况，当时已无法考证。今参照《史记》考证于其他文献，一般以为老子就是老聃。《礼记·曾子问》记载了孔子述老聃之言四事，其中有这样的话："昔者，吾从老聃助葬于巷党，及堩，日有食之。老聃曰：'丘，止柩就道右，止哭以听变……'"此外，《庄子》之《天道》《天运》《田子方》都记载了孔子求教于老聃之事。而《天道》从上下文贯通来看，是肯定老聃就是老子的。《天地》《知北游》亦记载有孔子、老子的问答。此外，《吕氏春秋·当染》

亦云"孔子学于老聃……"由此来看，老子就是老聃证据是充分的。

老子的著作《老子》又称《道德经》，书仅 5 千余言，然则博大精深，上篇 37 章称"道篇"，集中阐述道的问题；下篇 44 章称"德篇"，围绕德的问题展开论述。老子《道德经》言简意赅，以 5000 多字阐发了宇宙的起源、世界的存在方式、事物的发展规律、社会的种种矛盾及其解决方法等。古往今来对《老子》一书仁者见仁，智者见智，各得其妙用。注《老子》之书更是数不胜数，足以见得老子的思想深邃精奥。

2. 老子的哲学思想

老子哲学，在我国古代哲学史上，享有开山祖的重要地位。它的卓越贡献，是把"道"作为哲学的最高范畴。"道"，在我国古代最初用于表示人的路。《说文》云："道，所行道也。从首走，达谓之道。"段注："首走，行所达也。"《释宫·文行部》称四达谓之衢，九部称九达谓之道。按：许之称当是一例，当作一达谓之道，从首走，'道'，人所行也，故从走。因此，道，最初用于表示人走的路。这种"道"已含有"必须遵循"之意。后来被引申为道理、方法、原则。随着思维的发展，人们又把具有道理、方法、原则等含意的"道"，同天、地、人联系起来，从而产生了天道、地道、人道等概念。在此基础上进一步升华，产生了老子所说的"道"。这个"道"，既不同于平常说的道理、方法、原则等概念，也不同于天道、地道、人道等范畴。它是老子哲学的最高范畴。天道、地道、人道等，最终都要服从于"道"。老子说："人法地，地法天，天法道，道法自然。"人、地、天都要效法"道"。"道"，则是自己如此，自然而然。因此，"道"在老子哲学体系中高于一切、决定一切、推动一切。"道"含有如下两层意思：一是作为生育万物的本体；二是作为事物运动变化的规律。老子哲学就是围绕这两重属性而展开，并构成自己完整的体系。

老子对宇宙本原的探讨。"道"，在老子那里，首先被看作是生育天地万物的本原。第一章说："无名天地之始，有名万物之母。"这里的"无名""有名"就是"道"的代名词，它们分别为"天地之始"与"万物之母"。这实际上是把"道"看作万物的始祖或母体。第四章说："道，……渊兮似万物之宗。"第六章说："谷神（即道）不死，是谓玄牝。玄牝之门，是谓天地根。"不难看出，这里说的"万物之宗""天地之根"，同第一章所说的"万物之母""天地之始"意义相同，都是把"道"看作生育天地万物的本原。这一点，在第二十五章也有明显的透露。该章说："有物混成，先天地生，可以为天地母。"

（二）庄子及其思想

1. 庄子的生平

庄子名周，蒙（今河南商丘东北）人。做过蒙地的漆园吏。蒙地在春秋和战国前期属宋，战国后期属梁。刘向《别录》称："宋之蒙人也。"陆德明《经典释文·序录》称："梁国蒙县人也。"庄周之生卒年月已不可详考，《史记》称其与梁惠王、齐宣王同时。据马叙伦《庄子年表》及其他史料考证，约生于公元前369年（梁惠王二年），卒于公元前286年（魏昭王十年）。

关于庄子生平事迹，史籍记载甚少。《史记·老子韩非列传》记述了有关庄子生平的一些片段，结合其他资料，大致情况如下。

（1）过着十分艰苦的生活。《外物》说："庄子家贫，故往贷粟于监河侯。"《列御寇》说："处穷闾厄巷，困窘织屦，槁项黄馘。"说明其生活十分穷困，靠编织草鞋为生，有时还向别人借贷。由于营养不良，他的颈子干细，面容黄瘦。《山本》说："庄子衣大布而补之，正緳系履而过魏王。"与国君相会，是一件庄重的事，庄子却穿着补过的粗布大衫，脚上系着草鞋，这也说明他很穷困。

（2）庄子不愿做官。《史记》本传谓楚王遣使臣请庄子去楚国为卿相，被他拒绝了。《列御寇》也说："或聘于庄子，庄子应其使曰：'子见夫牺牛乎，衣以文绣，食以刍叔，及其牵而入于太庙，虽欲为孤犊，其可得乎？'"表现出远祸全身、无官自轻的思想倾向。又《秋水》说："惠子相梁，庄子往见之。或谓惠子曰：'庄子来，为代子相。'于是惠子恐，搜于国中三日三夜。庄子见之曰：'南方有鸟，其名鹓雏（凤类），子知之乎？夫鹓雏发于南海而飞于北海，非梧桐不止，非练实不食，非醴泉不饮。'于是鸱（鹞鹰）得腐鼠，过之，仰而视之曰：'吓！今子欲以子之梁国而吓我邪！'"这虽是一个寓言，但也可说明庄周厌弃政治，以高洁而自由的凤凰自居，在他眼中，梁国的相位不过是一只发臭的死鼠，贪恋相位的惠施则是一只讨厌的鸱鸟。

（3）庄子对生死比较超脱。《列御寇》说：庄子将死，弟子欲厚葬之。庄子曰：吾以天地为棺椁，以日月为连璧，星辰为珠玑，万物为赍送。吾葬具岂不备邪？"他的学生说：我们怕乌鸦和老鼠把你吃了啊！庄子说："在上让乌鸦吃，在下让蝼蚁吃，夺彼与此，何其偏也。"这是说，让天上的乌鸦和地上的老鼠蝼蚁都来吃吧，何必厚此薄彼，那不是太偏心吗？《至乐》说："庄子妻死，惠子吊之，庄子则方箕踞，鼓盆而歌。"惠施责备他不近人情。庄子说："不然，是其始死也，我独何能无概（同慨）然！察其死而本无生，非徒无生也，而本无形，非徒无形也，而本无气。杂乎芒芴之间，变而有气，气变而有形，形变而有生，今又变而有死，是相与为春夏秋冬四时行也。人且偃然寝于巨室，而我嗷嗷然随而哭之，自以为不通乎命，故止也。"庄子把生与死看作是自然的变化，因而主张不用为死人悲伤。

（4）庄子的著作。《庄子》一书是研究庄子学派思想的基本依据。最早说到《庄子》这部著作的人是司马迁。他说："其著书十余万言，大抵率寓言也。作《渔父》《盗跖》《胠箧》，以诋孔子之徒，以明《老子》之术。《畏累虚》《亢桑子》之属，皆空语，无事实。"(《史记·老子韩非列传》)这里只说"其著书十余万言"及其思想倾向，未言书名和篇章数目，更无内、外、杂篇之分。《汉书·艺文志》著录："《庄子》五十二篇"始有《庄子》之名。

2. 庄子的哲学思想

庄子的本体论。庄子同老子一样，把"道"作为产生世界万物的最后本体。它说："夫道有情有信，无为无形；可传而不可受，可得而不可见；自本自根，未有天地，自古以固存；神鬼神帝，生天生地；在太极之先而不为高，在六极之下而不为深，先天地生而不为久，长于上古而不为老。"(《大宗师》，下引《庄子》只注篇名)

这段话明确告诉我们，"道"虽然不能为人的感受所感知，但它确实是一种"自古以固存"的客观实体，它不仅能"神鬼神帝"，而且能"生天生地"。可见，"道"是产生世界万物的最后本原。

那么庄子的"道"究竟是物质的还是精神的呢？对于这个问题的答复，在《庄子》中存在互相矛盾的两种见解。

《则阳》说："是故天地者，形之大者也；阴阳者，气之大者也，道为之公。"这就是说，所谓道，就是指天地、阴阳的共性，这个共性不是别的东西，而是阴阳之"气"，故曰："通天下一气耳。"在庄子看来，万物之化生，无非是阴阳二气相交的结果。《田子方》曰："至阴肃肃，至阳赫赫。肃肃出乎天，赫赫出乎地，两者交通和，而物生焉。"毫无疑义，这个"道"（气）是产生世界万物的原初物质。

但是，这一观点，在《庄子》中并没有贯穿到底。它在承认"气"是万物本原的同时，又提出了一种"无有"的概念。《天地》说："泰初有无，无有无名；一之所起，有一而未形。物得以生，谓之德；未形者有分，且然无间，谓之命；流动而生物，物成生理，谓之形；形体保神，各有仪则，谓之性。"

《庄子》的规律观。《庄子》书中的道，除了有本体的含义之外，还被视为存在于物中的客观法则。这表现在他阐述的道物关系中。

从"道"与"物"的关系来看，庄子始终没有把"道"独立于物质世界之外，而是肯定道不离物。庄子的道，同帝王、神灵、日月、星辰等社会、自然现象是密切联系在一起的，并且是贯穿和渗透于万物流动变化之中的。《知北游》说："物物者与物无际（无分际），而物有际者，所谓物际者也。不际之际，际之不际者也。谓盈虚衰杀，彼为盈虚非盈虚，彼为衰杀非衰杀，彼为本末非本末，彼为积散非积散也。"这里的"物物者彼"皆指道。它说明自然界的盈虚、衰杀、本末、积聚之变化都体现着道的作用，同时又说明"道"是贯穿于一切事物运动变化之中的。明确说明"物物者与物无际"（道不离物）的文字是如下一则对话。

庄子把"道"看作世界万物的根本法则或固有规律,这是对老子提倡"知常"的思想的继承和发挥。它表明道家已经意识到,客观世界有其固有规律可循,只要我们认真探索,是可以顺应天道,获得改造客观世界的应有成效的。这正是道家探索自然的根本目的。

庄子的发展观。庄子哲学在继承老子哲学的同时,将老子的朴素辩证法推向极端,形成了中国哲学史上最为典型的相对主义哲学体系。

(三)道教及道教思想

道家思想发展到东汉后期,开始向宗教形式演化。道教是中国土生土长的宗教,这与佛教是完全不同的。为什么推崇无神论的老子最后被奉为道教祖师,一个学术流派发展成一个宗教派别,这是有其深刻思想渊源的。就道教的信仰根源来讲,它与中国古代巫术、方术、原始宗教有着不可分割的联系。道教的所谓"道",就与原始宗教有着千丝万缕的联系。《周易》云:"观天之神道,而四时不忒,圣人以神道设教而天下服矣。"(《周易·观·象辞》)这里面的"神道设教"就是中国原始宗教。《中庸》曰:"所谓鬼神之为德,其盛矣乎!视之而弗见,听之而弗闻,体物而不可遗,使天下之人斋明盛服,以承祭祀,洋洋乎如在其上,如在其左右。"这也是中国古代早已有鬼神崇拜的真实记载。在迄今发现的甲骨文记载中,鬼神崇拜与巫术的内容更是比比皆是,这说明中国上古是存在着比较发达的原始宗教的,而且原始宗教是以鬼神崇拜为核心内容的。东汉道教产生的初期,又称鬼教,由此可见道教与中国古代原始宗教鬼神崇拜的关系。

在中国上古,巫术也十分发达。中国古代从事巫的女者称巫,男者称觋。许慎《说文解字》曰,"巫,祝也,女能事无形,以舞降神者也""觋,能斋肃神明也。"巫术,就是巫觋的职业或技能,即通过歌舞、祝祷、符咒等手段交通人神、预测吉凶、消灾祈福等。巫术的种类极多,包括祈禳、禁咒、占筮等,主要用于降神、驱鬼、祈雨、医病、预言等。巫觋在殷周时期是一种官职,《周礼·春官宗伯》曰:"司巫,掌群巫之政令。若国大旱,则帅巫而舞雩;国有大灾,则帅巫而造巫恒。……男巫,掌望望衍授号,旁招以茅。冬堂赠,无方无算。春招弭,以除疾病。王吊,则与祝前。女巫,掌岁时拔除、衅浴。旱则舞雩。若王后吊,则与祝前。凡邦之大灾,歌哭而请。"巫觋随着奴隶制的解体而衰落,但巫术却一直流传下来,这也成为道教思想的又一重要来源。

神仙信仰也是道教思想的另一源头,神仙之说来源于人们对自然种种神秘现象的幻想。《山海经》所记载的种种传说,就是此类。此外,如屈原之《楚辞》云:"闻赤松之清尘兮,愿承风乎遗则;贵真人之体德兮,羡往事之登仙……"(《楚辞·远游》)

又如《庄子》思想中的真人、神人等都为人们提供了神奇的想象空间。《史记·封禅书》还记载了战国方士"为方仙道"的事情。秦始皇、汉武帝也热衷于仙术，武帝时的方士李少君、公孙卿等人，鼓吹求仙、炼丹等，都深得皇帝信任。淮南王刘安，招门客方术之士数千人，作《内书》20篇，《外书》甚众，又有《中篇》八卷，言神仙黄白之术，共20余万言。同时还有署名刘向的《列仙传》，记载上古三代至汉成帝的神仙70多人，鼓吹神仙事迹。

此外，当时流行的诸多方术以及阴阳五行学说的盛行，都在思想上为道教的出现做了准备。

早期道教的形成标志是《太平经》的出现，最早的《太平经》成书于汉成帝时。《汉书·李寻传》称西汉成帝时"齐人甘忠可许造《天官历包元太平经》十二卷"，这部书言"汉家逢天地之大终，当更受命于天，天帝使真人赤精子，下教我此道"。这部书的重要意义在于，首先，它构筑了一个天帝——真人——方士的传授体系；其次，它把本来超然物外的神仙赋予了参与和影响现实社会的职能，因而具备了宗教经典的特征。此后，东汉顺帝时又出现了一部《太平经》，又名《太平青领书》。《后汉书·襄楷传》记载："初，顺帝时，琅邪宫崇诣阙，上其师干吉（一作于吉）于曲阳泉水上所得神书百七十卷，皆缥白素、牛介、青首、牛目，号《太平青领书》。其言以阴阳五行为家，而多巫觋杂语……"此后，张陵又有《太平洞极经》144卷问世，自称为太上亲授。《太平经》成书汉代，版本众多，卷帙浩繁，今人考证多认为干吉、张陵的《太平经》是在甘忠可《天官包元太平经》基础上增添补充而成的。

《太平经》一书是以道家哲学、阴阳五行学说、原始宗教思想、方术巫术以及儒家观念为一体，建立起来的庞杂的宗教神学理论体系，标志着道教的产生。一个宗教有了经典，还必须有宗教信徒，才能称其为宗教。甘忠可是否组织了一定规模的宗教活动已无据可考。现存文献载至东汉顺帝时道教已有了一定形式的组织。早期道教组织有两大派别：一为五斗米道；一为太平道。

"五斗米道"，又称天师道、正一道或正一盟威之道。创始人为沛国丰人张陵。道教徒称其为张道陵、张天师、正一真人等。其子张衡被称为嗣师，孙张鲁则被称为系师。张陵创立五斗米道于西蜀鹤鸣山，《后汉书·张鲁传》载：张陵"客蜀，学道鹄鸣山中，造作道书，以惑百姓，从受道者出五斗米，故世号米贼。陵死，子衡行其道，衡死，鲁复行之。"《后汉书·刘焉传》记载与此相同，但鹄作鹤。《华阳国志·汉中志》亦作鹤。据晋葛洪《神仙传》载：张陵，字辅汉，沛国丰人。汉留侯张良之后。少年时即精研道德经，旁及天文地理、河洛图纬之学。曾入太学，通达五经，举贤良方正直言极谏科。明帝时任巴郡江州令。后隐居北邙山，学长生之道，朝廷征为博士，不应。和帝征为太傅，三诏不就。顺帝时，修道于蜀中鹤鸣山。称得太上老君"授以三天正法，命为天师"，为"三天法师正一真人"，并造作道书 24 篇，创五斗米道。其道尊老子为教主，奉《老子五千文》为经典。

早期道教另一派别为"太平道"，张角所创《后汉书·皇甫嵩传》载："初，钜鹿张角，自称大贤良师，奉事黄老道，畜养弟子，跪拜首过，符水咒说以疗病，病者颇愈，百姓信向之。角因遣弟子八人使四方，以善道教化天下，转相诳惑。十余年间，众徒数长吏多逃亡，旬日之间，天下响应，京师震动。"从这段记载我们可以看出，张角等奉黄帝、老子为尊神，自称"大贤良师"，乃取意于《太平经》中"众星亿亿，不若一日之明也；柱天蚊行之言，不若国一贤良也"，所以其经典为《太平经》。

五斗米道与太平道共同的特点都是尊奉老子为尊神，各有经典、信徒，这正是宗教所具备的特征，所以后世把五斗米道与太平道作为道教的最初组织形式。黄巾起义失败后，太平道因受镇压而消亡，五斗米道却随着张鲁降魏和其北迁，得到进一步传播与发展。此后五斗米道（或天师道）迅速发展，内容进一步丰富，理论更加完善，传播范围更加广泛，终于成为在中国历史上产生深远影响的宗教。随着士大夫阶层的加入，五斗米道逐渐被改造成真正意义上的道教，并分化出许多重要的派别。除了原来的天师道继续作为道教的一个重要派别传播外，还出现了上清、灵宝等派别，道教的经典和神仙体系也得到了壮大发展。但由于道教的形成和传播多在民间进行，道教不同派别对教义的领会差别很大，组织形式还不完善等，这些弊端使道教矛盾也日益突出。在这个时候，南朝陆修静和北朝寇谦之先后在南北方对道教进行了改造和完善，使道教逐渐走向成熟。

陆修静和寇谦之吸收儒家思想系统地整理了道教经典，修改道教的教规戒律，完善道教宗教仪范，使道教在与佛教的激烈斗争中发展成熟。隋唐时期，随着国家的统一，南北方道教逐渐融合，又因为统治者的信任与支持，道教终于发展成熟，并在宋朝达到鼎盛。

在唐王朝政权建立过程中，道教曾发挥重要作用。如茅山道领袖王远知，本与隋炀帝交往甚密，杨广曾对他执弟子礼，但当他看到李渊要取得政权时，就立即向李渊"预告受命之符"。《混元圣记·卷八》载：初，高祖诏玉清观道士王元知，授朝散大夫，赐金缕冠，紫丝霞帔，以远知常奉老君旨，预告受命之符也。"这正是李氏政权对道教的回报。除此以外，为感谢道教对李氏王朝建立的支持，李渊登皇帝位后，对道教大加提倡，并追认道教祖师李耳为自己的祖先。这样，即使李氏统治者借助老子的名声提高了自己的门第，又使李氏政权获得了神化。当然，获得益处最大的还是道教。为提高道教的地位，李渊曾三次召集儒、道、释三教进行辩论，在辩论没有结果的情况下强行规定道大佛小。武德八年颁布《先老后释诏》，明确规定道在儒、释之上。李渊之后，李世民在争夺皇位中又得到道士的有力支持。《旧唐书·王元知传》载："武德中，太宗平王世充，与房玄龄微服以谒之。远知迎谓曰：'此中有圣人，得非秦王乎？'太宗因以实告，远知曰：'方作太平天子，愿自惜也。'"滑州道士薛颐，也向李世民密告符命曰："德星守秦分，王当有天下，愿王自爱。"所以李世民继位之后，再次下诏规定道士、女冠在僧、尼之上。此后，道教仅在武则天当政时期受到短暂压抑，一直顺利发展，在封建政权的支持下道教理论不断丰富，道教信徒人数空前增多。宋王朝建立后，历代皇帝都对道教信奉有加，宋徽宗赵佶甚至自封"教主道君皇帝"，以道教教主自居。他还大肆封赏道士，大修宫观，倡学道经，令学者治《御注道德经》，依儒学贡仕法，选考道官。在皇帝的狂热信奉下，道教空前繁荣，达到了鼎盛时期。

宋灭元兴，道教并未受到太多冲击。历代统治者出于各种原因，依然对道教给予很大支持。道教天师派、全真派依然在民间有极大影响，与其他派别渐渐呈现出融合趋势。明朝朱元璋取得政权后，一方面继续利用道教，优待道教领袖；另一方面加强了对道教的管理和控制。清王朝取得政权后，基本继承了明朝的宗教政策，乾隆皇帝即位后，开始实施贬抑道教的政策。总的来说，元明以降，道教开始走向衰落。

第三节　优秀传统文化的其他成就

中华文明在发展过程中取得过许多伟大成就，中国传统文化在几千年的历史上烛照寰宇，灿烂辉煌，推动了人类文明的进步。中国传统文化除了思想上的非凡成就外，其他伟大成就也是数不胜数。

一、科学技术成就

科学技术水平反映一个民族的智慧水平。中华民族是四大文明古国之一，很早就已经进入文明社会，在很长一段时间里，科学技术处于世界领先的地位，许多发明创造对世界文明的进步起到了重要的推动作用。

我国很早就已进入农业社会，因此古代农业科学非常发达。我国历史上的古农书总数多达三四百种。我国现存最早的农书《齐民要术》，为北魏科学家贾思勰所著，距今已有1400余年。我国商周时期就已出现青铜农具，春秋战国时铁制农具已经被使用。汉代已有全部铁制的犁铧，而且铧上装置了犁镜，增强了犁的破土能力。这种装置，欧洲直到1000多年后才出现。东汉时，毕岚发明了翻车，三国时的马钧加以改进，使之成为高效的戽水机械。隋唐时期我国劳动人民又发明了水转筒车，这是一种水力发动的大型灌溉工具，在当时是了不起的发明创造。

我国很早就能培育品种丰富的农作物。《诗经》中提到了 132 种植物，其中仅蔬菜就有 20 余种。我国考古工作者在距今七八千年的浙江余姚河姆渡遗址中就发现了大量的稻谷、稻壳、稻秆和其他禾本科作物。经鉴定，这种水稻属于栽培稻中的晚籼稻。这是目前世界上已知年代最早的栽培稻。

对种子进行药物处理以抑制病虫害的发生是农业科学的重要内容。我国汉代就有了使用药剂浸种的记载，这也是世界上最早采用此法的记载。在我国元代王祯的《农书》中，已有使用硫黄防治植物病虫害的记录，而美国直到 1908 年才有人用同样的方法防治果树病虫害。我国在晋代就有利用天敌防治虫害的农业方法，而美国到 1850 年才有同类记录，比我国晚 1500 多年。

我国古代在冶铸业上也取得了突出的成就。我国商代就已有十分发达的青铜器，而且用铁矿石冶炼铁器的时间不晚于春秋时期。我国湖南长沙春秋墓中出土的碳钢宝剑证明，当时的冶炼铁水平已经很高，这是世界冶金史上的奇迹。

我国古代的酿酒业也十分发达，在新石器时代仰韶文化的遗址中就发现有盛酒的容器。在此稍后的龙山文化遗址中，已经有品种丰富的酒器，说明在距今 5000 多年时，我们的祖先已熟练掌握了酿酒技术。远在春秋战国以前，我们的先人已发明了"酒曲"酿酒法。利用曲来造酒，是酿酒技术上的一项重大发明。直至两三千年后的 19 世纪中叶，欧洲人才从我国酒曲中提炼出一种毛霉，使淀粉发酵法得以工业应用。《礼记·月令》中记录了酿酒的注意事项："秫稻必齐，麹蘖必时，湛炽必洁，水泉必香，陶器必良，火齐必得。"即要求酿酒用的谷物要成熟，酒曲投放时间要恰到好处，浸煮过程中要保持清洁，酿酒用的水质要优良，盛酒用的陶器要讲究，酿酒的火候要适宜。这是对酿酒技术的高度概括，是我国酿酒技术高度发达的标志。

我国在天文学上也取得巨大成就。我国很早就已有了比较精确的历法。殷商时期中国就已经有了阴历加闰月的历法。春秋时期正式确定了 19 年加 7 闰的方法。古希腊科学家梅冬发明此法要比我国晚 100 多年。我国在战国时期，历法测定已相当精确，但西方直到罗马儒略、凯撒教皇颁布《儒略历》，历法才结束混乱局面。《儒略历》以 365.25 日为一年，这与我国秦朝的《颛顼历》相近，但时间上却晚了约 200 年。1281 年，我国元代天文学家郭守敬又创造了《授时历》，确定一年为 365.242 5 天，与地球绕日一周的精确时间仅差 26 秒，与现在通行的《格里历》相同，但要比《格里历》早约 300 年。我国古代对天体的观测已达到相当高水平。《汉书·张衡传》记载，张衡制造的"浑天仪"，模拟日月星辰运行，十分精确。他还制作了历史上第一份星图，相当精确地标出了 2 500 多颗恒星的位置。我国古人就能很精确地推断日蚀、月蚀时间，如《太平广记》记载："唐太史李淳风校新历，太阳合朔当蚀。……太宗不悦，曰：'日或不蚀，卿将何以自处？'曰：'日如有不蚀，臣请死之。'及期，帝候于庭，谓淳风曰：

'吾放汝与妻子别之。'对曰：'尚早刻日'。指影于壁：'至此则蚀。'如言而蚀，不差毫发。"（《太平广记·方士一》）

在江苏吴县新石器时代遗址中出土的葛布残片、在浙江吴兴出土的商代苎麻布残片、在河北藁城出土的商代大麻布残片，以及殷商甲骨文中关于丝、帛、桑的记载，说明中国的纺织技术至少已有四五千年的历史了。春秋战国时期，葛麻纺织已经普及到中国各地，在先秦典籍中已提到名目繁多的纺织物品。到秦汉之际又出现了棉织品，特别是丝织技术，包括绸、纱、绫、罗、绢、帛等的制造，已经发展到很高的水平。湖南长沙马王堆汉墓出土的大批精巧织物充分显示，中国当时的纺织技术已达到举世无双的程度。后来，由于中外交流的加速，在欧亚大陆上形成了著名的"丝绸之路"，把中国的纺织品输入西方，对世界产生深远影响。

早在 6000 多年前的新石器时代，中国就发明了制陶技术。到商周时期已出现了釉陶和青釉器皿。在河南出土的公元 99 年的青瓷表明，我国已掌握了比较成熟的瓷器制造技术。隋唐以后，中国瓷器制造技术不断发展。宋代瓷器在其配料、制胎、釉料、施釉和焙烧工艺上都达到十分精湛的水平，形成了各具特色的定窑、汝窑、官窑、哥窑、钧窑五大名瓷。由于有些技术失传，有的瓷器精品在我们今天的科学技术下依然无法仿造。中国的瓷器自唐代起远销国外，风靡世界。西方人对中国的印象与中国瓷器紧密相关，在英文中 China 就有瓷器和中国两种含义。

火药是中国"四大发明"之一，为人类的现代化进程作出了不朽的贡献。许多史料表明，中国自春秋战国时期就逐渐了解了硝石、硫磺和木炭的性质及其配制方法，最迟在唐代就发明了以这三种物质为原料的黑色火药。北宋曾公亮所著《武经总要》中已描述多种火药武器，还记载了数种火药配方。在宋代火药已被应用于战争，到元代中国已经出现铜铸筒式火炮。元朝至顺三年造的"铜将军"火炮现存中国历史博物馆，是已经发现的世界上最早的火炮。

纸的发明是人类文化史上的一次伟大革命。纸张易于书写、携带，不像金、石、甲、骨那样笨重，不像竹简、木牍那样臃赘，不像丝帛、皮革那样昂贵，对于人类保存知识、传播知识具有不可估量的重大意义。我国很早就已掌握了造纸技术，1933 年在新疆罗布淖尔、1957 年在西安灞桥、1978 年在陕西扶风，都先后出土了西汉时期的古纸，这是世界上最古老的植物纤维纸。

到东汉和帝年间，蔡伦又改进了造纸技术，制造出原料易得、纸质优良的纸张。《后汉书》载："蔡伦字敬仲，桂阳人也……自古书契多编以竹简，其用缣帛者谓之纸。缣贵而简众，并不便于人。蔡伦乃造意，用树肤、麻头、敝布、渔网以为纸。元兴元年奏上。帝善其能，自是莫不从用焉。故天下咸称蔡侯纸。"（《后汉书·蔡伦传》）以后我国造纸技术不断改进，并传入日本、阿拉伯地区和欧洲。欧洲人在蔡伦之后 1000 多年才学会造纸技术。纸张的发明大大地推动了文化传播和信息交流，使书籍的发行和知识的普及成为可能。但最早的书籍只能由人来抄写，限制了信息传播的效率，为了冲破这种局限，中国古代劳动人民又发明了印刷术。

我国晋代已出现了墨拓。在隋代已经出现了雕版印刷技术，即把文字刻到木板上制成阳文反字字板，再在字板上涂墨印刷的方法，这样就极大地提高了文化传播的效率。唐初长安已有商家印刷经文、医书等出售。现存的雕版印刷品《金刚经》最早版本印制于唐懿宗咸通九年，是世界上最早的记有印刷日期的印刷物。至宋代，印刷业已十分发达。宋太祖开宝四年（公元 971 年），张徒信在成都雕印全部的《大藏经》，雕版达 13 万多块，规模宏伟壮观。为了改进雕版印刷需反复雕版、印刷周期长、工作效率低的弊端，北宋人毕昇在 1041—1048 年间发明了活字印刷术：用胶泥刻成单字烧硬成活字，再用活字拼版印刷。这一发明大大节省了雕版人力，提高了劳动生产率，是印刷史上最重要的一次革命，对人类文化的传播与发展具有深远的影响。

指南针也是中国古代的重要发明。虽有典籍记载黄帝、蚩尤之战中黄帝已使用了指南车，但有人认为尚难确信。但东汉王充的《论衡·是应篇》中关于"司南"的记载是不可否认的，说明中国在最迟 3 世纪以前已经掌握了根据地球磁场辨别方向的技术。此后人们又进一步改进指南针的制作方法，使其更加精确易用。北宋曾公亮的《武经总要》和沈括的《梦溪笔谈》都有详细记载。到元代，人们已经习惯于使用指南针指引航海方向。马克思曾说过，火药、指南针、印刷术这是预告资产阶级社会到来的三大发明。火药把骑士阶层炸得粉碎，指南针打开了世界市场并建立了殖民地，而印刷术则变成新教的工具，总的来说变成科学复兴的手段，变成为精神发展创造必要前提的最强大的杠杆。中国的四大发明传到欧洲，被进一步应用和发展，成为人类向现代化进军的锐利武器。

二、文化艺术成就

中华民族在不断前进的历史长河中，创造了辉煌的文化艺术，其种类之多，水平之高，为丰富全人类的文化艺术宝库作出了不朽的贡献。

（一）文学艺术的成就

中华民族的祖先很早就已经发明和使用了象形文字。殷墟出土的甲骨文说明当时文字使用已经达到很发达水平，文学艺术自然也随之分化产生。现存最早的诗歌总集《诗经》、散文集《尚书》，都以优美的文笔，抒发了当时人们的思想、情感，记述了当时历史文化、生活习俗、礼仪制度等，为我们留下了宝贵的文学遗产。春秋战国时期，诸子兴起，百家争鸣，把我国的文学艺术推向一个新的高度。《老子》文笔简洁，志趣高远，声韵流畅，意蕴玄邃；《庄子》行文恣肆，汪洋捭阖，思接千古，仪态万方；《孟子》气势盎然，质高德远，跌宕起伏，生动感人；《荀子》气魄恢弘，为文雄浑，包容百家，渊博精深；《墨子》质朴无华，行为流畅，逻辑严谨，简练精要；《战国策》叙事严密，描述生动，明畅通达，语言圆熟；《韩非子》文性俊俏，精辟入里，语锋犀利。总之，这一时期中国文学风采各异，古朴雄浑，具有撼人心魄的艺术魅力。

（二）书法、绘画艺术的成就

中国的书法绘画艺术源于古代劳动人民的生产劳动实践，在漫长的发展岁月中不断锤炼，成为自成一家、独具风格的宝贵民族文化遗产。被誉为"纸上的音乐与舞蹈"的书法艺术，以纯净的线条为载体，通过汉字独特的笔画运动和结构布局，穷尽线条千变万化之神韵，创造出意境，创造出风格，创造出美的艺术。

中国书法上承殷商甲骨文、周朝金文之遗绪，几经变化发展，神态端庄，整齐雄伟，线条流畅，婉转圆通。由于书写使用工具的不同，得到的效果也就变化万千，意味无穷。中国书法艺术并非仅仅把"字"当作一种符号来处理，只想到达意，而且把书者的"情""气"贯入其中。如元代书法家陈绎所说，情之喜怒哀乐，各有分数：喜则气和而字舒，怒则气粗而字险，哀则气郁而字敛，乐则气平而字丽。

中国绘画艺术风格独特，历史悠久。在距今六七千年前的陶器上，已有反映当时人类生产活动的绘画。以线条为主要造型手段的绘画传统形成于战国时期，至汉代已达到极高水平。长沙战国楚墓出土的《人物龙凤帛画》和《人物御龙帛画》已显示出当时绘画艺术简括生动、圆转流畅的特征。内蒙古汉墓壁画《车马出行图》《乐舞百戏图》等皆造型生动，色彩鲜明，说明当时绘画艺术的成熟。魏晋南北朝时期的绘画，如顾恺之的《女史箴图卷》《洛神赋图卷》等，色调明丽，笔法细腻，生动传神，说明当时绘画艺术的提高与发展。唐朝吴道子的神佛、人物壁画栩栩如生，所以他被誉为"画圣"。此外，阎立本的人物，展子虔的山水、边鸾、刁光胤的花鸟，曹霸、韩幹的马，戴嵩、韩洗的牛等，都具有极其精湛的艺术水平。宋代绘画艺术中以张择端的《清明上河图》最为著名。这是一幅横长529厘米、纵长25厘米的长卷，描绘了当时首都东京汴梁物阜民丰、繁荣昌盛的景象，笔法细腻精工，布局错落有致，人物神态逼真，场面宏伟寥廓，艺术水平极高。宋代花鸟画也极为昌盛。黄荃、赵昌、崔白、赵佶等均负盛名。山水画名家则有李成、范宽、郭忠恕、许道宁、王诜等。苏轼、米芾等书画皆精，其以水墨为主的写意山水花鸟，俱为佳作。入元以后，许多汉族士大夫为寄托亡国忧思，同时也远身避祸而绘画以遣兴寄情。郑思肖、赵孟頫、黄公望、倪瓒、王冕、柯九思等人就是这些人物的代表。元灭明兴，绘画艺术更加成熟。边文进《双鹤图》《春禽花木图》等双勾重彩，笔法细腻，一时无两。戴进等人的山水花鸟则飘逸自然，不拘一格，亦称佳卷。此后沈周、文徵明、唐寅、仇英并称江南四大家。又有以徐渭、陈复道为代表的"水墨写意派"，以周之晃为代表的"花鸟画派"等，各领风骚。清代名家亦众，有摹古的王时敏、王鉴、王原祁、王翚，号称"四王"，又有力主鼎新，借古开今，推陈出新的朱耷、石涛、髡残（石溪）、弘仁（渐江），号称"四僧"。清中期以后有王昱、王愫、王玖、王宸，号称"小四王"，画风与"四王"相近。同时期郑燮等扬州八怪也久负盛名。晚清名家有吴昌硕、虚谷、赵之谦等。

总之，中国绘画艺术是中国优秀传统文化的重要组成部分，是民族文化的重要象征之一。

（三）建筑、雕塑艺术成就

远古时代，人们构木为巢或穴居以存。房屋建筑的发明无疑是人类文明的重大进步。从我国考古发掘来看，商代已经出现了大型土木建筑。春秋战国时期，由于铁制工具的普遍使用，对木、石等材料的加工更为细致，我国开始出现豪华宫殿建筑。秦始皇的阿房宫，无疑是这种建筑的杰出代表。杜牧《阿房宫赋》描述说："覆压三百余里，隔离天日……五步一楼，十步一阁。廊腰缦回，檐牙高啄，各抱地势，钩心斗角。盘盘焉，囷囷焉，蜂房水涡，矗不知其几千万落。长桥卧波，未云何龙？复道行空，不霁何虹？高低冥迷，不知西东。歌台暖响，春光融融；舞殿冷袖，风雨凄凄；一日之内，一宫之间，而气候不齐。……使负栋之柱，多于南亩之农夫；架梁之椽，多于机上之工女；钉头磷磷，多于在庾之粟粒；瓦缝参差，多于周身之帛缕；直栏横槛，多于九土之城郭；管弦呕哑，多于市人之言语……"虽然在某种程度上这种描述难免有些夸张，但也足见当时建筑之宏伟壮观，无与伦比。《史记》就称其宫前殿："东西五百步，南北五十丈，上可坐万人，下可建五丈旗。"（《史记·始皇本纪》）这与前文相印证，说明我国当时建筑水平已十分高超。

第三章　中华优秀传统文化传承的重要意义和途径

第一节　中华传统文化正在流失

一、"中国传统文化"的基本精神

开辟鸿蒙，人类开始有文化意识以来，中国一直是以"泱泱大国"的地位存在于人们的心中。中国"大国"的地位不仅体现在其地大物博、人口众多上，还体现在博大精深的中国传统文化之中。中国传统文化，是中华文明逐渐演化而汇集成的一种反映民族特质和风貌的民族文化。具有鲜明民族特色，历史悠久，内涵博大，有着以儒家文化为核心的、包含其他文化形态的兼容并蓄的特征。"中国传统文化"是一个意义很广泛的词语，它包括诸如以忠孝礼义为代表的儒家文化、诸子百家的经典观点、琴棋书画、传统诗词戏曲文学、传统节日及习俗、传统中国建筑、中医学、宗教哲学和民间工艺，等等。

中华传统文化的基本精神广博深厚，是一个包含着诸多要素的思想体系，其中包括道法自然、天人合一的宇宙观，天下为公、世界大同的社会理想，贵和执中、顺时承变的实践理念，自强不息、刚健有为的进取精神，报国忧民、先公后私的爱国情操，团结御侮、视死如归的民族气节，以德为基、以人为本、厚生利物、明分乐群的处世哲学，重文尚贤、乐善好施、直道而行、舍生取义的价值观念，讲信修睦、尊老爱幼、谦恭礼让、洁身自好的伦常操守，等等。中国传统文化的基本精神内容丰富，这里着重从"爱国重土""明礼修德""贵和执中""自强不息"四个方面来谈一谈中华传统文化蕴涵的民族精神。

（一）爱国重土

中华民族是富有爱国主义光荣传统的伟大民族。具有深厚的爱国主义情感，是中

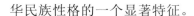

华民族性格的一个显著特征。

1. 爱国之情发端于"尊亲敬祖"的古老传统

中国人安土重迁，敬宗拜祖。对生于斯、长于斯的故乡和辛勤哺育自己的亲人的眷恋、感恩，是人类最自然、最纯真的感情活动。中华民族因为很早就进入了生活相对稳定的农耕社会，所以家乡观念和血亲意识十分牢固。中国人的"国"的观念与"家"的观念紧密相连，而"家"与"祖"又是一脉相承的。所以爱国、爱乡、爱家、尊亲、敬祖等观念层层相扣，通过传统社会的宗法制度、里社制度等组织形式胶着在一起，在历史上稳定地发挥着民族凝聚力和向心力的作用。

2. 爱国之情源自对祖国美好河山的热爱与崇敬

祖国美丽的山山水水、生机盎然的花草树木、虫鱼鸟兽，激起一代又一代文人墨客歌咏赞颂，令无数的英雄豪杰心醉神迷。"江山如此多娇，引无数英雄竞折腰"，毛泽东同志的诗句形象地表达了中国人民的这种爱国情怀。在漫长的古代社会，中国人一直认为自己所生活的地方是天下之中，为上天所赐最美最善之地，视周围地方都远远不及中原沃土。我们的先辈在军事上主要采取守卫和防御的态势，比如，中国古代修建了万里长城，用来防御外族入侵。多数王朝推崇固边，贬斥扩张。一些所谓的"有为"君主如秦始皇、汉武帝、唐太宗、唐玄宗、忽必烈等发动侵略战争，在历史上都遭到否定性的评价。大家都熟悉的唐代诗人杜甫的《兵车行》就是谴责唐玄宗的"开边"政策的。中国历史上受到后人推崇和喜爱的民族英雄，几乎没有一个是像西方的恺撒、亚历山大、汉拔尼、拿破仑那样靠率领大军远征异国而"功垂史册"的。中国历史上更没有像西方中世纪时"十字军东征"（1096—1270年）那样长达将近两个世纪的大规模侵略行为。相反，中国对异族对边境的骚扰和掠夺常常主动采取和柔的政策来息事宁人。我们说中华民族是一个爱好和平的民族，的确是符合历史事实的。

3. 爱国之情来源于对祖国悠久的历史和博大精深的文化的自豪感

中国人以文化认同视为民族认同的首要条件，而对血缘的差异不太在意。孟子明确地说舜是"东夷人也"，可是这一点也不影响他对舜的崇敬。据陈寅恪先生考证，唐太宗李世民的祖上是少数民族，即使这是事实，我们谁会因此对他另眼相看。大家知道，唐朝大量任用少数民族和外国人（如日本人、朝鲜人）在朝中做官，明清两朝都任用了来华传教士担任官职（著名的如汤若望和南怀仁，主要是负责天文观测和历法方面的事务，这在封建社会是十分重要的工作）。中华民族之所以会有这样宽阔的襟怀，就是因为我们的先辈对本民族文化十分自信，这种心态直到1840年鸦片战争发生之后才开始变化。在民族认同上重文化因素、轻血缘关系，是以汉族为主体的中华民族历

经沧桑而幅员越广、人口越盛的重要原因。

4. 爱国之情基于对中华文化中心地区的向往和对民族团结统一的珍惜

中华民族是由 56 个民族组成的一个民族大家庭。各民族都为中华民族的形成和发展，为中华文明的传承与更新，奉献了自己的智慧和汗水。我国各民族都无限热爱自己的家园，向往中华文化的中心地区——中原。从遥远的古代起，我国各族人民就在中华大地上共同繁衍生息，并在相互交往过程中建立了紧密的联系。各民族通过族体上的相互包容和吸纳，通过对中原地区和边疆地区的共同开发、建设和保卫，通过对中华传统文化的共同哺育和发展，逐渐形成了共同的民族特质、民族心理和文化传统。在长期的历史实践中，中原地区作为中华文化的中心地区，对各民族产生了强大的向心力和凝聚力，对中华民族爱国主义精神的形成和巩固产生了深远的影响。历史上，我国曾多次出现分裂和冲突的局面，但人心始终向往统一，向往团结。以统一为正常，以分裂为异常，以各民族和睦相处为盛世景象，以各民族相互争斗为衰世征兆，成为中华民族大家庭中每个成员的共识。特别是在近代中国史上，虽然有帝国主义列强的挑唆利诱、威胁恫吓，但各民族始终坚持维护团结统一的大局，为了捍卫边疆领土的完整不惜流血牺牲，最终粉碎了外来势力企图分裂中国的无数次阴谋和挑衅，保卫了祖国的统一。中国各族人民就是这样在开发和建设中华热土这块共同的家园的实践中，在相互交流和相互融合的过程中，在团结御侮、保家卫国的斗争中，逐渐形成了牢固的爱国主义传统。

（二）崇礼修德

中国向来被称为"礼仪之邦"，崇尚礼仪，讲求道德，重视和谐的人际关系和社会秩序，追求人格品行的高尚境界，是中华优秀传统文化中最具有特色的基本精神之一。

1. 中华传统文化重视"礼义"

中华的伦理文化源远流长，从其表现上可以概括为"礼义"二字。义者，宜也，也就是言行适当；礼者，履也，也就是言行符合规范。二者本质上是一致的，但在具体要求上各有侧重。礼侧重于要求言行的形式合规中矩，义侧重于要求言行的内容正确恰当。我们的先贤认为，礼义是人和动物区别的根本标志。"凡人之所以为人者，礼义也""不学礼，无以立"等类似的前贤教诲数不胜数。人们在社会交往中要讲求"礼节""礼貌""礼让""礼敬"。人们传颂战国时期廉颇、蔺相如"将相和"，三国时期刘备"三顾茅庐"等故事，就是因为他们的言行合乎礼义的要求。中国人素来提倡家庭和睦、朋友坦诚、尊老爱幼、扶贫济困等良好的社会风气，称道"亲仁善邻，国之宝

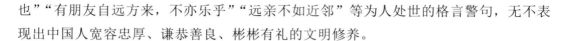

也""有朋友自远方来，不亦乐乎""远亲不如近邻"等为人处世的格言警句，无不表现出中国人宽容忠厚、谦恭善良、彬彬有礼的文明修养。

2. "仁"是中华民族道德精神的旗帜

"礼义"是人品质的外在表现，其内在的根据是"仁"。"仁"是中华民族道德精神的旗帜，是各种道德观念中最基本的同时也是最高的大德，是世人应普遍遵循的德行标准。孔子2500多年前创立的"仁学"，是中华传统文化基本精神的发源地之一。"仁"的出发点是"爱人"。"仁者爱人"的内在根据是人与人是同类。孔子曾说："鸟兽不可与同群，吾非斯人之徒与而谁与？"朱熹在《论语集注》中解释说："言所当与同群者，斯人而已，岂可绝人逃世以为洁哉？"人只有生活在人群中才能真正过上人的生活，这是人的社会属性所决定的。因此，人与人之间应该相互关爱，为人自身的生活建立良好的社会环境。从"仁"的这个基本要求出发，根据不同的人际关系和社会条件，可以派生出忠、敬、孝、友、节、义、廉、耻等一系列的道德规范。"仁"的本质是人与人相互尊重，相互关怀，善待同类，共建和谐社会。孔子依据"仁"的精神提出的"己所不欲，勿施于人"的做人道理，传到西方后，被尊奉为人类行为的"黄金法则"。"仁"的精神在中华民族的历史长河中不断得到丰富与发展。无数的仁人志士在"仁"的精神的感召下，心忧他人，乐善不倦，胸怀天下，志济苍生，爱岗敬业，奉公报国。"鞠躬尽瘁，死而后已""先天下之忧而忧，后天下之乐而乐"这两则闪光的名言则体现了中华道德观的最高境界，至今仍然具有强大的生命力和感召力。

崇礼修德的精神渗透到我们民族的文化生活、理性观念乃至情感表现各个方面，积淀成中华民族精神风貌的重要构成素质，其中有许多珍品值得我们去爱护和弘扬。中国的传统思想道德建设有一条宝贵的经验，就是注重让道德观念伦常化、实践化，把它融合到家庭、学校、个人日常生活和社会交往的方方面面，渗透进大众的日常意识和信念当中，成为人们立身处世的准则和信条。例如"修身、齐家、治国、平天下"的提法，把个人的修养、家庭的协调、国家的管理同天下的安危、世道的治乱紧密联系在一起，成为上上下下、男女老少都熟悉和信奉的日常意识和行为准则，这是中华传统文化重视道德修养的人生价值取向的一个突出特点。

（三）贵和执中

中国人自古就特别强调"和"，以和为贵；也特别重视"中"，讲究中道。中和融通是贯穿中国古代哲学体系中的基本思想方法，是中华文化最珍贵的基本精神之一。

1. "以和为贵"及"和而不同"

所谓"和"，是指不同事物的合和、和谐、统一，对立面的相济相成，既同且异，共聚一体，相资相长。中华传统文化追求宇宙自然的和谐、人与自然的和谐、人与人之间的和谐、自我身与心的和谐。《论语》中提出"礼之用，和为贵"的主张，《老子》中赞美"挫其锐，解其纷，和其光，同其尘"的自然美，《孙子兵法》中说"上下同欲者胜"，《孟子》认为"天时不如地利，地利不如人和"，把"人和"当作事业成败的关键。《庄子》内篇的《齐物论》和外篇的《寓言》中都提到"和之以天倪"或"和以天倪"（"天倪"指万物的分际。"和之以天倪"就是用"和"的办法来消除世界上的差别。庄子说"天倪"就是"天均"，"天均"的意思是天地的运行就像陶均的转动，始终相续，没有端倪。《庄子》中说："万物皆种也，以不同形相禅，始卒若环，莫得其伦，是谓天均。天均者天倪也。"）。在中国现存的最古老的哲学经典《易传》中提出了"太和"的观念，倡导至高无上的和谐，达到最好的秩序与和谐状态。两汉董仲舒认为"德莫大于和"，把"和"上升到最高的道德境界。中国人世代以和谐为最高原则来处理各种矛盾和各方面的关系，包括"天人合一""家庭和睦"、人与人"亲和"、民族"协和"、国与国"和平共处"，这样才能"天下太平"。

中国的先哲们对"和"的概念有独特的见解，主张"和而不同"。西周末年的史官史伯说："和实生物，同则不继。"他认为，"和"是多样性的统一，比如性质不同的金、木、水、火、土杂合而生百物，把完全相同的物质放在一起就不能产生任何新的东西。他主张不同事物的交融，不同意见的兼蓄。春秋时期齐国政治家晏婴说："若以水济水，谁能食之？若琴瑟之专一，谁能异？同之不可也如是。"他认为"和"就像五味调和才能生出美味，如果只是水里加水，则单一寡淡，无人愿食；又像八音和谐才能奏出美妙的音乐，如果琴瑟只一个音调，无人愿听。孔子丰富了"和"与"同"的概念，第一次正式提出"君子和而不同，小人同而不和"的命题，把"和而不同"作为理想人格应具备的品德。这种"和实生物""和而不同"的文化观，对中华文化的发展起了十分重要的积极作用。

2. 中庸之为德

中国古代的"贵和"观念，往往是与"执中"观念联系在一起的。《论语·尧曰》开篇记载先圣尧传给舜最重要的一句话是"允执厥中"，舜又将此言传给禹。孔子的孙子子思在《中庸》篇首写道："中也者，天下之大本也；和也者，天下之达道也。致中和，天地位焉，万物育焉。"子思这里所谓的"中"，第一层意思是"忠"或"衷"，是内心的忠诚、忠实；第二层意思是言行得体，方法得当，为人处事要掌握好一个度，无过无不及，不偏不倚，恰到好处。这两层意思相互关联，缺一不可。首先是忠诚，说真心话，办真实事，做实在人；其次是执中，执经用权，讲究分寸，顾全大局，把握好"度"。这个度，说到底就是一个"德"字。孔子说："中庸之为德也，其至矣乎！"

主张以中庸的方法来推行"德治",作为实现并保持和谐的手段,凡事"执其两端,用其中于民",不偏向任何极端,追求对立两端的统一与合和。而"中"是以"德"为标准的,"德"又是以"礼""仁"为原则的。如果为和而和,背离了标准和原则,那也是不行的。

孟子继承孔子、子思的"中"的观念,进一步指明"执中"不是"执一",他认为"中"是根据"道"的原则,根据形势和条件的变化,找到使"道"得到正确体现和运用的办法和路线。他说"汤执中,立贤无方",又说"执中无权,犹执一也"。"中"是原则性与灵活性的统一,是实践的指南,而不是一个僵化的概念。为了"执中"而"执中",那还是"执一"。"所恶乎执一者,为其贼道也,举一而废百也。"《易经》上说"天下同归而殊途,一致而百虑",中国古代贤哲很早就意识到"道"是"一"和"多"的辩证统一,"中"就是对这种统一性的概括。

"致中和"之所以被先哲们称道为"大本""达道",是因为"中"与"和"的结合,既能协调差异,又能使之适度规范进行,它既表现为宁静、和谐、共存,又表现为运动、互融、化生。"中"是万物自然存在的均衡状态,"和"是万物运动中的和谐状态,以"中"为度,以"和"为归,这两者辩证的统一,可以推动事物在相资相争中推陈出新。贵和执中的精神反映了中国人喜爱、希望安定、喜欢太平盛世的心理追求,也表现了中国人做事不失常理、处处讲原则的性格特征。正所谓"柔中寓刚""刚柔相济""绵里藏针"。

（四）自强不息

刚健有为、自强不息,是中华民族最宝贵的民族精神,是中华文化精神的基本内核,是人们处理天人关系和各种人际关系的总原则,也是中国人的积极人生态度的最集中的理论概括和价值提炼。

中华五千年灿烂文化始终蕴含着一种奋发向上、开拓进取的精神力量,深刻地影响着中国人的心理和品格,是我们民族生存、繁衍、发展的生机与活力。《易传》说:"天行健,君子以自强不息;地势坤,君子以厚物载德。"汉代史学家司马迁说:"文王拘而演《周易》;仲尼厄而作《春秋》;屈原放逐,乃赋《离骚》;左丘失明,厥有《国语》;孙子膑脚,《兵法》修列;不韦迁蜀,世传《吕览》;韩非囚秦,《说难》《孤愤》;诗三百篇,大抵贤圣发愤为所以为作也。"无论周文王、孔夫子,还是屈原、左丘明、孙膑与韩非子,等等,他们都是身处逆境,仍然矢志不移,苦心钻研,辛勤耕耘,才创造出了光辉灿烂的民族文化瑰宝。而司马迁本人也是遭受宫刑之后,忍辱负重,发愤修志,继孔子《春秋》而作《史记》,成为史家之绝唱、无韵之离骚,皇皇巨著千古流传。

　　刚健有为、自强不息的精神，不仅在我们民族兴旺发达时期起过巨大积极作用，在我们民族危难之际也总是成为激励人们起来进行斗争的强大精神力量。中国人民表现出的坚持正义、英勇奋斗、不怕牺牲的高尚气节，惊天地，泣鬼神。中华民族信奉"士可杀不可侮""富贵不能淫、贫贱不能移、威武不能屈"的人格精神，敬奉忠义伟岸的"武圣人"关公，讴歌刚正不阿的黑面铁包公，都体现了中华民族刚健奋发、矢志不渝、百折不挠、多难兴邦的阳刚之气。

　　刚健有为、自强不息还表现了中华民族开拓进取的创新精神。《礼记·大学》称赞"苟日新，日日新，又日新"。《易·革》肯定"天地革而四时成，汤武革命，顺乎天而应乎人。革之时，大矣哉！"这种"革故鼎新"、与时俱进、与时俱新的精神，在历史实践中为人们普遍接受，并促进了"顺乎天而应乎人"的社会变革，创造出悠久灿烂的文化。

　　这四大精神无一不是人类社会长期总结的瑰宝，更是社会长治久安发展的源泉。是无论过去、现在或是将来，都要提倡和发展的优良精神。可是长期以来，国学理念在现实社会所遭受的挫折比比皆是，以至于现在提出"国学复兴"而遭受很多非议。一个重要的原因在于，众人认为"国学"在目前其实只是一种中国传统文化的象征，过去的各种运动给大家留下了太多阴影，认为传统的东西对现实社会不可能也无法产生实质性的影响，所以大家没有兴致去了解，去学习；同时，推动"国学复兴"升温的动力也不足，因为人们可以通过学习"国学"提高文化素养和道德境界，但却无法解决人人必须面临的衣、食、住、行问题，特别是就业问题。

　　文化的作用，我们过去看得太轻了，甚至一度非常浅薄地把文化只当作为经济发展搭台唱戏的配角，这是不对的。文化，实际上它是经济发展的最终的动力。我们要想经济发展，那最终的动力实际上到最后仍然是文化。过去呢，我们认为是不符合马克思主义观点的，但现在看来是完全符合马克思主义观点的。文化和经济是什么关系？它不是经济的配角，经济发展了是为了人，文化的发展、文化的存在、文化的升华同样是为了人，经济的发展是直接作用于人，文化的发展也是直接作用于人，不过这个作用和经济发展的作用，有的时候看起来作用的渠道不一样。经济发展了，我们的好衣服穿到身上就行了，可是文化的发展要靠学，那就麻烦一点，需要用心，如此而已。

　　在过去的很长一段时间里，中国传统文化一直领先于世界文化水平。孔夫子的"三人行，则必有我师焉"体现出的谦虚好学，是孤傲的以自我为中心的山姆大叔不能体会的；中国古代有俞伯牙为钟子期摔琴，为失去知音从此不再弹琴的惺惺相惜之情，是牵着香榭丽影们看歌剧的同样衣着光鲜的绅士们不能体会的；一句"落花人独立，微雨燕双飞"所表达的意境，在外语翻译来只是堪堪几个单词，形似神不似，两者是不可以比拟的。中国传统文化，是世界文化星空中不可磨灭的一颗璀璨明星，是中国古代的统治者、贵族、中下层平民百姓共同创造和维系的古代精神文明结晶。

二、中国传统文化传承中出现的问题——民间文化流失严重

曾经如此辉煌的中国传统文化，现如今却面临着逐渐流失的尴尬境地，我国的本土文化、民族文化不断遗失。在我国内蒙古流行的马头琴，已被蒙古国申报为该国的非物质文化遗产；在中国家喻户晓的皮影戏，也被印度尼西亚申报为该国的文化遗产。20多年前，对全国的皮影戏进行考察，有 2 500 个皮影班活跃在山区平原城乡，现剩下不到 250 个；韩国江陵端午祭"申遗"成功，还觊觎孔子和汉字的归属权……

短短的几十年间，我国损失了传统剧种 134 种，占戏剧品种总量的 35%。而日本漫画在我国的市场占有率达到了 80%左右；韩国的各种快餐式的电视剧文化以及网络游戏占据中国市场 75%之多；更不用说以绚烂的电脑特技为一大特点的美国大片在中国电影市场中大放异彩。

以上这些，只是有数据可查的中国传统文化流失状况，还有那些存在于日常生活中的古老"行当"正在以人们不知不觉的速度离开人们的视野。可曾记得走街串巷的"补碗人"？诙谐可爱的糖人？那些手艺人的吆喝声，渐渐成为记忆中那隐隐的一缕幽香……

三、导致中国传统文化逐渐流失的原因

当中国的历史已经迈进21世纪二十几年的时候,似乎有很多东西值得我们去深思。中国，一个古老神奇而又伟大的民族，深藏五千年底蕴的华夏文化，为什么会一点点流失？

（一）"文化大革命"对传统文化的破坏

"文化大革命"对传统文化造成严重的破坏。那时，许多中国古老的珍贵文化消失在"红卫兵"高涨的革命热情中。和古代中国有关联的东西，不论是"糟粕"还是"精华"，一律被打上或"封建"或"资本主义尾巴"的记号。同时，使"文革"之后成长起来的一辈人缺少了对文化探索的热情，人们变得冷漠，对中国文化的流失视而不见。这种心态直接影响了之后几代中国人，导致现今中国传统文化消逝的状况，虽然有人

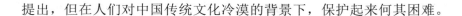

提出，但在人们对中国传统文化冷漠的背景下，保护起来何其困难。

（二）改革开放以来西方文化的强烈冲击

面对西方文化的冲击，古老的中国传统文化一时无法适应：从清朝时的天朝上国思想，发展到后来崇洋媚外；从新文化运动，发展到对旧道德、旧文化的全盘否认；从"文化大革命"，发展到对中国传统文化精髓的全盘鄙弃；再看改革开放后，让洋节日和英语上升到一个空前绝后崇高的地位，以至于本来就被冷漠的传统节日，受白话文稀释的中国语言，均遭到史无前例的漠视。

与此同时，国外文化也随之进入中国，如欧美文化、日韩文化。其中从电影和游戏的快速发展可见端倪，自从欧美电影进入我国人民的生活后，一系列大片已在中国人心中打上深深烙印，而国产电影则受到强烈冲击。例如早期的《侏罗纪公园》等的到来，冲击了国人的传统观念，后来的《阿凡达》《变形金刚》等的票房，更在我国创造良好成绩。韩国网络游戏及电视剧占领中国大部分市场，而"韩流"更是令国人应接不暇。而导致的结果是，为其带来巨大经济利益的背后还隐藏的文化植入和侵略。我们不难发现，容易接受外来文化的群体主要为年轻人，尤其是儿童，在他们还没很深地领略中国传统文化之前，向其灌输外来文化及思想既是一件易事，也足以影响年轻一代一生对其文化的态度。像现在的"80后""90后""00后"的群体，在某种程度上习惯了西式人格，即以内在自我为中心。

负责审美熏陶与道德导向的语文课，一减再减。反观英语，却重视到无以复加。母语地位受到威胁，让人担忧中国的未来。反观现代社会，在日本、韩国、新加坡等国家的中小学，课程表上书法是必修课。可是中国的孩子却患上汉字遗忘症，这不能不说是中国现代人的一种悲哀。中国传统文化就是在这种本末倒置的情况下被忽视，被遗忘。

（三）中国创意速度发展得慢

在快速发展的时代，只有创意才可以保证文化的生生不息。随着世界竞争的加剧，各国都已采取多种形式推动创意产业的发展，推动文化创新以获得丰厚利益。我国传统文化民族资源丰富，但目前我国创意文化产业发展滞后，没有充分利用文化资源并在其基础上实现创新。但较成功的是"90后"小时候看的《蓝猫》以及2005年后的《喜羊羊与灰太狼》，但这种成功案例为数甚少。

（四）人文教育不足

当前教育种种弊端导致传统文化的严重流失。担负民族兴亡的是一个民族的文化，而文化的兴亡重在教育。我国教育的弊端，在于对学生管得太死、教学内容太单一。对理科的注重适应科技膨胀时代，而在社会上急需的为人哲学、道德导向、价值引导等问题，却不给予应有的重视。许多中国古代优秀的文学著作不为人所熟知，古代文人字里行间的才华横溢我们感觉不到，所记住的只是名句名段，因为考试会考。用培养少数天才的方法残害绝大多数的学生，在"应试教育"体制下培养出缺少思考、缺少真才实学的学生。

（五）现代生活对传统的冲击

在现代科技的推动下，中国生产力水平不断提高，人们为了追求更大的经济利益，把生活中的某些东西一再简化。某些古代流传下来的礼义、习俗、手工艺，放在今天的社会背景下，未免太过繁琐。例如，在现今发达的交通情况下，再也不会有"临行密密缝，意恐迟迟归"的情况。而古代中国建筑在现代经济洪流的冲击下也摇摇欲坠，多数老城区被迫拆除改造而建成高高的楼房。

（六）文化遗产的法律保护缺失

文化遗产种类繁多，缺乏法律保护和人才培养。对于中国传统文化保护工作长期不被重视，普查力度不大，缺乏深入和广泛的对民间文化的非物质文化遗产的整体状况的了解。保护文化遗产的观念滞后，资金技术贫乏，缺乏正确的开发利用，许多处于自生自灭状态。如对古代的科技、工艺、音乐、舞蹈、历史声音、历史图像、民族文物、民俗文物等非物质文化遗产，没有科学的界定和权威的说明，现有法律不适应非物质文化遗产保护工作的开展。缺乏非物质文化遗产的教育及人才的培养，传承渠道不畅。对非物质文化遗产缺乏重视和价值认知，教育与文化遗产保护、传承脱节。另一方面，传统文化传承程序也存在缺陷。农业社会遗留下的重男轻女陋习演变的有些技艺"传男不传女"的规矩，直接导致某些特色技艺走向死胡同，最后消失。怎能不教人惋惜。

传统文化的传承是令人担忧的。然而，中国传统文化在国外却备受青睐。例如美国迪斯尼公司制作的动画片《花木兰》就是一个鲜明的例子。这部影片在新加坡首映后，在全球循环放映，得到强烈反响，成为迪斯尼公司生产的利润最高的影片之一，但是其影片内容却来自中国历史。而在北京奥运会之前上映的《功夫熊猫》又是一典型例证，此片同样获得成功，而其内容中包含了中国古代道教精神。在韩国，"江陵端午祭"事件已将其对中国传统文化的看好体现得淋漓尽致，而且韩方继续打算用中国资源申遗。纵然他们这种盗窃他国文化的行为并不可取，但可以给我们启发。我们没有拍出《花木兰》级别的电影，甚至将尽人皆知的节日拱手让给韩国，在批评对方行为的同时，我们更该做的是反思，否则，这种盗取中国文化资源的事将会继续上演。

第二节　文化软实力与国家影响力

一、文化软实力

文化软实力是国家软实力的核心因素，是指一个国家或地区文化的影响力、凝聚力和感召力。

（一）"软实力"概念的由来

"软实力"（Soft Power）的概念是由美国哈佛大学教授约瑟夫·奈提出来的。1990年，他分别在《政治学季刊》和《外交政策》杂志上发表《变化中的世界力量的本质》和《软实力》等一系列论文，并在此基础上出版了中译本《美国定能领导世界吗》一书，提出了"软实力"的概念。约瑟夫·奈指出，一个国家的综合国力既包括由经济、科技、军事实力等表现出来的"硬实力"，也包括以文化和意识形态吸引力体现出来的"软实力"。"……硬实力和软实力依然重要，但是在信息时代，软实力正变得比以往更为突出。"

软实力是近年来风靡国际关系领域的最流行关键词，它深刻地影响了人们对文化软实力国际关系的看法，使人们从关心领土、军备、武力、科技进步、经济发展、地域扩张、军事打击等有形的"硬实力"，转向关注文化、价值观、影响力、道德准则、文化感召力等无形的"软实力"。

（二）文化软实力是重要国力

在经济全球化的影响下，各国的文化也呈现出交流与交锋、合作与较量的新格局，文化已经成为西方国家颠覆和控制别国、实现自身战略意图的重要工具，文化领域已经成为政治斗争和意识形态较量的重要领域。所以，大力提升本国的软实力已在国际主流社会达成共识。

中国文化软实力的现状：中国对于传统文化的宣传和推介处于"原生态"状态，优秀的文化传统资源优势并未充分转化成为强大的现实生产力；文艺演出、语言文化、图书出版等文化领域面临着"文化赤字"；对于中国文化形象的认知存在一定的偏差，忽视了对传统文化资源的创新和改造。

但是，在党的第十七次全国代表大会把文化软实力的概念写进党代会的报告，报告指出："提高国家文化软实力，使人民基本文化权益得到更好保障，使社会文化生活更加丰富多彩，使人民精神风貌更加昂扬向上。"这说明执政党在推进社会发展中越来越重视文化的作用。文化是一个社会重要的精神支柱，强调文化的力量，既能丰富人民的社会生活，也能创造不同于科技、经济等的新的发展动力。

报告这一新提法，表明我们党和国家已经把提升国家文化软实力作为实现中华民族伟大复兴的新的战略着眼点。文化软实力作为现代社会发展的精神动力、智力支持和思想保证，越来越成为民族凝聚力和创造力的重要源泉，越来越成为综合国力竞争的重要因素。一个民族的复兴，必须有文化的复兴作支撑。实现中华民族的伟大复兴，必然伴随中华文化的繁荣兴盛，而繁荣兴盛中华文化，必然以提升我国文化软实力为根本途径。

为此，就要树立"文化软实力是重要国力"的观念，把文化产业列入国家战略，大力推动和扶植文化产业。要详细制定文化发展战略目标、战略措施和文化发展政策，加快发展文化事业和文化产业，推进文化体制改革，完善文化产业政策，推动其发展成为国家战略性产业，做到"国家硬实力"和"文化软实力"两手抓，两手都要硬。

（三）文化软实力的比拼是核心价值观的较量

文化软实力的比拼，说到底是核心价值观的较量。恩格斯曾说过，文化植根于"一个民族或一个时代的一定的经济发展阶段"。独特的文化传统、独特的历史命运、独特的基本国情，决定了我们只能走适合自己特点的发展道路。当代中国的价值观念，为中华文化注入了新的精、气、神。提高国家文化软实力，要努力传播当代中国价值观念。当代中国价值观念，就是中国特色社会主义价值观念，代表了中国先进文化的前进方向。要加强提炼和阐释，拓展对外传播平台和载体，把当代中国价值观念贯穿于国际交流和传播的方方面面。

二、文化对国家影响力的历史见证

21世纪，综合国力的博弈对一个国家在未来世界秩序中的排序起着关键性作用。文化软实力作为一个国家或地区文化的吸引力、凝聚力和影响力，在国与国之间的影响也在不断地扩大，世界大国纷纷重视软实力的建设，这是与全球化和信息化时代的到来相伴随的，也是与一个国家和地区发展的强盛和自信相统一的。党的十七大报告

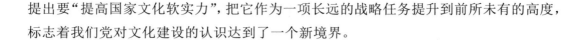

提出要"提高国家文化软实力",把它作为一项长远的战略任务提升到前所未有的高度,标志着我们党对文化建设的认识达到了一个新境界。

三、提高国家文化软实力的重要性

一个国家是存在两种实力的,一种是硬实力,一种是软实力。硬实力通常是指国家的 GDP、硬件设施等,而文化、制度、传媒等被称为软实力。党的二十大提出:"建设优秀传统文化传承体系,弘扬中华优秀传统文化。"全面正确地认识中国传统文化,加强对优秀传统文化思想价值的挖掘,是提升国家文化软实力、增强中华民族综合国力的战略举措。

(一)不同文化差异可能使国家之间形成裂痕

中国的文化具有自主能力和调适能力,文化认同感正在增加。在当今世界,经济越来越全球化、一体化,政治则是多极化、多元化,而文化则介于两者之间。一方面,随着高科技特别是传媒与网络的迅速发展,文化的认同性日益取代了意识形态的差异性。另一方面,由于文化习惯、宗教传统、价值观念上的鸿沟难以弥合,不同文化与文明之间的差异所造成的裂痕亦有扩大的可能。如何处理好全球普遍价值认同与民族角色的自我认同,对于发展中国家的文化传承与传播具有决定性的意义。

(二)中华文化是中华民族绵延的重要渊源

中华民族几千年来历经磨难而绵延不绝,一个重要原因就是有着深厚的文化传统和强烈的文化认同。面对全球的思想文化激荡,中国千万不能"失语"和"他者化",千万不能丢掉文化主体性,失去自己的文化基因和文化密码。

(三)文化软实力是综合国力和国际竞争力的重要组成部分

文明的冲突文化是社会的产物,社会经济实力是文化发展与传播的根基。我们应当看到,中国文化现在之所以受到世界普遍的关注,成为全球瞩目的焦点,其中最根本的原因是中国经济的高速发展所带来的综合国力的提升。正是由于我们国家经济实力的增强,才使我们在国际舞台上有了话语权,有了相对平等的谈判条件与相互磋商的议价能力。

中国经济实力的增强,必将带来中华文化影响力的提升。就连约瑟夫·奈也认为,中国在经济上的巨大成就是软实力得以提升的重要根源,是中国文化特别是传统文化的吸引力越来越大的根本原因。包括以《文明的冲突》而闻名的哈佛大学教授塞缪

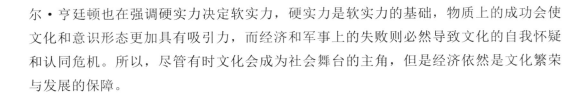

尔·亨廷顿也在强调硬实力决定软实力，硬实力是软实力的基础，物质上的成功会使文化和意识形态更加具有吸引力，而经济和军事上的失败则必然导致文化的自我怀疑和认同危机。所以，尽管有时文化会成为社会舞台的主角，但是经济依然是文化繁荣与发展的保障。

四、传承优秀中国传统文化的现代意义

（一）传承优秀中国传统文化有利于提高道德修养

当今全球正处在大发展大变革时期，科学技术日新月异，各种思想文化碰撞激烈。中国自改革开放以来，经济社会发生深刻变革，但西方腐朽思想乘虚而入，极容易导致道德滑坡。

良好的道德修养一直是中华民族的优良传统。儒学自汉朝汉武帝时期起成为中国社会的正统思想，绵延至今已有 2500 余年的历史了，对中国人的德行规范影响深远。儒学把"仁"作为最高的道德原则、道德标准和道德境界，形成了以"仁"为核心的伦理思想结构，包括孝、悌、忠、恕、礼、知、勇、恭、宽、信、敏、惠等内容的道德要求。在现代社会，这些品质仍然是中国人民最珍贵的个人品质。儒家提出，只有先修身才能齐家、治国、平天下。当"鱼"和"熊掌"不可兼得时，舍生取义便成了人的自觉的选择。

道家讲"地势坤，君子以厚德载物"，注重人的责任与义务。道教提倡的伦理道德是忠孝节义、仁爱诚信。佛教最基本的道德规范是：不杀生、不偷盗、不邪淫、不妄语、不饮酒、主张平等、去恶从善。中国传统社会的传统伦理道德经过数千年的积淀，形成了中华民族的风骨和气度，培育了民族的品格和精神，既是历史发展的内在动力，也是我们建设新文化的宝贵资源。

（二）传承优秀中国传统文化有利于可持续发展

中国自走上工业化道路以来，经济迅猛发展，人民生活水平日益提高。但由于对大自然的过量开发，造成资源枯竭，环境恶化，严重威胁了人们的身体健康。

"天人合一"思想理念是中国传统文化现代价值体系中的重要组成部分。道家的"天人合一"是建立在自然无为基础上的人与自然关系的和谐，主张顺应自然，"任自然"，追求"不以人助天"，强调顺应天性。汉代大儒董仲舒提出"天人感应"的思想，把天、地和人看作是一个全息同构的体系，天人相通，互相感应。董仲舒把"天人合一"的思想推向了神秘和极端，但客观上也使中国古代"天人合一"的自然观的地位得以巩

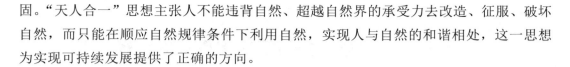

固。"天人合一"思想主张人不能违背自然、超越自然界的承受力去改造、征服、破坏自然，而只能在顺应自然规律条件下利用自然，实现人与自然的和谐相处，这一思想为实现可持续发展提供了正确的方向。

（三）传承优秀中国传统文化有利于构建和谐社会

中国传统文化的最高境界是"和"，也就是和谐。儒家重视"和"的原则，强调"和为贵"。在儒家伦理中，主张"修身养性"，追求人的身心和谐。孔子提出"和而不同""礼之用，和为贵"；孟子讲"天时不如地利，地利不如人和"；老子讲："道生一，一生二，二生三，三生万物。万物负阴而抱阳，冲气以为和。"在中国传统文化中，儒道互补，儒法结合，儒佛相融，佛道相通，儒释道三教合一，诸子百家互相借鉴，不同地域文化融合统一，都是中国传统文化和谐精神的体现。经过长期的历史积淀，"以和为贵"逐渐成为中华民族的社会心理习惯，如在政治上的"大一统"观念，经济上"不患寡而患不均"的平均主义思想，文学上的"大团圆"结局，美学上的"以和为美"的审美情趣等。和谐思想是中国传统文化的精髓，它规范了人们的行为，维护了社会秩序的和谐稳定，对中国社会长期的稳定和发展起到了积极作用。

中国传统文化强调以和为贵，不仅重视人与自然的和谐共处，还特别重视人与人之间的和谐统一，提倡以"和谐"为最高原则来处理人际关系、民族关系、外交关系。中国人很早就提出构建"人人相亲，人人平等，天下为公"的理想社会。中华民族历来注重亲仁善邻，讲求和睦相处。孔子提出"和而不同"的主张，对于解决当今不同国家与民族之间的纠纷有着十分重要的意义。在不同国家与不同民族之间，由于文化背景、宗教信仰、价值观念上的不同，必然会引起各种冲突和分歧，"和而不同"的原则有利于调节人与人之间关系，进而促进民族与民族之间、国家与国家之间的和谐相处。中国传统文化中的和谐思想，在当今社会主义和谐社会建设中依然具有深刻的现实意义。继承并发扬古代伦理中的优秀成分，为全面推动社会主义和谐社会建设提供有益的思想启迪。

当今社会，文化在综合国力竞争中的地位和作用愈加凸显，成为提升我国的国际影响力和提升综合国力的重要一环。中国传统文化历经五千年的传承，对现代社会来说，有精华也有糟粕，我们应该在坚持传承优秀传统文化的同时，对传统文化进行创造性的改造和转换。

第三节　中华优秀传统文化传承的途径

一、弘扬优秀传统文化要从教育做起

（一）教育导向必先改变

人的教育是一项系统的教育工程，它包含着家庭教育、学校教育、社会教育，三者相互关联且有机地结合在一起，相互影响、相互作用、相互制约，而贯穿其中的就是正确的教育导向。只有教育导向正确，才能教育出优秀的人。然而社会现状是，唯以升学论成败，升学独以分计，由于这种错误的教育导向，致使家长和学校都只看重分数，而忽视对孩子的道德素质教育。要想改变现状，必须先从改变教育导向入手，将学生的德育情况作为升学、评优的一个重要考核标准，只有这样才能减少学生高分低能、有知识没文化的现状。

（二）家庭教育至关重要

家庭教育是一切教育的基础。父母是孩子的第一任老师，也将是孩子终身的老师，孩子在父母的关怀抚爱中逐渐认识世界，在父母的行为中潜移默化接受人格和行为的陶冶。孩子对父母是信赖和尊敬的，父母的一言一行、一举一动对子女都有着言传身教和潜移默化的作用。家庭教育的重点是以品德教育为主，培养孩子良好的道德品质和养成良好的行为习惯，教会孩子如何学"做人"。家庭教育是教育人的起点与基点，具有其他教育所没有的优势。家庭教育具有早期性、连续性、权威性、感染性、及时性。良好的家庭环境和家庭风气与家庭中长辈的榜样示范密不可分，父母应该注重环境的教育作用，注重以身作则，不应该只注重培养孩子的技能，报各种补习班、特长班，而忽视了培养孩子的品德教育、道德教育。培养孩子要从家长自我做起，践行孝道，严格律己，给自己的孩子做出好的榜样。教会孩子正确地判断事物，引导孩子健康地成长。

（三）强化学校的德育教育

人的一生中从幼儿园到大学，大部分的时间是在学校度过，所以学校是孩子树立正确的人生观、价值观、道德标准最重要的地方，学校虽然有德育课程，但基于追逐升学率，德育教育都流于形式，停留在字里行间，没有落实于学生的行动上。在改变教育导向的同时，应更多地从改变行为上着手，学校应该每学期组织一次"道德小模范""十佳小孝子"等的学习评比活动，区、市、省乃至全国逐级参与评选，形成一种学习榜样、践行道德文化的良好风气。

（四）加强教师队伍的道德素质培养

百年大计，教育为本；教育大计，教师为本。一个优秀的教师可以改变一群学生的生活道路，一批优秀的教师可以改变和影响一个时代的文化和文明进程。作为文明传播者的教师，应该以身示范。"师者，所以传道授业解惑也"，韩愈把"传道"放在教师职责的第一位，可见师道、师德的重要性。建议把优秀的传统道德文化纳入教师的培训计划，定期进行道德文化师资培训，着力培养出热爱中华传统道德文化，崇尚有中国特色的社会主义道德精神，师德高尚，修之于身的强大的教师队伍。只有这样，才能将更多的正能量传递给学生们。

二、整体提升公民道德文化水平

文化软实力的根基是全社会的崇德向善。夯实国内文化建设根基，一个很重要的工作就是从思想道德抓起，从社会风气抓起，从每一个人抓起。博学于文、约之以礼，中华古圣先贤历来崇尚"以德服人"，在中华民族最深层的文化脉动中，崇德向善始终是一种最强大的力量。尤其在社会转型期，崇德向善是改善社会软环境、抵御污浊与逆流的定海神针。

（一）以德为先兴百业

国无德不兴，人无德不立。但是，美德不是与生俱来的。扶正祛邪，激浊扬清，必须弘扬中华传统美德，加强社会公德、职业道德和家庭美德教育，激发全社会向善的力量。文化软实力最终要靠国民素质来支撑，国民素质首先是道德素质。提升国民道德素质，要以中华传统美德为基，实现中华传统美德的创造性转化、创新性发展，以文化人、以文育人，使知礼守法、诚信友爱、团结奉献等基本道德规范，融入人们的日常生活和工作中，匡正社会风气，陶冶人们情操，使中华文化软实力的光域不断增大、亮度持续增强。

弘扬优秀传统文化需要社会各有机体的相互配合。公民是民族文化的最初创造者和永恒传承者，在构建文化强国的新时期，公民应该自觉加强自身道德修养，践行社会主义核心价值观。要建立良好的社会氛围，提升社会公民道德文化水平。人的思想受到来自社会方方面面的影响，社会环境、社会风气对人的思想道德观念形成具有至关重要的作用。如果一个国家、一个民族没有道德文化支撑，经济发展越高，社会问题将会越严重，社会矛盾就会越多。诸如现今社会上不忠不孝不悌不义充斥，道德滑坡、信仰缺失、诚信危机、人情冷漠、自私自利。社会这个大环境不改变，所有的基础教育也将付之一炬。现代社会要建立、健全道德信誉度制度，将道德信誉度与相关考核挂钩，使之成为重要的考评指标。

（二）建立正确道德信仰

要建立正确道德信仰，即建立有中国特色的社会主义道德精神。中国传统的道德精神是中华优秀传统文化经过五千年的积淀不断凝结、升华而形成的一种伟大的民族精神，一种有生命力的道德信仰，它能够而且必然与中国当今时代相融合，形成强大的民族凝聚力、创新力，即是有中国特色的社会主义道德精神。建立有中国特色的社会主义道德精神，不是古代文化、古代道德的一味继承，而是取其精华去其糟粕，将优秀的传统道德文化与现时代相结合，用科学的发展观总结、整理、提升。

中国传统文化尤其儒学思想中包含了一系列重视个人道德养成的价值体系，如仁、义、诚、信、孝、和、忠、廉等。公民树立和培育社会主义核心价值观，需要结合中华美德，重视个人道德修养。

在全社会推进公民道德建设工程，营造讲道德、尊道德、守道德的社会氛围，弘扬真善美，贬斥假恶丑。我国传统文化中的"苟利国家生死以，岂因祸福避趋之"，有利于激发公民的爱国热情和社会责任感；"言必行，行必果"的人际交往观，有利于和谐社会的构建；"民为贵，社稷次之，君为轻"的民本思想，可以时时提醒国家公职人员全心全意为人民服务，把国家建设放在工作首位。

（三）加强公共宣传

国家要适度地把文化建设提高到制度层面，扩大社会主义民主，为当代中国特色社会主义文化建设提供制度保障，为优秀传统文化的传承提供理性空间。逐步建设和巩固基本政治制度以及与具体政治制度相对应的政治文明，全面而正确地对待传统文化，逐步确立国人的文化自信。

组织宣讲团定期到各地区进行宣讲，让很多人听了之后，懂得应该怎样去孝顺父母，怎样去教育子女，如何用诚信经营企业，如何行善立德，如何做个有道德的人。另一种形式是组织国学论坛，通过开展国学经典教育，解析古文化，输送正能量，让更多的人进一步了解中华传统文化，了解弘扬中华传统文化的重大意义。就此，建议政府部门与社会机构联合，以便多组织诸如此类公益性质的传统文化论坛。

（四）树立榜样

树立道德模范、评选孝贤模范、举办孝文化节等活动，通过榜样的力量教育、感化、带动人们崇德尚贤，见贤思齐。百善孝为先，孝是众德之根，诸善之源，立身之本，齐家之宝，治国之道，是民族认同、民族团结、民族振兴的基础。今天提出的以德治国，建设和谐社会，实则都包含了中华传统的孝道。孝道、孝顺父母是一切道德的根本，所有的教育包括伦理教育、圣贤教育、道德教育，都是从孝道引申而来的。教人要从教孝道开始，做人要从行孝道做起，小孝为家，大孝为国。所以，要通过在全社会评选孝贤，举办可持续性特色活动，掀起学习模范风潮，形成良好的社会风气。

（五）讲求奉献精神

提升和推广自愿服务事业。自愿服务事业在我国还处在起步阶段，还缺少足够深厚广博的公共社会资源，现代公民意识还不十分清晰、充分和普及，人们对于公共社会和公共事业，特别是化为日常自觉行为的社会志愿服务行为，还缺乏足够充分的认识，自觉主动性还不够。因此需要大力推广、扶持，并建立与之配套的机制。

三、扩大中华传统道德文化传播

通过各种媒介进行中华传统道德文化的宣传教育。文化产品的传播不是单一的信息传播和商品流动，而是价值观的传播、思想的传递。

（一）媒体宣传

传播文化软实力的基本功是"讲好故事"。中国传统的忠孝仁义靠民间故事宣扬传承，西方的基督教传统也寓于一个个圣经故事中，启示我们用浅显的、通俗的方式传播文化。唯有润物无声，软实力才能实至名归。无论展示中华文化独特魅力，还是提高国际话语权，都要求我们创新对外宣传方式，以人们喜闻乐见的方式讲好中国故事，传播好中国声音。恰恰在这方面，我们还有很多功课要补。因为，不太会讲故事仍然是影响中国文化软实力的短板。无论是出版、影视还是新闻传播，我们之所以存在着巨大的"文化逆差"，很大程度上就是讲故事的功夫还不够，有时甚至还处于"有理说不出""有口难辩"的窘境。

文化知识竞技是很有益的尝试。多创作有益的文化作品，多开办有特色的电视栏目，如"中国诗词大会""朗读者""汉字英雄""一站到底""中国汉字听写大会"等，既展示了中华文化的风采，又是一种催人奋进的比赛。多设社会陋习曝光专栏，曝光

陋习，警示他人，坚决抵制暴力、低俗影视作品，杜绝虚假广告充斥荧屏等。

（二）发展文化产业

改革开放 40 多年，我国经济实现飞速发展，各类的文化事业、文化产业迅速崛起，但是文化市场为我们提供的消费产品良莠不齐，这就需要我们继续完善文化市场准入和退出机制，完善现代公共文化服务体系。文化具有包容性和多样性，在融合古今中外优秀文化因素为文化产业蓄力时，我们要不失时机地促成文化产业的规模化、集约化和专业化。大力发展文化产业，不断提高我国文化的总体实力和国际竞争力，不仅是经济全球化条件下增强国家经济实力的重要任务，也是文化多样化背景下提高国家文化软实力的工作重点。

要努力实现文化产业创新，让文化更加接近百姓人家，滋养每一位公民。通过文化载体传递文化内涵，如影视作品《建国大业》《亮剑》等就是艺术性、思想性和商业性相结合的成功范例。文化产业和文艺作品对传统优秀文化的弘扬也需要选择适当的途径，用社会主流价值观念引领多元文化的发展，把先进文化和传统美德有机结合，把真善美传递给消费者和广大群众。文艺工作者深入开展以中国梦为主题的创作活动，引导人民树立和坚持正确的历史观、国家观、文化观，努力传承中华优秀传统文化。

（三）文化交流

提升国家形象的国际亲和力不仅涉及国家行为，也涉及公民的个人行为。中国的科学家、艺术家、体育明星都是很有影响力的形象大使，访问学者教育交流、中国游客、文化团体演出，以及留学生、商人、官员等在其他国家的言行举止，同样也会被看作是中国人的文明水平的代表。

近几年来，党和国家领导人在出访的时候，身体力行地宣传"和谐世界"理念中蕴含的中华文化思想，充分展示社会主义中国面向现代化、面向世界、面向未来的国际形象，恳切表达中国人民同世界各国人民一道努力建设一个持久和平、共同繁荣的和谐世界的美好心愿，为提升我国的国家形象的亲和力作出了重要贡献。

提升国家形象的国际亲和力的一个重要方面，是重视吸收世界各国优秀文明成果，包括吸收各国人民共同接受的一些基本价值，如保障人权、民主法治、自由平等、公平正义等政治价值，公共服务、终身教育、生活质量、生态文明等社会文化价值。2008年北京奥运会"同一个世界，同一个梦想"、2010 年上海世博会"城市，让生活更美好"的口号，表达了各国人民共同心愿。

要扩大中华传统道德文化传播，结合传统智慧和现代文明，扩大中华文化的国际影响力，以道德精神引领主流。

四、通过引进吸纳实现文化创新

中国传统文化源远流长，一直影响着国人的价值取向、行为方式与人生追求。首先应摒除传统文化的消极因素，创造性地吸收、消化传统文化的营养。

（一）吸收世界文化之养分为我民族文化之升华

中国文化具有柔性而得以传承。通过学习和吸收世界文明，使中华文化影响力得到提升。在展示现代中国的同时，还需要保持清醒地承认中国的软实力与一些西方国家还存在着差距，相对于硬实力的显著提高，文化软实力亟待加强。所以，在展示和传播中国文化的同时，我国也要面向世界，虚心学习，把诸如上海世博会和北京奥运会等当作中国人民拥抱人类文明最新成果的一次绝好机会，展示和学习并举。这对拓宽国民的视野以及中国的城市化进程都会产生积极的影响，中国文化更可以通过与世界各种文明的交流、碰撞得到发展和升华。

要通过学习和吸收世界各国优秀的文明成果以及各国人民共同接受的一些基本价值，如民主法治、公平正义等政治价值，公共服务、终身教育、生活质量、生态文明等社会文化价值，去粗存精，去伪存真，为我所用，促进我国文化软实力的不断提升。

（二）吸收才能具有创新之实力

中华传统优秀文化的弘扬还需要激活市场竞争机制，让中国文化"走出去"，开拓文化产品的国际市场，扩大民族文化的国际影响力。要通过"走出去"战略进一步增强中华文化的吸收能力和传播能力，使我国在经济总量列为世界强国以后，自觉转型为价值和文化意义上的强国。

文化是国家的根脉，面对激烈的国际竞争，只有认识文化的价值，重视文化建设，才能大力发展、大有可为；只有形成与我国经济社会发展和国际地位相适应的文化优势，我们才能在各种思想文化的相互激荡和碰撞中掌握主动权，有效应对来自各方面的挑战。为此，必须从战略上思考和谋划文化软实力的提升。

五、在弘扬中华优秀传统中予以文化新的生命力

（一）文化软实力的竞争日趋激烈

当今世界各国，除了经济、科技、军事力量等"硬实力"的比拼，文化软实力的

竞争也日趋激烈，因为文化越来越成为民族凝聚力和创造力的重要源泉，越来越成为综合国力竞争的重要因素。这种"软较量"往往润物无声、潜移默化，运巨变于无形。一个国家能否真正成为强大的经济体，越来越取决于文化创新的力量，取决于依托文化的制度创新与科技创新的力量。能否高瞻远瞩提高文化软实力，决定着一个国家的未来。

（二）文艺作品要承载中华文化的核心价值观

政治领域各种思潮激荡会渗透到经济、社会和文化领域，在网络媒体和影视文学作品中尤为突出。文艺是时代前进的号角，对文化强国建设有着不可替代的作用，广大文艺工作者要认识到自己所负担的历史使命和责任。文艺作品的创作要有深度和厚度，要承载社会主义核心价值观，要引导人们怀有积极的人生观和世界观，抵制享乐主义、拜金主义、极端个人主义等错误思想，杜绝黄、赌、毒等失德行为。

（三）对传统文化批判地继承是一种创新

中国传统文化中有太多可挖掘的用于规范公民行为、提升公民修养的优秀思想，在我们践行社会主义核心价值观时，不能忘记传统文化给予我们精神上的支撑。社会主义核心价值观是对传统文化的传承与升华，公民在弘扬优秀传统文化时，要结合时代因素大胆地批判继承。

中国传统文化的形成和发展受当时生产力水平、政治制度、人类认识局限性的影响，需要我们扬弃地继承，使之与现代文化相融相通。构建社会主义文化强国也要注重文化体制机制的创新。完善文化管理体制，健全坚持正确舆论导向的体制机制，明确不同文化事业单位的功能定位，为传统文化的创新发展提供新的空间。

大力弘扬优秀的中华传统道德文化，建设有中国特色的社会主义道德精神任重而道远，需要全社会共同的努力。将我们的民族精神发扬光大，实现中华民族伟大复兴，实现中国梦。

第四章　优秀传统文化的传承与发展关系定位

第一节　传统文化传承的科学理论指导

当前中国正处于社会转变期，任何事情，包括文化方面的问题都要考虑现实情况，当今中国特色社会主义最本质的特征就是中国共产党的领导。中国共产党是以马克思主义为指导的政党，"属于文化领域的东西，一定要用马克思主义对他们的思想内容和表现方法进行分析、鉴别和批判"。因此，用优秀传统文化培育文化自信也要坚持马克思主义的指导地位。

一、确立马克思主义指导地位

第一，用优秀传统文化培育文化自信要坚持以马克思主义为指导，是由我国的社会性质决定的。传统文化是产生于传统社会并与之相适应的文化，对于维护传统社会的稳定起到了至关重要的作用。到了近代，在西方列强的冲击下，中国陷入濒临国破家亡的境地。中国人民在经历了种种救国图存的艰辛探索之后，终于找到了实现国家独立和民族解放的正确道路，即坚持以马克思主义为指导。因此，马克思主义在文化思想领域的指导地位是中国人民的选择，也是历史的必然。马克思主义作为我国各个领域的指导思想也被明确写入《中华人民共和国宪法》（2018年修正案）："中国新民主主义革命的胜利和社会主义事业的成就，是中国共产党领导中国各族人民，在马克思列宁主义、毛泽东思想的指引下，坚持真理，修正错误，战胜许多艰难险阻而取得的。""中国各族人民将继续在中国共产党领导下……实现中华民族伟大复兴。"这就意味着，在我国文化的传承与发展必须以马克思主义为指导。正如有的学者指出的："社会主义国家不信仰、不坚持马克思主义就会变质，根本存在不下去。"

第二，用优秀传统文化培育文化自信坚持以马克思主义为指导，是由社会主义意识形态需要统一的指导思想决定的。当前中国这个统一的指导思想就是马克思主义。马克思以历史唯物主义为分析工具，客观地揭示了人类社会历史的发展规律，做出资本主义必将被共产主义所代替的科学论断，为无产阶级政党执政地位的合法性提供了理论依据。由于历史原因，中国传统文化中的世界观、人生观、价值观等与马克思主义理论存在不相契合之处，必须在马克思主义理论指导下实现创新转化，才能成为助力中华民族伟大复兴的精神动力。"发展中国特色社会主义文化，就是以马克思主义为指导，坚守中华文化立场，立足当代中国现实。"马克思主义理论是我国各个领域的指导思想，弘扬优秀传统文化，培育文化自信，切不可动摇马克思主义理论的指导地位。

第三，用优秀传统文化培育文化自信坚持以马克思主义为指导，是由马克思主义理论的先进性决定的。文化没有断过流的，始终传承下来的只有中国，这个论断充分证明了中华传统文化的旺盛生命活力和永久魅力。但是，相比于传统社会，现代社会发生了深刻的转变也是不容置疑的事实。所以，传统文化毫无疑问地存在着与现代社会不完全适应的巨大缺失。最先表达人类由传统社会进入到现代社会的理论之一就是马克思主义理论。马克思主义理论深刻地揭示了人在现代社会的转变，比如"感性丰富的人""每个人的自由发展是一切人自由发展的条件"。同时，马克思主义也深刻地揭示了当代社会的特点，即"以物的依赖性为基础的人的独立性"。可见，马克思主义并不是一成不变的，它始终能够根据客观实践而不断变化发展，揭示人类社会本质，这正是其理论先进性的重要表现。传统文化固然博大精深，但它也存在一定的历史局限性，只有以最先进的马克思主义理论为指导，才能获得更加强大的生命力，才能更有效地发挥培育文化自信的作用。

二、坚定马克思主义信仰

正是由于有了马克思主义，中国的革命、建设和改革事业才取得了今天的巨大成就。"没有马克思主义信仰、共产主义理想，就没有中国共产党，就没有中国特色社会主义。"这句话深刻地揭示了马克思主义信仰对中国的重要意义。因此，用优秀传统文化培育文化自信也要坚定马克思主义信仰。然而近年来，对马克思主义信仰的质疑屡见不鲜。随着我国改革开放和市场经济的不断发展，质疑、动摇马克思主义理论指导地位的错误观点时常出现。令人担忧的是，在部分从事马克思主义理论研究的学者和党员领导干部中也存在着对马克思主义信仰不够坚定，对马克思主义理论不够相信的现象。在有些人看来，马克思主义产生于 100 多年前，已经不适应当今的社会发展，是一种过时的思想体系。有些人在内心中摒弃了马克思主义信仰，奉西方的"自由主义"思想为"圣经",将西方理论视为"普世价值",以西方理论是非为是非,即使不是自觉行为,在客观上也成为了西方意识形态的盟友,与马克思主义相敌对。更令人担忧的是,相当一部分人对马克思主义信仰不坚定的现象缺乏警惕性,没有能够深刻认识到它的严重危害。如果这种情况不遏止,后果不堪设想。

对马克思主义信仰不够坚定的一个主要原因是由社会多元化倾向造成的。马克思主义理论体系庞大,内容深奥,只有系统学习和深入研究方能做到全面了解和深刻认识。而现实生活中,为了应对出现的各类问题,人们会有意识地借鉴各种领域的理论知识,比如关于心灵慰藉的、关于人际关系的、关于处世之道的、关于现实规则的、关于成功之道的、关于前生后世的、关于养生之道的等。从理论自身的特征来讲,可能陷入康德所说的"对因果序列的无限追溯之中",当某种理论被追溯到一定高度后,就有可能与马克思主义理论相冲突。对马克思主义理论信仰不够坚定的另一个主要原因是对马克思主义理论的认知不够深入。只有真正弄懂了马克思主义,才能在揭示共产党执政规律、社会主义建设规律、人类社会发展规律上不断有所发现、有所创造,才能更好识别各种唯心主义观点、更好抵御各种历史虚无主义谬论。由此可见,只有认真学习马克思主义理论,才能辨别各种理论的真伪,才能够破除各种错误理论的误导,增强对马克思主义的信仰。用优秀传统文化培育文化自信要坚定马克思主义信仰。在中国革命、建设和改革的伟大实践中,马克思主义中国化取得了巨大成就,因为我们没有对马克思主义理论断章取义,也没有照抄照搬,而是结合中国实际情况,同中国的悠久历史和传统文化结合起来,既坚持马克思主义,又发展马克思主义。

党的十九大报告中指出,发展中国特色社会主义文化,就是以马克思主义为指导,坚守中华文化立场。这句话我们可以理解为,发展中国特色社会主义文化就要坚守中华文化立场、弘扬中华优秀传统文化,更要坚持马克思主义的指导地位,坚定马克思主义信仰。马克思主义理论的科学性、实践性、开放性、时代性等特点决定了马克思主义具有强大的生命力,它的包容性和与时俱进的理论品质决定了该理论在与中国具体实践相结合时定会永葆活力。因此,马克思主义信仰不能动摇,马克思主义的指导地位不能动摇,用优秀传统文化培育文化自信同样离不开马克思主义的指导。马克思主义辩证唯物主义、历史唯物主义的原则立场,马克思主义传统文化观中的批判继承与创新发展思想,是用优秀传统文化培育文化自信必须要坚持的原则。只有坚定马克思主义信仰,从马克思主义真理中汲取智慧与力量,中国共产党人和中国人民才能担负起新时代中国特色社会主义文化建设、弘扬优秀传统文化和提升文化自信的历史使命。

三、引领中华优秀传统文化创新发展

用中华优秀传统文化培育文化自信是本书研究的主题，但用优秀传统文化培育文化自信一定要坚持创造性转化和创新性发展的原则，在此过程中必须坚持马克思主义的指导地位，必须运用马克思主义理论引领优秀传统文化的传承和弘扬。

马克思主义理论与传统文化建立关联具有可行性。人类社会对公平的追求从来没有停止过，就是因为人类社会从来就没有完全的平等过。纵观人类历史上的这些理论体系，马克思主义理论的立场是站在了社会的最底层，关注最底层人民的利益，即大多数人的利益。这样先进的理论最具国际视野，最没有狭隘的宗派意味，最容易被世界各国人民所认可。中华传统文化也是一种非常具有包容性的文化，在中国的五千年文明史中，中国传统文化不断地吸纳各种文化。这一点仅从下面这个现象就可以看出来，中国的名山大川均有不同宗教同处一处的景象，几乎不会出现因教义不同而发生冲突的现象。可见，中国传统文化具有包容性。马克思主义理论和中国传统文化都是具有极大包容性的体系，这就为运用马克思主义理论引领优秀传统文化提供了可能性。

实现优秀传统文化的现代性转化要坚持以马克思主义为指导。传统文化最为人诟病的莫过于它是传统社会的产物，因此在当代，用优秀传统文化培育文化自信最为关键的问题之一就是优秀传统文化要实现现代性的转化。如何能够实现传统文化的现代性转化呢？依靠马克思主义理论的指导是唯一的选择。"周虽旧邦，其命维新"（《诗经·大雅·文王》），传统文化虽然产生于传统社会，但是在当今社会依然有强大的生命力。传统文化有能力不断地吸取各种文明成果的滋养，有能力在实践中发展自己，有能力做到与时俱进、历久弥新。马克思主义理论能够引导传统文化创新发展的方面有很多，如传统文化重视"集体主义"，要在马克思主义引领下与"制度保障"相结合。在中国传统文化中，严重缺乏个体概念，导致人们缺乏个性，缺乏主动性。而当今社会处于一个以市场经济为基础的时代，要求每个人充分发挥主体能动性，这就需要引领传统文化转型。党的十九大报告明确提出实现中华民族伟大复兴的奋斗目标，要通过政策和制度的设计，让每个人充分地发挥主观能动性，充分行使个人的权利，努力营造展现个性、发挥创造性、施展才华的制度氛围，从而实现传统文化的转型升级。以儒家思想为核心的传统文化更多地强调"道德责任"，依靠道德保持主体的责任意识。而当代中国既关注道德责任意识的提升，也重视法治意识的约束作用。因此，要用马克思主义积极引领传统文化，培养"社会个体的诚信、公平、合作意识，让平等的契约观念深入人心"，为实现中华民族伟大复兴贡献传统文化的力量。

第二节　传统文化发展的批判继承

中华优秀传统文化是中华民族的"根"和"魂"，蕴含着人们的心灵归属和精神寄托，因此新时代更要满足人民文化需求，离不开对优秀传统文化的继承与弘扬。一方面，有着深厚积淀的中华文化是中华儿女的骄傲与自豪，是中华民族坚定文化自信的源泉，弘扬优秀传统文化可以促进广大人民的文化自信，满足人民的民族自豪感。另一方面，建设社会主义先进文化也离不开优秀传统文化的支撑，源远流长的中华文明孕育着丰富的文化形式，充满着许多宝贵的中华智慧与中华精神，可以丰富人民的精神世界，从精神需求上满足人民美好生活需要。

一、"以人民为中心"对传统民本思想的汲取与发展

习近平总书记历来重视传统文化，也善于从传统文化中汲取治国理政的智慧。习近平总书记将马克思主义的群众观点与中华传统的民本思想结合起来，将中国共产党为人民服务的宗旨落实到实践中，形成以人民为中心的工作导向。在艰难的知青岁月中习近平总书记就曾深入人民群众，心系群众，了解人民所需所想，帮助人民解决各种困难。在治国理政的实践中，习近平总书记更是将以人民为中心作为一切工作的导向，在遵循马克思主义唯物历史观、坚持马克思主义人民观的基础上，继承了中国共产党全心全意为人民服务的一贯宗旨，又恰如其分地汲取了传统文化中民本思想的有益因素，并在实践中践行以人民为中心的治国理念，使党全心全意为人民服务的宗旨在新时代更为鲜明，体现了习近平新时代中国特色社会主义思想的根本灵魂。

（一）"以人民为中心"思想的理论渊源

首先，根源于对传统文化中"民为邦本"的民本思想的汲取。以史为鉴，可以知兴替。古代历朝统治者都以实现国家的长治久安为治国目的，因此早已认识到民心向背关乎政权兴衰的历史规律，历朝历代执政者也相应地制定了一系列重民、安民、富民、养民、爱民、抚民的民本政策，因此中华民族在漫长的历史长河中才能够一直安定和谐、延绵不绝，这为坚持以人民为中心思想提供了良好的历史借鉴。春秋战国时期，诸侯争霸，天下大乱。孔子主张仁政，提出"为政以德""仁者爱人"的爱民思想，孟子认识到"民心"的作用，认为民心向背关乎政权兴衰，他以史为据告诫统治者，主张施仁政，提出"民贵君轻"思想。荀子在《大略》中提出"天之立君，以为民也"，

认为君主是为百姓而设立和存在的，主张实施"节用裕民""藏富于民"的富民举措。唐太宗吸取隋亡教训，从百姓存亡与国家兴衰出发，提出"为君之道，必先存百姓"的治国主张，同时强调"国以人为本，人以衣食为本，凡营衣食，以不失时为本"，主张不夺农时，与民休息，体恤民众，从而开创了"贞观之治"局面。

其次，继承于马克思主义人的全面发展思想。马克思的人的全面发展思想，是马克思主义理论的主题，体现了马克思为人类幸福而工作的高尚品质；是共产主义的题中之义，昭示着实现人的全面发展的价值诉求。马克思的人的全面发展价值目标与共产党以人民为中心的宗旨具有内在一致性，中国共产党自执政以来便始终坚持将"人的全面发展"视为价值指向和奋斗目标，始终坚持以人民为中心的工作导向，将"人的全面发展"思想运用到发展中国特色社会主义事业的实践中。中国共产党在人的全面发展思想的引领下走出了一条符合国情的通往全面发展之路，既是对马克思主义人的全面发展思想的继承发展，也是对共产主义理想的生动实践。马克思的人的全面发展思想不断在中国人民实现站起来、富起来、强起来的进程中得到继承发展与实践超越，中国的发展建设离不开马克思的人的全面发展思想的引领，而马克思的人的全面发展思想亦在中国的发展建设中得以生动体现并丰富完善。

再次，启发于对中国共产党执政的历史经验总结。"政之所兴在顺民心，政之所废在逆民心"，中国共产党自执政之日起就开始以全心全意为人民服务为根本宗旨，这是保证中国共产党始终与人民站在一起，成为执政党，并作为全国人民和中华民族先锋队的主要原因。只有获得人民的拥护，才能取得革命的胜利，历史和实践证明，人民是决定政权稳定的决定性因素，人心向背决定国家政治兴衰。

（二）"以人民为中心"思想的多重维度

党的十九大报告中，将"坚持以人民为中心"作为推进新时代中国特色社会主义发展的 14 条基本方略的第二条提出来，足见坚持以人民为中心在国家发展中的重要地位。人民的幸福是中国特色社会主义发展的努力方向，人民的满意是中国共产党执政的奋斗目标，人民的积极努力奋斗是中华民族伟大复兴的动力源泉，党、国家和人民的发展具有唇齿相依的内在一致性，这是坚持以人民为中心思想的内在依据。习近平总书记在积极汲取传统文化中民本思想精华的基础上，提出的坚持以人民为中心的思想在其治国理政实践中表现为多重维度。

目标维度：努力实现人民对美好生活的向往。古语有云："凡治国之道，必先富民。"而"小康不小康，关键看老乡"道出了兴民之要，以人民为中心就是要做到"坚持人民主体地位，执政为民，践行全心全意为人民服务的根本宗旨"，把人民对美好生活的向往作为奋斗目标。新时代的社会主要矛盾的转化要求党必须抓住重点，化解矛盾，要解决不平衡不充分发展的问题，就要用更高质量的发展来实现，为全面建成小康社会努力奋斗，满足人民对美好生活的向往。

方法维度：始终密切联系群众，走群众路线。一切为了群众，一切依靠群众，从群众中来，到群众中去，是我们党始终坚持的群众路线。群众路线是我们党的生命线和根本工作路线。人民群众是历史的主体，是物质财富与精神财富的创造者，是变革社会、推动发展的决定性力量，社会主义革命、建设、改革的每一个环节无不凝结着人民群众的智慧与力量，能否充分调动人民群众的积极性、主动性、创造性，决定党和人民的事业是否顺利。

方向维度：不忘初心，全心全意为人民服务。不忘初心。在2013年全国宣传思想工作会议上强调：坚持人民性，强调要树立以人民为中心的工作导向。在庆祝中国共产党成立95周年大会上，习近平总书记再次重申党全心全意为人民服务的根本宗旨。习近平总书记在2016年党的新闻舆论工作座谈会上的重要讲话中提出了三个坚持，即要坚持党的领导、坚持正确政治方向、坚持以人民为中心的工作导向。三个坚持紧密联系，层层递进，前两个坚持均以第三个坚持为最终指向。党和国家的一切工作都要围绕人民来开展，要践行全心全意为人民服务的根本宗旨，一心一意为百姓办事。

原则维度：人民至上，坚持人民主体地位。首先，人民群众是权利主体，坚持人民主体地位，首先要坚定人民立场。习近平总书记指出，"人民立场是中国共产党的根本政治立场。"古人说："政之所兴，在顺民心；政之所要，在得民心；政之所废，在逆民心。"要实现中国梦，必须坚持人民主体地位，自觉做到顺民心、解民忧、谋民利。习近平总书记强调，"党的根基在人民、血脉在人民、力量在人民""坚持人民主体地位，充分调动人民积极性，始终是我们党立于不败之地的强大根基"。坚持人民主体地位是实现中华民族伟大复兴中国梦的强大根基和重要保证。

其次，人民群众是利益主体，坚持人民主体地位要把人民利益放在首位。古人云："治国有常，而利民为本。"只有使人民的根本利益得到实现和维护，人民的主体地位才会有可靠的保障。"党的一切工作，必须以最广大人民根本利益为最高标准。"民生连着民心，民心凝聚民力。我们今天强调坚持人民主体地位，关键就要始终坚持人民利益至上。最后，人民群众是价值判断主体，坚持人民主体地位要更好地保证人民当家作主。"民者，国之根也。"人民是国家的根基，更是国家的主人。

习近平总书记还对中国梦进行科学阐释，倡导"个人梦"，激发"人民梦"，通过提升个人对国家前途与民族命运的关注度与使命感，焕发人民群众实现中国梦的精气神与磅礴力量，促使整个民族发展"向心力"增强；要求在推进实现"十三五"发展目标的过程中遵从"人人参与、人人尽力、人人享有"的准则，坚持共建发展、共享发展，鼓励大众创业、万众创新，提供资金技术支持人民"自力更生，致富脱贫"……

人民群众通过参与其中而拥有亲历国家社会繁荣发展的真实感，享受全面建成小康社会的喜悦感与自豪感；完善制度，健全机制，便于人民群众参政议政、参与文化事业、参与创新社会治理、参与建设生态文明、参与反腐倡廉工作……人民群众在全方位参与党和国家各项事务的过程中，自主性和创造性得以发挥、主人翁地位得以凸显，不仅对中国特色社会主义产生更强烈的认同感，也将更自主自愿地成为推动党和国家事业发展的主体力量。

二、"人类命运共同体"对和合思想的汲取与发展

构建人类命运共同体思想的提出，具有鲜明的时代背景。从国际背景上看，一方面，世界格局正处在深刻变化的进程之中，但和平与发展仍是时代主题，经济全球化、社会信息化极大解放和发展了社会生产力，和平、发展、合作、共赢的时代潮流创造了前所未有的发展机遇。另一方面，地区冲突不断、生态环境恶化、恐怖主义现象等的出现，给我们带来前所未有的挑战。面对全球性挑战，没有哪个国家可以置身事外、独善其身，世界各国需要以负责任的精神同舟共济、协调行动，共同维护和促进世界和平与发展。从国内背景来看，党的十八大以来，"一带一路"倡议在给世界各国带来福利和便利的同时，也使中国文化得到世界的认可和欢迎，构建人类命运共同体理念的提出，也将中华传承数千年的和合思想带给世界，中国的和平发展、合作交流之路得到世界的广泛认可，中国的治理理念和实践受到高度赞赏和广泛认同，中国智慧与中国形象的国际影响力进一步提高。中国有信心、有能力为世界作出更大贡献，也有义务承担起作为维护世界和平的世界大国的责任。

（一）构建人类命运共同体思想的内容

构建人类命运共同体思想，是一个科学完整、内涵丰富、意义深远的思想体系，即在政治上致力构建公道正义的安全格局；在经济上"谋求包容互惠的发展前景"；在文化上追求促进兼容并蓄的相互交流；在生态上构筑尊崇自然的可持续发展。人类命运共同体思想的核心就是"建设持久和平、普遍安全、共同繁荣、开放包容、清洁美丽的世界"。第一，政治上，要相互尊重、平等协商。第二，安全上，要坚持以协商化解分歧，统筹应对传统和非传统安全威胁。第三，经济上，要同舟共济，推动经济全球化向更好方向发展。发展是第一要务，适用于各国，而人类命运共同体追求的是共同发展。第四，文化上，要尊重世界文明多样性，促进文明交流、文明互鉴、文明共存。第五，生态上，坚持环境友好，合作应对气候变化。

（二）人类命运共同体思想对传统和合思想的继承与发展

首先，人类命运共同体思想继承了传统"和"文化的思想精髓。中华文化崇尚和谐，中国"和"文化源远流长。中华民族一直追求和传承着和平、和谐、和睦的坚定理念。中华传统"和"文化崇尚和合共生，倡导和而不同。早在西周时期，思想家史伯就提出"和实生物，同则不继"的和合思想（《国语·郑语》），同一性的存在只会维持稳定的现状，停滞不前，只有差异性的存在才会带来互通有无的可能，差异方的互济调和才能实现和谐共处与繁荣发展。古代"和"文化除了强调"和而不同"的相处关系外，还有以"和解"的方式解决矛盾的含义。中国古代的"协和万邦"思想，使得中国古代王朝把对外关系基本定位在维护国家稳定与统一大局上，而不会产生独自称霸或对外侵略的意图，始终与周边国家保持相互依存、和睦相处的和谐关系。

人类命运共同体思想的提出正是源于中华民族深厚"和"文化的历史文化底蕴，继承了传统"和"文化的思想精髓。一方面，倡导世界文化多样性，反对一国称霸的强权主义，摒弃冷战意识，主张睦邻友好，世界各国和平相处，倡导"对话而不对抗，结伴而不结盟"，积极将互商互谅、协商对话作为现代国际治理的根本方法，构建以合作共赢为核心的新型国际准则，缓和国际关系紧张的危险局面，为化解世界各种纷争和矛盾，消除战乱和冲突，营造和平安全的国际大环境。另一方面，在此基础上，提出了共商共建共享的倡议，谋求包容互惠的发展前景，为实现国家间的兼收并蓄、互惠互利与共同发展创造有利条件。人类命运共同体是建立在利益共同体之上的，经济全球化已把各国紧密联系在一起，形成你中有我、我中有你的格局。只有站在全人类共同的利益角度，积极树立各国利益共赢、利益均沾的核心理念，积极加强国际文明对话交流，寻求全人类的共同价值观，为打造人类命运共同体奠定必要的软基础，不断消除各种传统和非传统的对抗因素，才能在多元文化交流借鉴中实现世界丰富多彩、各美其美，共谋繁荣发展之路。

其次，人类命运共同体思想实现了对"和"文化的创新发展。其一，实现了对传统"和"文化中和谐外交理论的发展。我国古代虽倡导与周边国家睦邻友好的和平外交，但是毕竟具有一定的历史局限性，和谐外交范围限制于周边邻国。而人类命运共同体的提出则是在继承传统和文化的基础上又坚持了马克思主义的人的自由解放理论，从全人类的共同利益出发，着眼于实现全人类的自由全面发展目标，扩展了和谐外交的范围。中国特色大国外交的鲜明特征就是在国际社会中积极推动建设人类命运共同体的伟大实践，这主要是以和平发展、合作共赢为路径，以包括周边、大国、发展中国家、多边等层面的全方位外交为支撑，树立"中国式"的新型交往观。人类命运共同体思想把世界各国共同利益、国家利益和个人利益辩证地统一起来，它的根本旨意是维护人类共同利益与实现自身利益的辩证统一。

其二，实现了对传统"和"文化中借鉴精神的超越。在传统中国社会的小农经济基础上形成的自给自足的经济发展模式，相应地也造就了中华民族故步自封的社会心理和"中国文化中心论"，在封建社会末期的明清两代，更是形成了"天朝上国"盲目自大心态，闭关自守的发展模式导致古代中国与世界脱轨，渐渐由强盛转为落后。显然传统的和合思想只是在理论上很高深，但是在实践中并没有真正实现对其他文明长处的积极借鉴，没有在吸收差异方长处的基础上促进自身的创新发展。而人类命运共同体思想则是在充分吸收传统和合思想理论精髓的基础上，充分发挥中华文化"海纳百川"的特质，不断在积极汲取世界一切先进文明中促进中华文明的永续发展。

三、人与自然和谐共生对天人合一的汲取与发展

习近平总书记热爱读书且深受传统文化熏陶，善于从中华优秀传统文化中汲取治国理政的智慧，习近平总书记的和谐生态观正是传承与发展传统文化中天人合一思想精华基础上形成的理论成果，习近平总书记在多个场合中提到天人合一思想，不仅在基层工作中将这种注重人与自然和谐的天人合一思想付诸实践，而且将这种智慧结晶推荐给世界，为解决世界生态难题提供有益借鉴。

1. 社会维度："生态环境是最大的民生福祉"

习近平总书记的生态观萌芽于他的梁家河知青岁月，由于延川县的自然生态环境恶劣导致其生产力低下，人民生产生活方式也是较为落后的，1975 年之前梁家河还在用煤油来照明，这种照明方式对于当时贫困的梁家河村民来说既是一种资源浪费，又存在着污染问题，因此习近平总书记自费去四川学习沼气技术，回村修建了陕北第一口沼气池。以一种清洁而又可持续的方式解决了乡亲们做饭照明难问题。1985 年在河北正定工作期间，习近平总书记在《正定县经济、技术、社会发展总体规划》中强调："保护环境，消除污染，治理开发利用资源，保持生态平衡，是现代化建设的重要任务，也是人民生产、生活的迫切要求。"习近平总书记将生态发展同人民生活水平提高的联系重视起来，指出："良好生态环境是最公平的公共产品，是最普惠的民生福祉。对人的生存来说，金山银山固然重要，但绿水青山是人民幸福生活的重要内容，是金钱不能代替的。"

2. 经济维度："生态环境就是生产力"

马克思曾指出："劳动的自然生产力，即劳动在无机界发现的生产力。"习近平总书记一直重视经济发展与生态保护之间的协调关系。早在浙江省工作期间，习近平就

曾提出"绿色经济"的发展理念，提出"以营造绿色环境、发展绿色经济为主要内容，加强生态省建设为主要载体，全面建设绿色浙江。"在工作中，面对经济快速发展带来的生态恶化状况，经济发展与生态承载之间的矛盾愈加凸显，他形象地指出生态环境问题是个复杂病症，既有环境污染带来的"外伤"，又有生态系统被破坏造成的"神经性症状"，还有资源过度开发带来的"体力透支"。因此习近平总书记从最根本的经济发展理论出发，指出："保护生态环境就是保护生产力，改善生态环境就是发展生产力。"经济发展依赖于大自然的客观自然条件，生态发展出现病态则人类经济发展也会受限，只顾经济而无视生态的发展只是"掩耳盗铃"式的自我毁灭，只有生态好了才会有源源不断的物质资源，经济发展才能够走向可持续。

3. 政治维度："生态保护的红线就是生态环境保护的底线"

习近平总书记不仅意识到生态保护的重要性，而且睿智地意识到生态环境问题关涉到政治问题。他提出："我们不能把加强生态文明建设、加强生态环境保护、提倡绿色低碳生活方式等仅仅作为经济问题。这里面有很大的政治。"就国内而言，生态治理是否得当影响人民对生活质量的满意度和幸福感指数，也就影响着人民对党执政的考评，是影响党执政基础和国家稳定发展的因素。就国际而言，生态环境问题是国际共同面对的棘手问题，然而西方发达国家也并无良药。中国能否将天人合一这样的传统文化精华展现给世界，为解决世界生态问题提供出行之有效的中国方案，担当起泱泱大国该有的国际责任，既是应对欧美等发达国家舆论诟病的有效途径，也是提高我国的国际地位和话语权的重要契机。

4. 文化维度："生态兴则文明兴，生态衰则文明衰"

21 世纪初期，习近平总书记在浙江工作期间十分重视对生态文明建设，提出创建生态省的发展目标。为了进一步加快"绿色浙江"建设步伐，习近平总书记在多家报刊上撰文论证生态文明建设的重要性，《之江新语》中有关生态文明建设的文章就足有21 篇，文章中指出了生态文化发展的核心要义："加强生态文化建设，在全社会确立起追求人与自然和谐相处的生态价值观，是生态省建设得以顺利推进的根本所在。""生态兴则文明兴，生态衰则文明衰"的重要论断将人与自然的和谐关系上升到了关乎人类文明兴衰的高度，更新了人们的生态观，也丰富了天人合一思想的又一维度——文化维度。习近平总书记指出："建设生态文明是关系人民福祉、关系民族未来的大计。"习近平总书记认识到生态文明发展关涉人民福祉，因此，首先，在国家层面：习近平总书记总揽大局，将生态文明建设作为治国理政的重要部分。习近平总书记在气候变化巴黎大会开幕式上的讲话中指出："万物各得其和以生，各得其养以成。"通过科技创新和体制机制创新，实施优化产业结构、构建低碳能源体系、发展绿色建筑和低碳交通、建立全国碳排放交易市场等一系列政策措施，形成人和自然和谐发展现代化建设新格局。其次，在社会方面：习近平总书记号召要"加强生态文明宣传教育，增强全民节约意识、环保意识、生态意识，营造爱护生态环境的良好风气"。最后，在公民个人方面：习近平总书记要求广大人民群众要转变生态发展观念，"要做到人与自然和谐，天人合一，不要试图征服老天爷"。

习近平总书记生态观根源于中华传统文化的思想精髓，扎根于中国特色社会主义生态建设实践，体现了马克思主义生态思想的根本导向，是中华传统文化与马克思主义理论有机结合的重要理论成果。习近平总书记生态观对"天人合一"思想的传承与超越主要体现在：发挥了传统天人合一思想的启示作用；发展了天人合一思想中的人民性地位；转化了天人合一思想的新时代价值。习近平总书记生态观对内是提升人民生活水平造福子孙后代的重要举措，对外是增强中国国际影响力提升国际话语权的重要途径，同时也为解决世界共同面临的复杂多变的世界生态难题给出了中国智慧和中国方案。

第三节　传统文化的传承创新

用中华优秀传统文化培育文化自信，优秀传统文化是手段，建立起文化自信是目的。文化自信包含着心理因素，当我们能够通过对优秀传统文化古为今用的创造性转化，深刻认识到传统文化在当今依然具有巨大的解释力和生命力，我们就会产生文化自信；当我们能够对传统文化兼容并包地创新性发展，我们同样会产生文化自信。

一、通过对中华优秀传统文化古为今用地创造性转化提升文化自信

用优秀传统文化培育出文化自信的首要条件是优秀传统文化在当今要有解释力，要能够对新时代产生的新情况、新变化、新事物做出合理的解释，并能对我们的未来发展提供智力支持，只有这样，传统文化才能够具备培育文化自信的能力。因此，传统文化古为今用的创造性转化成为了用优秀传统文化培育文化自信的一个重要原则。

对传统文化进行古为今用的创造性转化首先要持有客观理性的态度。文化自信从根本上说是对文化的一种态度。自信是一种态度，自负、自卑同时也是对文化的一种态度，而这些态度又都根源于认识，认识又分为理性认识和非理性认识，非理

性认识是产生文化自负和文化自卑的根源。当前我国迫切需要破除这些非理性认识。在传统社会，由于地区间交往受通讯等条件的限制，可沟通的区域范围狭窄，导致我们以天朝大国自居，中国传统文化占据了绝对的优势地位，存在着极大的文化优越感，也存在着一定的文化自负心态。近代以来，中华民族处于水深火热之中，我们在救亡图存的过程中，反思自身原因时又归结到传统文化的层面，导致又出现全盘否定传统文化之类的错误论调，出现文化自卑心理，认为自己的传统文化一无是处。客观地说，在传统社会，以儒家为主导的传统文化确实优秀，令人自豪。到了近代，时过境迁，中国在西方强大的科技实力面前，屡屡受挫，产生文化自卑。这两种对传统文化的态度都是可以理解的，不能说是完全由非理性因素造成的。但当前中国成为世界第二大经济体，在党和国家提出中华民族伟大复兴中国梦的背景下，再次出现文化自负现象，就是非理性认识了，需要高度警惕。随着这种非理性的对传统文化的自负，一些传统文化中与时代不相适应的最为糟粕的东西也会随之粉墨登场，诸如女德班大力宣扬"三从四德"，更有甚者极力售卖所谓的传统为官之道，缺乏现代意识，走向"文化复古"的错误道路。实际上，当代的这种非理性的文化自负也并不完全是由于愚昧无知造成的。相当一部分持有文化自负态度的人是受利益驱使，假借弘扬传统文化之名，混淆视听，从而渔翁得利。因此，有时非理性和愚昧无知并非一回事。

那么这里的理性应该如何界定呢？西方启蒙运动宣扬的理性，我们有必要了解一下。提到启蒙运动，学界一般都将18世纪认定为启蒙时代。实际上，从14世纪起，开端于意大利的文艺复兴运动就为启蒙运动提供了滥觞。文艺复兴就是要将匍匐于神之脚下的人们解放出来，使人的尊严呈现出来。启蒙运动在文艺复兴反对教皇专制权力和神职人员特权的基础上，提出了自由平等的政治理念。而启蒙运动所凭借的工具就是理性。法国的启蒙运动者提出的口号是"要敢于认识"，康德对启蒙的理解开端于对这一口号的理性批判。康德说："启蒙就是人从归咎于其自身的未成年状态中走出来。"

康德认为所谓"未成年状态"是指未经别人指导就不敢运用自己的知性的状态。没有勇气运用自己的知性就是缺乏理性，因此康德认为启蒙就是"使理性变得成熟"。启蒙运动运用理性，挑战一切权威，重新审视一切旧道德，正如恩格斯所说的那样："他们不承认任何外界权威，不管这种权威是什么样的，宗教、自然观、社会、国家制度，一切都要受到最无情的批判；一切都必须在理性的法庭面前为自己存在作辩护或者放弃存在的权利。"理性在启蒙运动中占有如此重要的地位，并且也取得了辉煌的成绩，甚至可以说是西方现代化进程中最为重要的环节之一。

理性在西方语境中是要敢于认识，是使自己摆脱不成熟的状态。当代中国也亟需这样的理性。正是在这个意义上，我们有一些学者也认为，中国缺少一次真正意义上的启蒙运动。用优秀传统文化培育文化自信也需要这种理性，摆脱对待传统文化的不成熟状态。这就要求我们在通过传统文化确立文化自信时，对传统文化有一定程度的认知和把握。传统文化本质上是与传统专制社会相适应的，整个传统文化体系都是围绕着专制主义这个核心构建的。因此，很多传统文化中的东西我们都要理性地辨别，深刻理解它的本来意蕴和价值取向，这样才能做到古为今用。

用优秀传统文化培育文化自信要实现对优秀传统文化的创造性转化，通过传统文化的古为今用，使其在当今时代彰显出价值，以此增强文化自信。可见，实现对传统文化的创造性转化就是"把一些中国文化传统中的符号与价值系统加以改造，使经过创造的符号与价值系统变成有利于变迁的种子，同时在变迁的过程中继续保持文化的认同"。由于时代发生了转变，传统文化中的一些东西已经不能完全适应现代社会，当其经过改造创新之后，不仅适应了时代，也彰显了传统文化的创生张力。对传统文化的创造性转化不是生搬硬套，不是罔顾原意的捏造，而是对确实与时代有契合点的思想、观点进行挖掘改造，实质上是一种再创造。正如有学者指出，对传统文化要以"创造性的理想与意志，创造性的实践"进行转化。如何能够通过对传统文化进行创造性转化以适应当今时代，这需要理性地思考我们的传统文化资源。基于相关文献资料和对传统文化的审视，我们大体将传统文化归纳为三种类型：第一类，已经形成了完整体系且具有持久的价值；第二类，具备完整体系，但由于其核心价值与当代并不适应，只能对其个别有价值的组成部分进行创造性转化；第三类，没有形成完整体系，但具有当代价值。针对这三种类型的传统文化，我们可以有的放矢地对其进行创造性的转化。

针对第一种类型传统文化的创造性转化。有些传统文化已具有完整的内容体系，且具有持久价值。这类传统文化的创新转化主要基于其本意，直接阐释其当代价值即可。比如传统文化中的人性论之争就形成了自己较为完备的体系，而且其核心价值在当代依然具有一定的价值。对人性问题的思考发轫于孔子"性相近也，习相远也（《论语·阳货》)"。意思是说人与人之间的先天之性是大体相近的，而后天之习是导致人们现实表现差异巨大的原因所在。孟子认为性是"人之所以异于禽兽者，几希。庶民去之，君子存之"（《孟子·离娄下》），认为人之性善。"富岁子弟多赖，凶岁子弟多暴，非天之降才尔殊也，其所以陷溺其心者然也"（《孟子·告子上》），他认为恶是口目耳鼻四肢的欲望所带来的，深受环境的影响。每个人通过内省，然后尽心、知性、养浩然之气都可以成就伟大的人格。荀子虽提出了人性本恶的论点，但他认为通过学习礼义之道，能出现礼仪辞让等行为。荀子讲"凡人之性者，尧舜之与桀跖，其性一也，君子之于小人，其性一也"（《荀子·性恶》)，认为人与圣人在本质上是一致的，通过修养可以从善，这也是荀子人性论的可贵之处。汉代的董仲舒认为人生来就有区分，提出了"性三品说"："圣人之性不可名性，斗筲之性不可名性，名性者，中民之性。"（《春秋繁露·实性》）他认为圣人之性为善，最差的人之性为恶，这两者无法改变。中民之性包含着善和恶两种倾向，通过圣人的礼义教化可以从善忌恶。西汉末年的杨雄提出性善恶混的学说："人之性也善恶混。修其善则为善人，修其恶则为恶人。"（《法言·修身》）在他看来，人性中既有善亦有恶，一个人是善是恶取决于修身的方向。唐代的王安石提出了"性无善恶、善恶由习"。

王安石认为孟子、荀子等人所讲的性实际上是"情"，并非是人的本性。人的善恶不是出于人的本性，而是依"情"而生，依习而成。这个情包括"喜怒爱恶欲"，其如何表现出来受到后天学习和环境的影响。宋明理学使中国传统文化中的人性论之争达到了一个新的高度。二程（程颢、程颐）提出性有两大类：一类是"天命之谓性"，另一类是"生之谓性"。（《遗书》）前者是在人未生而已存在于宇宙之中的性，是绝对的善；后者的内容包含前者的善，但由于受身体影响，又有很多恶的地方。朱熹继承了二程的人性的二重划分并借鉴张载的人性论，认为性分为"天地之性"和"气质之性"。（《正蒙·诚明》）人是天地之性与气质之性的结合，既有至善，也会呈现恶。可见，传统文化中的人性论已经形成一个完整的体系，而且毫无疑问对于鼓励人们向上向善和调理社会关系具有特别的意义，我们要结合时代要求加以继承和发扬，赋予其新的含义。

针对第二种类型传统文化的创造性转化。有些传统文化虽然具有了完整的体系性内容，但其核心价值观与时代不相符合。这类传统文化的创新需要我们对这些理论加以分析，然后加以重新构建。比如"礼"治思想，在传统文化中是具备完整的体系特征的，但是其核心的政治价值是维护专制主义，显然与社会主义核心价值观中的民主思想相悖，因此必须对其进行改造，进行创造性转化。传统文化特别重视"礼"治。孔子极为推崇周"礼"，视之为最好的社会秩序。所谓礼就是维护贵族等级秩序的社会规范和道德规范。（《中华文明大辞典》）孔子讲道："克己复礼为仁。"（《颜渊篇》）礼包含着孝悌、忠恕。几千年来，对中国人影响最深的传统文化思想之一就是忠孝。孔子说："其为人也孝悌，而好犯上者鲜矣；不好犯上而好作乱者未之有也。"（《论语·学而》）孔子能够将本来毫无内在关系的忠和孝联系到一起，真是不得不由衷地赞叹其思想的创造力。所谓"忠"，当然是为了让臣效忠皇帝，下级效忠上级。实际上，大臣效忠皇帝，下级效忠上级是很好理解的事情，因为它直接关乎着大臣和下级的根本利益。尤其是在传统社会中，几乎所有的资源都掌握在皇帝和等级高的人手里。孝顺父母也是很好理解的事情，因为每个人都是父母生、父母养的，没有父母就没有自己的生命，没有父母的养育就无法成人。所以从本质上看：忠根源于利，而孝根源于报恩，二者本质上完全不同。但是孔子天才地将二者关联起来：不忠就是不孝，不孝也不可能忠，这种思想影响了中国两千多年来的思维，甚至在忠孝难以两全的时候，更值得提倡的是效忠。这种"君要臣死臣不得不死，父叫子亡子不得不亡"的愚忠愚孝，显然与社会主义核心价值观是格格不入的。在当今时代，我们依然弘扬子女孝顺父母的思想，甚至"老吾老以及人之老，幼吾幼以及人之幼"都是极高的美德，应当传承下去。忠的思想可以重新被诠释，将其转化为对祖国的忠诚，对中国特色社会主义事业的忠诚，从而培育和弘扬爱国主义精神，进而通过赋予其时代的新意增强我们对传统文化的自信。

针对第三种类型传统文化的创造性转化。有些传统文化虽然不具备完整的体系性，却与当代现实有契合之处。这类传统文化的创造就需要我们对这些理论加以重新阐发，使之继续在当代焕发出生命力，比如传统文化中儒家的义利观等。在当代，西方社会人与人之间的关系主要体现在利益如何分配之上。当代西方政治哲学是以保护私有财产神圣不可侵犯为基础的，每个人都是自己财产的"法人"。在这种精打细算的利己主义世界里，可能每个人对自己的利益最为关注。马克思深刻地揭示了这一点，提出了"封建社会已经瓦解，只剩下自己的基础一人，但这是作为它的真正基础的人，即利己的人""政治解放一方面把人归结为市民社会的成员，归结为利己的、独立的个体，另一方面把人归结为公民，归结为法人"。在这样的前提下，每个人都会特别地关心政策的制定是否对自己有利。但是众口难调，很多政策的制定必然是有些人受益多一些，有些人受益少一些，甚至是直接被损害。这样的社会不稳定因素显然很高。

传统文化反对个人利益至上，有利于社会的和谐稳定。在孔子看来，人要力争效仿君子和圣人崇尚、遵从义，"君子义以为质。"（《论语·卫灵公》）"君子义以为上。"（《论语·阳货》）孔子在日常生活中，很少提到与利益有关的事情："子罕言利。"（《论语·子罕》）孔子并非否定个人利益，但强调义在利先，因此弘扬义的言论更多，比如"君子喻于义，小人喻于利"。（《论语·里仁》）"君子义以为上，君子有勇而无义为乱，小人有勇而无义为盗。"（《论语·阳货》）传统文化使得我们中国人在考虑利益之前，先讲究一个义字，耻于唯利是图。如果过于重视自己的利益，而表现出对自己的利益的诉求，这在传统文化中被称为"争"。孔子在《八佾篇》中说"君子无所争"，在《卫灵公篇》中说"君子矜而不争"。这种不争的思想，是一个君子在面临个体利益受损时应有的态度。显而易见，孔子已把义利作为重要的伦理范畴加以阐释，并表现了明显的重义倾向。这种否定利益至上，强调义利之辨的思想，在社会利益分配处于矛盾时，强调整体利益、长远利益高于个人利益与眼前利益，反映了人类社会的共同愿望，不失时代意义，有利于当代社会的和谐稳定。

二、通过对中华优秀传统文化兼容并包地创新性发展提升文化自信

用优秀传统文化培育文化自信，需要传统文化有能力广泛吸收世界各民族的优秀文化因素。传统文化有这种包容性，有与东西方文化成果相融合的能力，并在此基础上创造出新的具有现代性的文化元素来。在经济全球化的今天，任何一个有进取心的民族都会追求国家的现代化，而"现代化要建立在即文化的土壤上"。"现代化不是一个自然的社会演变过程"，这也意味着，我们必须学会兼容并包、借鉴学习西方的先进文明。中华传统文化内置鼎故革新、与时俱进的特质，使传统文化适应新时代要求创新性发展成为可能。

现代化是新时代的一个重要特征，是中国近代百余年的追求和梦想，所谓现代化是"指人类社会从工业革命以来所经历的一场急剧变革，这一变革以工业化为推动力，导致传统的农业社会向现代工业社会的全球性的大转变过程，它使工业主义渗透到经济、政治、文化、思想各领域"。可见现代化是工业化引起的社会政治、思想、文化等各个领域的相应变化，不是中国内生出来的东西。因此，我们必须要学会借鉴西方的先进思想。在 2014 年教育部颁布的《完善中华优秀传统文化教育指导纲要》（教社科〔2014〕3 号）中明确地提出"坚持弘扬中华优秀传统文化与学习借鉴国外优秀文化成果相结合"。这里面也重点强调了要借鉴国外优秀文化成果和博采众长。

优秀传统文化的创新性发展需要兼容并包地借鉴国外的优秀文化成果。近代，由于西方科技迅猛发展，伴随而来的是其文化在全球范围内也占据了强势地位。毫无疑问，现代化发端于西方，社会生产力的发展和人们生活水平的快速提升在很大程度上受益于西方的现代化。知耻近乎勇，我们要有勇气面对自己传统文化的不足，要勇于和善于学习西方先进的东西。正如鲁迅所质疑的，"我独不解，中国人何以对传统的东西如此忍辱负重委曲求全，而对新事物如此地吹毛求疵、求全责备。"（《华盖集》）要实现传统文化创新性发展，我们应该持理性的态度，辩证地对待世界各民族的文化成果。既要通过对优秀传统文化的弘扬和发展增强文化自信，又要借鉴其他文化的优秀元素对传统文化进行创新转化，使其发挥创生的张力，更好地为建设中国特色社会主义服务。同时，无论是对待我国传统文化，还是对待其他文化，如西方强势文化，我们都必须具备批判的精神，学会拿起批判的武器。我们是以马克思主义理论为指导的社会主义国家，我们理应具备这种批判精神。马克思主义创始人敏锐地发现了资本主义的抽象性、形式性和虚伪性，对反映那个社会的文化进行了猛烈的批判。"辩证法在对现存事物的肯定理解中包含对现存事物的否定的理解，即对现存事物的必然灭亡的理解；辩证法不崇拜任何东西，按其本质来说，它是批判的和革命的。"带着这种批判

精神，寻求在批判旧世界中发现新世界，开创了一个新的纪元。毛泽东同志对待文化方面也具有很强的批判意识。针对国外的文化，毛泽东明确提出"决不能生吞活剥地毫无批判地吸收"，对待传统文化明确提出"决不能无批判地兼收并蓄"。

通过对优秀传统文化兼容并包地创新性发展，努力实现传统文化与马克思主义理论和西方先进思想的融合，使其更好地服务现代社会，这样我们的文化自信就会进一步增强。传统文化与马克思主义理论相融合是一个重大的课题，十分庞大复杂，我们以传统文化和马克思主义理论以及西方文明中理想人格及实现路径作为研究的切入点。

中国传统文化中的理想人格。顾名思义，理想人格就是指一种文化中意欲塑造的人的理想样态。研究理想人格具有重大的意义，因为理论探讨的最基础之处就是对人本身的探讨。理想人格规范了我们文化所欲塑造的人的完美典型，规范着人的成长方向。在传统文化中，具有理想人格的人被称为"圣人""贤人""君子"。这样的人一是要具备对他人的"仁爱"之心，即"仁者爱人"。(《孟子·离娄下》)表达这种思想的传统文化内容还有很多，诸如《论语·雍也》中的"己欲立而立人，己欲达而达人"，《论语·卫灵公》中的"己所不欲，勿施于人"，等等。二是要懂得"守礼"。传统文化非常重视"礼"，不仅有各种规章制度，甚至什么样的身份穿什么样的衣服，如何坐卧行走，"非礼勿视、非礼勿听、非礼勿言。"(《论语·颜渊》)只有通过礼方能达到仁的高度，如《论语·颜渊》中所说的"克己复礼为仁"。三是要"自强不息、厚德载物"。传统文化中具有理想人格的人有强烈的进取心，这种进取心来源于上天的启示；同时有很强的担当和责任意识，像大地那样具有强烈的承担品质，以天下事为己任。

近代西方文化视角下的理想人格。众所周知，近代西方随着自然科学知识兴起，生产力快速提升，这也从根本上改变了传统上对人的理解，提出了"经济人"和"政治的人"。亚当·斯密在《国富论》中提出，经济人假设是从实际的生产过程中抽象出来的概念，是"每个人改善自身境况的一致的、经常的、不断的努力"。

正是在这个意义上，马克思在《论犹太人问题》中说资本主义社会里的人是"自私自利的人"，每个人都是自己的"法人"。经济人假设是基于资本主义生产方式而提出的，这种全新的对人的把握引申到政治这个意识形态领域之后，就得出了"政治的人"。作为经济人延伸的政治的人继续执行着法人的角色，呈现"原子式"的人的样态，在政治上表达个人的经济利益诉求。这样的政治的人要求政治解放，要实现言论自由、出版自由、结社自由、迁徙自由、选举权，等等。这样的人要求具备基本的公民素质，是具备理性能力的人，是能够遵守规则的人。

马克思主义的理想人格。传统社会的生产力低下，人们获得物质生活资料的难度很大，同时政治制度模式比较单一，大都属于专制主义。专制主义统治下对人的要求主要体现在品质上。柏拉图认为统治阶级的理想品质是智慧，由此提出了"哲学王"（《理想国》）；武士阶层负责保卫城邦，其理想人格是"忠诚"和"勇敢"；为了维护社会稳定，绝大多数底层人民的理想品质是"节制"和"忍耐"。到了近代社会，随着生产力的提高，人们获得物质生产资料的能力得到了极大提升，个体的地位才不断地被彰显出来。马克思是最早敏锐地捕捉到这种变化的思想家。与柏拉图要求人们"节制""忍耐"以及老子要求人"挫其锐，解其纷""抱弱守拙"（《道德经》）不同，马克思认识到人应当充分地挖掘其感官能力，使"眼睛成为人的眼睛"，甚至提出了"感觉在自己的实践中直接成为理论家"。在这种张扬个体的意识基础上，马克思认为人的理想样态是"自由个性""作为目的本身的能力的发挥""自由全面发展的人"。另外，马克思主义反对对人做出"自私自利"的理解，而认为人是"人人为我，我为人人"的集体的人。

中西方文化中理想人格的实现路径。传统文化中的圣人、君子是人的最高理想，但是能够完全达到的，基本上是没有的，连孔子自己都承认没有见过圣人，但是这种理想人格作为一种规范，虽不能至但心向往之，还是有一定的修养路径的。在孟子看来，普通人和圣人在本质上是一样的，"仁义礼智我固有之"。（《孟子》）持这种观念的思想家也有很多，比如苏格拉底认为善是本身固有的，因此他仅仅是真理的"助产士"，柏拉图也提出对理念世界的"回忆说"，佛家也讲"人是未来佛，佛是现在人"。这类学说的实现路径大都是通过内省的方式，所以孟子提出尽心、知性、养浩然之气的修养方法，认为通过这些方法，人人都可以成就伟大的人格。马克思的"人的解放"理论也给出了实现其理想人格的方法。作为唯物主义者，马克思提出"人的解放"要破除两个依赖，一个是破除人身依附的依赖性，另一个是破除对物的依赖性。马克思认为通过政治解放已经实现了对人身依附的破除，对物的依赖性的破除需要改变资本主义生产方式中的生产资料所有制形式。

通过对中西方文化中理想人格及其实现路径的探讨，我们不难发现：对优秀传统文化兼容并包的创新性发展存在广阔空间。近代西方文化中的人主要是基于资本主义社会的需要提出的经济人和政治的人，马克思指出了这种理想人格的虚假性、抽象性和形式性，实质上是找到了通达人的自由全面发展这个更高的追求。但总体上看，这些理想人格或者是对一个人参与公共生活的素质要求，或者是个体对完美生活状态的追求，而这正是传统文化中的个体人格修养理念所欠缺的。当我们意识到优秀传统文化与其他文化可以互补互充、交流互鉴，可以实现自身创新性发展时，我们的文化自信便自然而然得以提升。

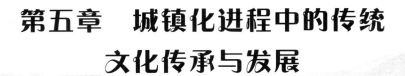

第五章 城镇化进程中的传统文化传承与发展

第一节 城市化进程与传统文化

中国是具有几千年农业文明历史的大国，到中华人民共和国建立时的 1949 年，中华人民共和国仍是一个典型的农民大国，城市化水平只有 10.65%，近 90%的人口都是农民。中华人民共和国成立后的 20 世纪 50 年代，曾有一个城市化快速发展时期，到 60 年代初城市化水平达到 17%。但由于"大跃进"的冒进、20 世纪 60 年代初的严重自然灾害和"文革"期间大规模青年下乡，致使城市化进程长期停滞。从 1962 年到 1978 年，在长达 16 年的过程中，城市化水平几乎没有任何进展，一直停滞在 17%。1978 年改革开放后，我国城市化进入快速发展时期，通过近几十年的发展，完成了发达国家几百年的城市化进程，城市化率由 1978 年的 17.92%上升到 2013 年的 53.7%。

纵观改革开放后我国的城市化进程，李培林将之划分为三个阶段：第一阶段是 1978—1985 年，这一个阶段是以"非农化"为主要特征的。随着家庭联产承包责任制的普遍实行，农村经济得到快速发展，小城镇开始复兴，乡镇企业的"异军突起"，出现农村人口向小城镇聚集、向非农领域转移的潮流。第二阶段是 1986—2000 年，这一阶段以农村人口向城市聚集的"城市化"为特征。20 世纪 80 年代中期以后，"离土离乡"进城打工的农民工总量超过了"离土不离乡"在乡镇企业工作的农民工，成为农村劳动力转移的主渠道，从 20 世纪 90 年代后期开始的大规模国有企业改革，使城市经济更加活跃，各种发展机会更加向城市集中，数以亿计的农民工进城。第三阶段是 2000 年至今，这一阶段以城市规模迅速扩大和城市群的出现为主要特征。进入 21 世纪以后，城市住房制度改革的效益逐步显现，买车和购房进入普通家庭消费，房地产业迅速兴起，土地升值速度加快，城市不断向郊区扩展，高速公路和高速铁路的发展使 1 小时城市圈的区域规模大幅度增加，由 1 小时城市圈相互连接的城市群不断涌现。

从以上我国城市化的三个阶段可以看出，城市化包含了以下几个方面的内容：一是产业结构的转变，从以农业为主转为以工业和第三产业为主导产业；二是农业人口的非农化，农村人口向城市集中；三是在地理空间上表现为城市数量和规模的扩大。除此之外，城市化还包含了生活方式、思想观念等方面的内容，包括衣、食、住、行的都市化，思想观念的现代化等。

城市化的这些方方面面对传统物质文化的保护与发展都形成了很大的冲击。如城市的扩建、无序发展导致"建设性"破坏不断蔓延，一些遗址、建筑遭到毁灭性的打击，城市的自然和文化个性被破坏。一些农村地区大拆大建，照搬城市小区模式建设新农村，简单用城市元素与风格取代传统民居和田园风光，导致乡土特色和民俗文化流失。还有很多农村地区人口向城市的聚集导致了"空壳村"现象，村落衰败，古建筑失修、垮塌问题严重。另外，工业化和第三产业的发展改变了传统物质文化的生存环境，加之人们对现代化思想观念和生活方式的追求，作为传统物质文化载体的传统服装、传统食物、传统居所、传统器具等迅速走向消亡。当然，城市化也给传统物质文化的保护与发展带来了契机，关键是如何利用这些契机，避免出现新的问题。例如旅游业的发展，一定程度上对发掘和传承传统物质文化有着积极的意义，但同时一些地方也出现了因过度改造、包装而导致的失真问题，以及由于粗制滥造、千篇一律而造成独特性丧失的问题。因此，认清城市化进程中传统物质文化保护与发展的状况及存在的问题，对于今后如何有效保护和发展传统物质文化意义重大，以下按内容进行分类阐述。

第二节　城市化进程与传统服饰文化

服饰是人类文化的重要组成部分，除了满足人们的物质需求外，服装面料、款式和颜色的选择，以及人们特定场合的着装习惯，均记录着特定时期、特定文化群体的生产力状况和科技水平，反映着人们的生活环境、劳作方式、审美情趣、社会制度以及思想观念。在中国漫长的历史中，形成了具有中华民族特色的传统服饰文化，然而在城市化、现代化的冲击下，传统服饰文化正在逐渐失去其赖以生存和发展的环境和空间，逐渐走向消亡。中国传统服饰文化是中国传统文化的重要组成部分，保护和发展传统服饰文化既是弘扬民族文化的需要，也是传承人文精神的需要。虽然越来越多的人意识到保护传统文化刻不容缓，政府、学者和文化保护人士等都为保护和传承传统服饰文化做了不少相关工作，然而依然存在着一些问题。本节将阐述中国传统服饰文化的保护与传承现状，在此之前首先要对中国传统服饰的范畴进行界定。

中国传统服饰是什么？对于这一问题，不同的人有不同的看法。外国人把源于满族服饰的马褂、旗袍当作中国的传统服饰。有人说是唐装，但在对唐装的理解上却有分歧。在中国，大众对唐装较为广泛的理解是指西式剪裁的改良马褂，特征是立领、盘扣、对襟，而不是唐朝的服装，2001 年 APEC 会议上领导人的着装即是"唐装"。有批评者认为，唐装的提法，广义的应该是华人服装的总称，狭义的应该是唐朝的服装，无论哪种都不应由满族服装来代表。理由是，从历史上看，汉服是中国明朝灭亡以前的主流服饰，传承了 4 500 多年，因为清初的"剃发易服"令，才非正常消亡，而满装的历史只有 300 来年，历史较短，不足以代表中国各个民族和几千年的历史传承。因此，有人提出了"汉服说"。"汉服"泛指三皇五帝时期到清政府实行剃发易服前的汉族所着服装系统。虽然汉服在各个朝代根据经济水平、社会文化、审美标准的不同而有不同变化，但是章法基本没有变。例如唐代社会文化开放外向，所以广袖博带以及抹胸女装的审美在保守的宋代就发生了一些变化，但是男子的圆领袍服却自唐代一直延续到明代，而交领右衽的形制一直未发生根本改变。也有人担忧将汉服作为中国传统服饰会引发大汉族主义，影响汉族与少数民族的关系。

为了避免大汉族主义，同时考虑到地域文化特色，本文中的传统服饰包括了汉服、汉族传统民间服饰以及各少数民族传统服饰三个类别。

一、中国传统服饰——汉服的保护与传承现状

中国的传统服饰汉服有两种基本的形制，即上衣下裳制和衣裳连属制。上衣下裳制，相传起于传说中的黄帝时代，是中国最早的衣裳制度的基本形式。上衣的形状多为交领右衽，下裳类似围裙的形状，腰系带，下系带。这种服制对后世影响很大。衣裳连属制，古称深衣，始创于周代。深衣同当代的连衣裙结构类似，上衣下裳在腰处缝合为一体，领、袖、裾用其他面料或刺绣缘边。深衣这一形制，影响了后世服饰，汉代以它为礼服，古代的袍衫也都采用这种衣裳连属的形式。公元 1644 年，满洲人入关后，推行"剃发易服"政策，使延续了 3000 年的汉服及汉文化几近消失。

进入 21 世纪，随着中国综合国力和国际地位的提升，中华文化重新又得到世界的关注与重视。与此同时，部分国人开始反思我国的传统文化，并举力保护继承，在此背景下汉服又开始进入现实社会，并兴起了汉服运动。汉服运动的参与者认为汉服运动是 21 世纪初在中国国力上升，以青年族群为主体，以重现清朝统治前中国人服饰为出发点，借此复兴中华传统文化为目标的一场文化运动。其开端是 2003 年 11 月 22 日，民间人士王乐天把汉民族的传统服装穿上了街头。很快，网络上出现了很多王乐天身着汉服的照片，新加坡《联合早报》的记者张从兴偶然看到了这些照片，并据此写成了一篇报道，这篇文章也成为第一篇报道汉服的文章，并引起了国内外媒体的广泛关注。王乐天的举动因此广为流传，也得到了很多人的支持响应，并在全国掀起了汉服复兴的浪潮。

汉服运动的重要网上基地是汉网、百度汉服吧等网上论坛。汉服吧是百度众贴吧之一，所属目录为"民族文化"，是所有汉文化复兴者和汉服复兴者交流的网络平台，短短几年已经拥有 257 880 名贴吧成员（2014 年 2 月 13 日统计数据）。汉服运动的活动场域除组织及讨论活动计划的互联网外，多为大中城市所在的高等院校、具有传统意义的事业单位、景点、公园等。参与主体以"70 后""80 后"和"90 后"居多，中心力量是年轻白领和在校大学、高中、初中学生。

由于不少城市实体汉服店或与汉文化相关的文化机构、商业场所的应运而生，汉服运动也开始从网络上的热议更进一步地迈向公众的日常生活。据汉服"运动事记"记载，2005 年 4 月 17 日，十多位来自全国各地的新儒生在山东曲阜孔庙，首次践行明代式奠礼，也是第一次统一着装的祭礼。2006 年 4 月 9 日，中国人民大学的"诸子百家园"里，十几名学生身着汉服，手持弓箭，这是 360 年来中国大陆第一次举行射礼。2006 年 12 月 17 日，全国第一家品牌汉服实体店"重回汉唐"成立，实体店位于成都文殊坊金马巷，经营各种款式汉服。2007 年 3 月 24 日，国内首家汉文化餐厅"汉风食邑"在北京开张，店内的顾客都是身穿汉服就餐。2007 年 3 月 11 日，两会期间，全国政协委员叶宏明提议，确立"汉服"为"国服"；全国人大代表刘明华则建议，应在中国的博士、硕士、学士三大学位授予时，穿着汉服式样的中国式学位服，这是汉服第一次进入全国两会议案。2007 年 5 月，福建汉服天下经文化局批准成立，民政局正式核准登记，成为全国首个官方认可的汉服文化协会。2009 年 3 月 7 日，英国汉服同袍聚会，以巡游方式宣传汉服，是第一次被报道的海外汉服宣传事件，也拉开了全球汉服运动的序幕。2009 年 6 月 1 日，浙江理工大学学生自制汉服学士服，为首次媒体报道实践汉服毕业照。2010 年 6 月 16 日，南京汉服端午祭祀，接受了中央电视台英语新闻频道（CCTV—NEWS）采访，汉服活动再次被国家媒体所关注。2011 年 2 月 3 日，首届汉服春晚发布。2013 年 04 月 30 日，首届海峡两岸汉服文化节在福州举行……

我们可以发现，汉服至今仍旧只是出现于运动参与者的宣传活动之中以及一些节日、重大礼仪等场合，并没有成为日常生活的着装。

二、汉族传统民间服饰的保护与传承现状

（一）实际状况

汉族是中华民族的主体，人口最多，分布最广，由于地理环境、生计方式、社会生活和民俗风情的差异，形成了不同的地域文化，反映在民间服饰上则在形制、色彩表现、材料选择、图案运用等方面呈现出诸多差异性。汉族民间服饰文化遗产中代表

性的有江南水乡民间服饰、闽南惠安女民间服饰、中原民间服饰、广西高山汉族服饰、贵州屯堡汉族服饰、齐鲁民间服饰、客家民间服饰等。但是随着工业化、城市化的发展，传统服饰文化的生存空间已经发生改变，原有农耕文明建构下庞大的民间服饰文化体系在逐渐散失，传统民间服饰在生活中基本上处于消亡状态。

以惠安女服饰为例，目前其传承面临着严峻的挑战。惠安女服饰指的是福建省东南沿海中部惠安县的独特女装，其特征是"封建头，民主肚；节约衫，浪费裤"，主要包括黄斗笠、花头巾、节约衫、银腰链、塑料或绣花腰带、黑绸裤、塑料拖鞋等。自改革开放以来，随着第三产业的发展，传统的捕鱼业已不再是惠安女的主要工作，越来越多的惠安女从事着新兴行业，惠安女服饰赖以生存的环境和土壤发生了较大改变，她们不再需要竹笠头巾来防御风沙，也不需要紧缩的短衣短袖来方便劳动，因此传统惠安女服饰的功能性开始弱化。失去了服饰的功能性，惠安女服饰的审美价值也随着现代女性审美标准的转化而变弱。由于交通运输便利化，大量外出经商、求学、打工的惠安女带来了新的文化生活信息，使传统的生产、生活消费习俗产生了很大的变化。原有的婚俗、礼俗等传统民俗也随着惠安女现代意识的加强而渐渐消失，同时简便、时尚的现代服饰，无论是在功能上还是在造型上都强烈地冲击着传统服饰调查，在崇武、小蚱、大蚱等地惠安女的服饰也已经出现了消亡的迹象，基本上三四十岁以内的年轻人在日常生活中已不穿传统服饰，其服饰与普通汉族人无异。而四五十岁的中年人平时也不再穿着传统的整套服装，比较流行的装束是：头上梳辫子，有的戴方巾也有不戴方巾的；上衣仍穿"节约衫"；裤子是20世纪八九十年代在大陆地区流行的裤管宽大的西装裤，用黑色线布或尼龙布制成；男性腰上别着"大哥大"；鞋仍是塑料拖鞋。只有上了年纪的老人家的服装才保留着惠安女服饰的原貌，其余大部分女性只在婚礼、葬礼、回夫家或外出做客时，才穿整套的传统服装。

再如苏州吴东水乡的胜浦农村，现在已经属于"苏州—新加坡工业园区"，是一个没有农民、没有农田、没有农业的三无农村。在这里，原引以为自豪的极具"稻作文化"特色的水乡拼接衫、百褶作裙和"扳趾头"绣鞋已基本消亡。

最重要的是目前掌握传统服饰制作技艺的人已为数不多，且年龄已高，技艺传承困难，后继乏人，这样发展的结果必然是"衣随人葬"和"人亡艺绝"。

（二）目前保护与传承的形式与存在的问题

目前，关于服饰类别中只有少数汉族民间服饰类文化遗产进入各级政府非物质文化遗产名录，在政策的扶持下进行传承，如江苏吴东水乡服饰、福建惠安女服饰等，大量珍贵的民间服饰和相关非物质文化遗产正在迅速消亡。其他保护和传承形式比如建立专门性场馆进行保护和传承，国内在专门性文化遗产保护和传承方面做得较好的有民族服饰博物馆、妇女儿童博物馆、云锦博物馆、丝绸博物馆、陕西群众艺术馆等，这些基本是以物质保护形式为主；还有，民俗展览、演出、论坛、表彰等活动形式是目前常见的进行宣传和推动文化遗产保护的形式。但是，保护的背后也存在着一些问题。

第一，注重艺术夸张，忽略服饰本真。例如为了保护惠安女服饰等文化传统，当地政府建立了崇武古城风景区、博物馆等宣传惠安女服饰文化、当地石刻文化等，同时大力发展旅游业以推广惠安女品牌。

艳丽而夸张的服饰色彩、耀眼而突出的佩饰、肤白如雪的美女模特，都强烈地吸引着游客的眼球，然而我们在媒体的宣传中所看到的惠安女与惠安女服饰与真正的惠安女和惠安女服饰却渐行渐远，真正的惠安女长期生活在海边以渔业和采石业为生，皮肤黝黑，体格强健，服饰也为了方便生产劳动，色彩深沉，佩饰简单。

第二，注重固态保护，忽略活态传承。随着传统文化遗产保护的日益紧迫，现在已经有很多艺术家和博物馆开始重视传统服饰的传承问题，比如惠安崇武的哈克等一批摄影家用影像的方式记录惠安女的服饰与刺绣并编纂成书；江南大学服饰文化传习馆等官方或私立的博物馆也收集了大量服饰品和影像资料……然而这些记录和保护往往是固态的居多，保存了服饰的"形"，而服装制作的技艺、文化等真正以活态传承的方式被保护的则比较少见。

第三，注重向外宣传，忽略向内宣传，作为主体的文化中人保护意识不强。在现实中，高喊保护传统文化口号的通常是当地政府、专家学者以及艺术家们，当地民众并没有意识到传统服装的真正价值。有些人或是把这种服装当成牟取利益的手段，或是把它当成封建糟粕；有些经常和外界学者、记者打交道的人已经练就了一套说辞或是刚刚开始意识到这是传统文化遗产；大部分人则是漠不关心，因为他们从小就是穿着或是看到周围的女性穿着这样的服装，在他们看来这种服装再平常不过，就如同每个人都要穿衣服一样。其实，文化主体之外的人如何高喊保护文化遗产的口号，做多少保护的工作，最主要的还是要靠原生环境下的穿着者和传承人自觉自愿的传承。我们认为，要使传统服饰长久地保持生命力离不开创新与改变。

目前，全国尚有很多地区的特色服饰处于消亡的边缘，在今后的研究和保护过程中，为了能使传统服饰得到更好的传承和发展，我们可以向传统服饰中注入新鲜的元素，使其适应现代生活和流行趋势。

三、各少数民族传统服饰的保护与传承现状

各少数民族的传统服饰凝聚着民族的历史、文化传统和审美倾向，有着典型的族

别特征，是民族文化研究的重要内容之一。在城市化的背景下，各少数民族传统服饰的保护与传承情况如何？以下从人口流动、发展旅游经济、生产性保护与传承以及本真性保护与传承四个方面进行讨论。

（一）人口流动对传统服饰的冲击

随着城市化进程的加快，少数民族村寨与外界联系的加强，许多地区的青壮年都外出打工。几年都市工作和生活环境的熏陶，使得他们的价值观念、思维方式和生活方式都发生了很大的变化，传统服饰也受到了前所未有的冲击。他们的审美意识逐渐被城市主流审美法则影响，许多年轻人已经不愿意花大量的时间去做一套民族服装，更愿意选择现代化的服饰款式及衣料。现代服饰的渗透，使民族服饰的空间越来越狭窄，呈现出礼仪化的趋势，人们只有在传统的节日里才穿着民族服饰，传统服饰在日常生活中也基本上处于消亡状态。

笔者 2003 年在海南五指山黎族村寨调查时发现，传统服装只是中老年妇女们结婚时才穿的衣服，在日常生活中她们都穿现代的服装，婚服成为压在箱底的一种纪念之物。而方圆村庄只有个别的老妇人还在用织布机织黎锦，准备给孙女们做嫁妆，一厢情愿地延续着传统。

再以黔东南的苗族服饰为例，黔东南作为我国苗族最大的一个聚居区，其苗族人口占总人口的 61%，被称为"苗族服饰的博物馆"，是苗族服饰文化保存最好、最完整的地区。苗族作为一个没有文字的民族，传统服饰是其记录历史、记录文化的载体，尤其是苗族妇女的传统服饰，被称为"穿在身上的史书"。苗族妇女传统服装的风格反映了苗族的生存环境和迁徙历史，刺绣的色彩与图纹记载着苗族的祖先崇拜和宗教信仰，银饰的造型与纹样展现了苗族的生产生活方式和民间传说，银饰的佩戴习惯体现了苗族妇女的审美情趣。而如今，传统的民族服装日益走向礼仪化，仅在一些盛大的节日里才会被穿戴，苗族妇女的传统服饰开始淡出她们的日常生活。

与此相伴随的是，传统服饰的传承人和传承活动难以为继。因为传统服饰技艺的传承都是世代相传的，家庭是女孩学习的场所。现代，年轻一代更多地进入了学校接受现代学校教育，或者辍学外出务工，女孩们没有充足的时间学习传统的服饰制作技艺，同时在现代审美的影响下对传统的民族服饰也并不喜欢，因而掌握传统服饰制作技艺的人也越来越少。

（二）发展旅游经济对传统服饰的影响

旅游对传统服饰的影响是很明显的。以少数民族风情为主题的旅游开发是以传统文化为资源依托的，它重新唤起了人们的民族传统文化记忆，无疑对在现代化进程中弘扬民族传统文化有着非常重要的作用。如已经消失了的服饰文化活动又被重新组织起来，使民族传统文化在现代化的发展进程中找到了切入点，但有组织的服饰文化活动毕竟与过去民族群众自发的不同。

现在由于组织者的主观需要或对少数民族传统文化缺乏了解，常常会出现一些混淆和变异，将本来是其他民族的传统文化元素混淆到本民族的传统文化里面，或者改变了本民族传统文化特有的表现形式。某些地方政府官员、外来的"文化商人"以及部分"地方精英"不断在建构一些子虚乌有的"伪民俗"和"伪文化"。在这种民俗、民间文化的背后却隐藏着一股受商业利益驱动的、粗制滥造的"伪民俗"服饰的暗流。例如在侗族地区建立的"民族村""民俗村"之类意在招徕游客的新型"人造景观"，往往都会在仅仅经历过昙花一现般短暂的繁华热闹后，便陷入难以收回开发成本的乏人问津的尴尬境地。这种"伪民俗"注重的只是外表，大多只在感性的器物的层面上下功夫，缺乏对民俗文化、服饰文化的真正兴趣，如穿着盛装进行民间舞蹈、庆典演绎的当代人，对这些民俗既缺乏心灵上的认同，也缺乏情感上的共鸣，很大程度上只不过是为了展示给其他人看的，是为经济工作等中心工作服务的。这些无一例外以赚钱盈利为主要目的、并以虚假与肤浅为其特征的"伪民俗"和"伪文化"，不仅极大地糟践和破坏了当地自然淳厚的民风，而且还往往引起了外地游客的误解乃至不满，对于传统服饰文化的保护和传承十分不利。

再如，有学者指出在黔东南发展旅游业的苗族地区，伪传统服饰泛滥。随着现代旅游业的不断发展，苗族传统服饰文化也成了一种旅游资源。旅游业增加了苗族人民经济收入，同时也为苗族传统服饰的存在创造了一个平台，实现了苗族传统妇女服饰的现代价值。但是，在过度的利益驱使下，催生了一种新的苗族传统服饰即旅游伪服饰。旅游伪服饰是一种有民族特征、无民族文化的以获取利益为目的而形成的一种服装形式。这种服装形式的社会功能已经发生了大大的改变，不再是苗族人民物质文化与精神文化的载体，其目的仅是为了吸引游客的兴趣，以获取商业利益。旅游伪服装的泛滥模糊了苗族传统服饰的文化内涵，损害了服饰记忆历史的社会功能。

（三）市场经济下的生产性保护与传承

生产性保护包括服饰文化遗产的开发和创新，包括服装可视元素、技艺等的设计运用，纺织品的图案和色彩的设计与运用，装饰艺术品开发与运用，文化产业开发与配套运用等。然而，现实中这种生产性保护与传承的实践效果也并不理想。

以云南少数民族传统服饰产业化道路为例。它开始于20世纪80年代，丰富的民族服饰文化资源，在当时被当作一个极具市场潜力的开发热点，激起了许多商家的高度热情。在如何把民族服饰转化为经济效益方面，开发者们曾为此进行了一系列的实践与探索。早期进入民族服饰开发行业的国营、集体、个人企业，已清醒地认识到只有"传统与现代"结合的产品，才可能在现实生活中占领市场。以民族服饰风格为设计元素开发出的产品，因为保存了传统的工艺，又迎合了现代人的审美情趣，在初始的几年内，销路一直看好。20世纪90年代开始，国有企业陷入困境，云南最早开办的几家国营民族服饰企业也难以摆脱体制僵化、负担过重和管理不善的困扰，最终停业倒闭。集体及个体企业的竞争日趋激烈，大量价格低廉的仿制品充斥市场，迫使企业降低成本，产品质量流于粗糙，继而失去民间工艺特色。少数经营有道的私营企业，尚能保存民族风格特色，近年来获得了民众的认可和支持，却因规模小、资金少、产品单一，无法引领市场导向。轰轰烈烈的民族服饰开发形式转入了零星、小型的特点。

就在城镇民族服饰企业发展徘徊不前的时候，云南少数民族地区却涌现出一批本土的集体或个体经营者。这些新兴的民族商人经营小型的家庭手工作坊，生产半机械化的新材料的民族服饰。这种新型服饰基本保持传统服饰的外形特征，具有轻便、耐磨、价廉的实用特点，也较适于农村较低的消费水平。本土的民族服饰市场出现归于两个方面的原因：一是当地的少数民族突破了自然经济的生产方式，因为具备一定的购买能力不愿再沿袭自给自足的穿衣形式。改制后的民族服饰价格低廉，可与进入本地的工业成衣形成竞争。二是云南的发展以强调"民族"为基调，使民族的自我意识在各地区出现强化的趋势，敏感的商人便发掘了改装服饰的巨大市场。出现在文山、红河两大苗族聚居区的苗装贸易街，已成为当地新增的一道人文景观，这些苗装出自本地的私人手工作坊，买者和卖者大多数皆为苗族妇女。我们还可以在一些傣族、瑶族地区看到同样的场景，传统的首饰由仿银质取代了银质也可以在市场上买到，就连从前要耗费多年心血的嫁衣，也有人愿意购买经过简化了的仿制品。与非本土的服装企业相比，这些民族地区的手工作坊显得较为粗陋，投资者和经营者皆为本民族商人，生产、设计、销售的随意性较大，最重要的一点是：这种改装服饰作为商品仅仅只在本民族内部流通，缺乏跨地域的竞争能力，这里也反映出传统工艺与市场需求间的矛盾问题。由此，40年过去了，云南少数民族服饰的发展至今并未走上产业化的道路，以开发为主的企业经营形式，并未使民族服饰的发展走上产业化道路，而本土的民族服饰流通市场的兴起，却加快了传统工艺的消亡。

（四）以博物馆、民俗馆、文化馆、群艺馆为代表的本真性保护与传承

目前，对少数民族传统服饰主要的保护和传承形式是以博物馆、民俗馆、文化馆等为代表的本真性保护与传承。但是因为理念和经费投入等问题，少数民族传统服饰资源损毁、消亡、流失状况极为严重。由于少数民族地区一般都是边远贫困地区，经济基础薄弱，财政资金困难，再加上人们缺乏经济与文化协调发展理念，只重视

自然资源开发，忽视文化资源的保护利用，对开发保护民族服饰文化工作认识还不是很到位，在抓经济建设时忽视了这方面的工作，投入开发保护经费没有一定的合理比例，缤纷浩瀚的少数民族服饰文化资源大多分散存留或流传于民间，传统服饰文化的代表性资料难以得到妥善保护，大批有历史、文化价值的珍贵实物与资料遭到毁弃或流失，甚至消亡。近年来，一些国家和地区的有关机构和个人，通过各种渠道私下收购、倒卖民间服饰珍品，使这些资源大量流失，目前世界上最好的旗袍服饰博物馆居然是在加拿大（阿尔伯特博物馆）就是典型例证。又据《新民晚报》2000年1月17日载文说仡佬族仅存的一套民族服装被法国买走了，将来人们要到法国博物馆才能看到。

四、可以借鉴的案例

（一）内蒙古自治区标准化院"蒙古族服饰"研究

用标准化技术保护传承少数民族服饰文化。内蒙古自治区标准化院开拓性地把标准化技术应用于少数民族文化保护上。该院专门组织包括技术骨干和自治区内专家的研究团队，按照标准制定的规律和方法，借鉴和利用内蒙古"蒙古族服饰"研究成果，深入各旗县博物馆、民俗馆，对内蒙古自治区蒙古族服饰艺术传承人进行了面对面的专访，同时进行了大量调研、发掘、收集，确认服饰标样，采录各种蒙古族服饰信息，拍摄大量的照片，对28个蒙古族部落的服饰进行了全面的确认整理。后经过专家、学者的多次讨论和严格审定，《蒙古族服饰》内蒙古自治区地方标准出台，并于2012年8月1日实施。《蒙古族服饰》自治区地方标准共收录56套蒙古族服饰实物标准样品，有彩色效果图、款式图和裁剪图，并以蒙古语、汉语两种版本发行。该标准为内蒙古自治区规范蒙古族传统服饰的制作和使用提供了科学、权威的依据，为民族优秀传统服饰文化的保存、保护、传承、教学、科研及创新发展开辟了新的途径，建立了新的平台。内蒙古自治区标准化院已免费为蒙古族服饰艺术传承人、传统蒙古族服饰制作企业、高等院校提供《蒙古族服饰》自治区地方标准200多份，成为蒙古族服饰生产、流通、使用等方面的准则和依据。

2012年，内蒙古自治区标准化院借鉴《蒙古族服饰》自治区地方标准的科学方法，着手"三少"民族服饰标准研究，制定了"达斡尔民族服饰""鄂伦春民族服饰""鄂温克民族服饰"内蒙古自治区地方标准，并已于2013年9月25日发布实施。

（二）民间服饰传习馆

江南大学"民间服饰传习馆"融"收藏、展示、研究、教学"于一体，在汉族民间服饰文化遗产的抢救、保护和传承创新工作中作出了一定的贡献。共计收集清末民国时期以来的民间服饰 2100 余件（套）及与之相适应的制作工具，考察地域有江苏、山西、安徽、江西、山东、河南、福建、辽宁、陕西等汉族特色文化圈层地区，共计 10 省 35 个县市，涉及有袄、裤、眉勒、裙、鞋、蓑衣、云肩、披风、各种首饰等 20 多个品种，为研究汉族各文化圈层的人类生活习俗、文化的变迁以及发展规律提供了强有力的实证依据。同时，通过十余年积累，成功沟通了一大批愿意奉献的掌握民间服饰技艺与民俗文化的传人，为该研究奠定了独一无二的基础。

（三）传统与现代融合的唐装与旗袍

少数民族传统服饰中对现代影响最大的是中国满族的服装。清朝以来，男子以剃发梳辫、长袍马褂的满族服饰为基本装束，满族女子着旗装，汉族女子装束沿袭明代，出现满汉服饰融合的民族服装的经典——旗袍。在 2001 年的上海 APEC 会议上，中国作为东道主请前来参会的亚洲及太平洋经济体的领导人穿"唐装"，并由之而掀起祥和喜庆的"唐装"新潮，这不仅是传统与现代的融合，而且是流行规律的必然，更是中国在国际大家庭中地位与风度的体现。唐装的源起时间离人们很近，因此比较容易重新融入人们的生活。比如说穿着唐装上衣，还可配以西裤、皮鞋，外面能罩风衣，里面衬高领衫，这种特质是唐装风云再起的文化层面以外的实用因素，但这个因素在流行中同样不可或缺。满族的旗袍以长袍为主体，采用圆领、右掩襟，但是不开衩，其式样宽大平直，衣长到脚，选用的衣料都是绣花红缎，在旗袍的领、襟、袖的边沿部位都用宽图案镶边。20 世纪 20 年代初，旗袍逐渐普及到满汉两族女子，袖口窄小，边缘渐窄。20 世纪 20 年代末由于受外来文化的影响，长度缩短，腰身收紧，至此形成了富有中国特色的改良旗袍。后来经过巩俐连续穿着几件旗袍式的礼服出席国际影展，以及张曼玉在《花样年华》中身穿旗袍的精彩演出，旗袍在国际上掀起东方风潮来，如今，谈到东方服饰，旗袍无疑成为最具东方神韵的首选。

（四）王一扬与 UCZUG（素然）

UCZUG 是上海新锐设计师王一扬在 2002 年创立的个人品牌，品牌定位由早先的个人设计师品牌逐渐转型为更多元化的本土设计品牌。有人把王一扬称作中国的三宅一生，这位吉林省的设计师，早在 20 世纪 90 年代初到上海学习时装设计时，就想要设计拥有中国印记的服装。王一扬本人也凭借独特的设计在 2012 年获得《华尔街日报》

中文版"2012 年中国创新人物奖"。中国很多时尚评论人士认为，早在 GAP 和 H&M（Hennes&Mauritz）进入中国之前，素然便已开创出了一种可持续发展的经营模式，并用各类藏族印花帽衫、中国生肖图案围巾和毛衣来表达一个时代以及与西方不同的文化。

现代都市文化引导着消费者有一种"求新""求变"的时尚诉求，这给传统服饰文化的保护与传承提出了新的命题。传统的传承并非僵死的，而是活态的、流动的，只有对传统文化进行全面的分析与提炼，寻找与社会需求的契合点，才能透过文化的表层深入内心，将中国文化的精髓用更加现代的方式进行演绎，从而延续下去。如今在国际政治、经济和文化交流的舞台上，中国人在展示充满民族文化的时装，例如 APEC 会议上的唐装、电影节上中国演员的着装、旗袍成为礼仪服装等。只有民族的才是世界的，只有在中国五千年传统文化的根基之上，才能在世界时尚舞台上展示东方文化的个性与魅力。

第三节　城市化进程与传统饮食文化

饮食文化是物质文化中的重要组成部分。俗话说，"民以食为天""人生大事，吃穿二字"，足见"吃"在人们生活中的重要性。我国由于地域广阔，加上气候、物产、历史条件、风俗习惯、民族宗教等因素的影响，形成了不同的饮食文化，体现出地域性和民族性的特点。当前，我国正处于城市化加速发展期，城市化不仅是社会转变的过程，同时也是文化转变的过程。那么在城市化的进程中，我国传统饮食文化受到哪些影响？当前保护与发展的状况如何？这是本节要探讨的问题。

一、城市化对中国传统饮食文化的影响

城市化对于中国传统饮食文化的保护和发展同样也是一把"双刃剑"。从积极的方面讲，城市化有利于传统饮食文化的传播、交流与创新；但另一方面，它也可能影响传统饮食文化特色和特点的延续，以下具体阐述。

第一，城市化的一个重要特征是人员流动与物资流通的日趋频繁，随着城市规模扩大，人口异质性的增加，对饮食也提出了多样化的需求，这无疑对地方传统饮食的传播具有积极的作用。例如，以前我们想吃家乡菜只能靠回乡来满足，现在身在大都市，任何地方特色菜都能找到与之对应的餐馆。但同时我们也会看到，城市外来人口的迁入也促进了本地文化与外地文化的冲撞与融合，在饮食文化上也是如此。餐馆为

了吸引更多口味不同的客源，从而模糊了原有的特色，许多传统菜系在与其他菜系汇聚与交流过程中，逐渐趋于适合南北口味，川菜和湘菜的辣度降低即是一个典型的例子，于是我们时常也会听到食客的抱怨，诸如某个风味的餐馆"不地道"之类的说法。

第二，城市化也是一个由农业为主向工业和服务业为主的产业结构转换的过程，产业结构的调整对传统饮食文化的影响是多方位的。随着越来越多的工业园区的建设，用来生长各种作物的土地面积减少，同时从事农业的人口也大幅度下降，人们越来越倾向于种植和养殖商业化程度高的品种，这在很大程度上降低了食材的多样性。同时，建立在现代工业、农业和交通运输业基础上的现代食品工业的出现，也改变了传统饮食的结构和技术条件。但如若现代食品工业对传统饮食文化进行清理，汲取其积极合理成分，也是对传统饮食文化的一种推广。例如为了培养现代食品工业的人才，有关大专院校在专业设置和课程设置上开设了有关传统饮食文化的课程，使传统饮食文化的精髓部分可以在现代食品工业中得到继承和发扬。

此外，旅游业作为一个新兴产业，已成为许多地方国民经济的支柱产业之一。在经济发展相对落后的许多民族地区，都试图通过发展旅游事业来壮大地方经济，增加群众收入，改善人民生活。旅游业发展所带来的一个重要结果是餐饮业异军突起，快速增长的餐饮业与各地重视发掘传统饮食文化是密不可分的，从这个意义上说，旅游业促进了传统饮食文化的传承与发展。

第三，工业化和城市化的进程改变了人们的生活节奏，从而也改变了人们的饮食方式。随着人们生活节奏的加快，方便而快捷的食品为人们所追寻，复杂、费时的烹饪方法已无法满足人们的需求，这无疑对传统饮食文化是一种冲击。但是，工业化生产的食品又常常出现安全问题，生活在都市中的人们被无所不在的快餐垃圾食品包围，被迫天天吃进各种可疑乃至有毒食品，这在心理层面上又使得他们渴望回归传统饮食。另外，随着人们生活水平的提高，人们普遍把目光投向了康体益寿，而我们的祖先很早就以"天人合一""阴阳平衡"等学说为依据，注重膳食模式在人们生活中的重要地位，以及饮食与人体的密切联系。传统饮食文化中的科学观和保健观，在当前康体益寿的需求下可以得到发扬。

第四，伴随着城市化的进程，无论是大量的农村青年往城市转移，还是城市向农村的扩展，城市文明的一些价值观念，如行为的理性原则、科学精神、法治意识、环保意识等日趋普及，这些都对传统饮食观念和饮食行为产生了影响。比如，相对于传统饮食文化中的炫耀性消费，现在很多人在饮食消费上比较理性，在饭店就餐后剩下的饭菜能打包则打包。在饮食结构上，人们也更加强调科学的营养搭配。此外，公众的法治意识和环保意识增强，逐步认识到环境和生物保护与自己休戚相关，与子孙后代的平安幸福相关，从而自觉地抵制和反对破坏环境、破坏生物多样性以及野蛮加工、进食等不良现象。

第五，伴随着城市化和全球化，西方餐饮文化对中国传统饮食观念、食材的选取、烹饪方法、饮食习惯等也产生了一定的影响。相较于中国饮食追求的味觉享受，西餐饮食则更加理性与科学，大多数西方人都是将食物的营养放在第一位，每天摄取的蛋白质、维生素、热量是否足够是他们进食的考虑重点，中国传统饮食中各种营养损失过多、烹饪时间过长的菜式将逐步被社会淘汰。在食材上，西餐用料精、加工细，食材使用也更专业，例如，肉类的取料都是按照部位分档进行的，目前在中餐中也大量借鉴了西餐原料。在烹饪方法上，西餐更为简单，更注重体现食材原味，较为简捷、朴实，其主要的烹饪方法有铁板、烧、烩、扒、煮、烟熏、煎炸等。在快速、方便的西餐烹饪技法的影响下，中餐也开始对烹饪技法加以改良、创新，通过应用西餐烹饪技法，开发出了一系列"西菜中做"的菜式。西餐的分餐制对中餐也产生了较大影响。中国人的就餐习惯一般都是围坐在一起，共同分享餐桌上的所有食物，有时为表示尊重，还会相互夹菜。而西方人则使用分餐制，每人一份，各自吃自己的食物。中国人逐渐改变了传统的"围餐"饮食习惯与心理，分餐制更加卫生，能有效避免一些疾病的传染，于人们的身体健康有益，同时还能克服中餐中铺张浪费、讲排场的缺点。随着人们健康意识的不断增强，近年来，不少的中国家庭都开始使用公筷。在很多的餐厅中，也开始推行"公筷食法"。

全球化对传统饮食文化的保护与传承也有积极的影响。例如，随着中韩两国正式建交，两国之间的经济文化交流日益频繁，韩国饮食文化不断传入中国，使很多濒临灭绝的朝鲜族饮食文化得以复生，一些朝鲜族饮食开始寻根走向正宗，复苏传统饮食文化的内涵。再如，随着越来越多的中国人走出国门，在世界各地只要有中国人聚集的地方，中国餐馆便也随之落地开花，如今中华美食在世界享有盛名。

二、传统饮食文化的保护与发展状况

（一）城市中的传统饮食——中华老字号

老字号是指"经营者在长期的市场竞争中以其商品的独特性、优质性和信誉的可靠性而确立的，区别其他经营者及其商品的称谓。简言之，老字号指的是历史悠久的商品品牌或商店招牌"，老字号蕴含着浓郁的民族文化和企业的发展历史，是弥足珍贵的民族文化遗产，一座城市之所以有它的个性，不仅仅是因为它拥有独特的山川地理形势，更重要的是它拥有这些独特的文化标识。老字号见证着城市的兴衰，在悠长的岁月中，这些老字号给城市积累了一笔宝贵的财富，它们已成为城市的一张张名片。

据不完全统计，中华老字号中有超过 1/3 是经营饮食的。饮食行业老字号的文化内涵更多的是通过非物质文化遗产的形式加以肯定。已经有许多老字号的制作工艺入选非物质文化遗产目录。如全聚德挂炉烤鸭、东来顺饮食文化、牛栏山二锅头、狗不理、广式月饼、六必居酱菜等。其中北京老字号六必居，其酱菜早在明清时期就十分热销，并且成为皇家御用佐餐的佳品，而大小官员的宴席、百姓庶民的饭桌，更是少不了六必居的酱黄瓜、甜辣萝卜干等甜酱小菜。

如今，随着城市现代化进程的加速和市场经济的冲击，许多地方的老字号经营萎缩，境地困顿。主要原因有三个。

一是现在的人们更重视食品的营养，对食品的口味要求也倾向于多样化，这就使得老字号的顾客不断地流失，并且难以吸引年轻一代的顾客，从而造成老字号顾客群体老龄化的局面。来老字号的食客一般有两种：一种是为怀旧而来，这些顾客多是老人；另一种是慕名而来，一般是初次到这个地方的人或一些观光的游客。而天津的狗不理包子因为过高的价格和口味上优势的丧失，连本土的老年人顾客也丧失掉，其消费群体多数是那些慕历史品牌之名而来的初来乍到者，而这些人品尝过之后多数不会再想品尝第二次。因此，尽管其在经营方式上学习麦当劳、肯德基，开了一些便利连锁店，但是食客寥寥。要想吸引和留住顾客，必须以满足顾客口味为导向，对产品及其价格作出调整。

二是随着人们生活节奏的不断加快，消费观念的不断更新，饮食方式也随之变化，人们更追求快捷、方便的饮食。一些有眼光的商家抓住这个有利时机，开发各种方便食品，以迎合人们食品消费结构变化的要求，而一些老字号在开发方便食品方面则明显落后，需要在创新能力方面有所提高，从而开发出被广大消费者认可的方便食品。方便食品不仅适应现代消费结构的变化要求，它还能突破地域限制，扩大老字号的影响力，可谓是一举多得。一些老字号的实践也证明了老字号利用品牌优势开发方便食品，是培育新的经济增长点的成功之路。

三是老字号普遍存在服务品质差的问题，这也是造成本土老字号竞争不过西式快餐的主要原因。在现代社会，消费者追求更舒适、更自由的生活，人们在消费过程中更注重服务，而产品只不过是服务的一个载体。人们希望通过服务来实现对人性的重视，并满足心理需求。因此，服务成为人们消费的核心，良好的服务才是为顾客创造真正价值的手段。"海底捞"成功的秘诀是其高品质的服务，走进麦当劳或肯德基，无论是就餐环境还是服务态度，都让顾客感觉很舒适、很自在。而我们的老字号与之形成鲜明的对比，服务人员素质不高，服务态度差，这与消费者的生活追求背道而驰。

总体而言，尽管也有一些老字号企业发展成绩骄人，如全聚德已成功上市，但很多老字号的发展陷入困境，呈现衰落趋势。因此，对老字号的保护与开发，是亟须解决的事情。

（二）旅游业中的传统饮食文化保护与发展

旅游中的"食"是游客在旅游地追寻的重要内容之一，特别的饮食消费在旅游经历中具有不可替代的地位，品尝传统食物也是游客认识旅游地地方文化与民族文化的一个重要方式。现今在国内所有的旅游景点中，无一不在彰显有地方特色与民族特色的食物。因此，不管是开发城市游、乡村游还是民族风情游，这些项目对于传统饮食的保护和发展都提供了契机，但同时我们也应该看到存在着的问题。

首先，尽管传统饮食文化资源在旅游中得到认识和开发，但在饮食文化的参与性方面开发得不够。目前，已有的饮食文化资源的旅游开发基本上以品尝佳肴的基础层次为主，往往忽视了饮食资源的文化内涵，并没有看到旅游者对于饮食文化的精神需求，更谈不上参与性了。饮食文化不仅包含传统食品本身，还包括餐饮器具、饮食习俗和饮食礼仪，目前在饮食习俗和饮食礼仪方面还比较欠缺。如对开展"农家乐"旅游的当地农户来说，"吃农家饭"就是给游客烧制当地特色的菜肴，然后上桌任由游客一吃了事。远道而来的游客只不过是换了一个就餐环境，吃到了风味不同的食物而已。

目前，许多地方在民族传统文化资源参与旅游业开发的过程中，旅游业获得发展的同时也是民族传统文化的消失和变异的过程，旅游者所带来的主流强势文化观念、价值观念是造成这一问题的最主要因素。如果在民族传统饮食文化的开发中，不仅让旅游者品尝到该民族美味的传统饮食，还可以让他们参与食品的制作过程，按照民族传统的饮食礼仪和习俗就餐，向他们讲解其中蕴含的意义，就会使旅游者在饮食中觉得自己就是一个"当地人"，亲身参与其中，从而获得完美的生活体验。如此一来，作为参与者的旅游者所做的是如何使自己更像是一个生活在此时此地此文化中的一员，这样就会把旅游者对旅游地文化的影响减少到最小限度。因此，从纯粹的"客位"参观旅游向"主位"参与性旅游转变将是解决民族传统文化消失和变异这一问题的一个有效途径。

其次，我们也应该看到，与其他传统文化开发中所出现的问题相同，在传统饮食文化的开发上也有这样一种倾向：随着对其商业价值的看好，越来越多的商家涌向此领域，纷纷打出弘扬传统饮食文化的招牌，一拥而上，其结果是鱼龙混杂，败坏了名声。以敦煌饮食文化开发为例，目前，一些商家看到"敦煌饮食"巨大的吸引力和市场前景，不进行艰苦细致的研究开发便匆匆打出"敦煌"的旗号，随便戴一顶"敦煌"的帽子，餐厅里贴几张临摹的敦煌壁画，胡乱起一些相关的名称，就称其为"敦煌饮食文化"，甚至大言不惭地标榜"填补了敦煌学的空白"。

最后，还有一些旅游地对传统饮食文化的挖掘不够重视。例如，在四川泸沽湖旅游地区，作为旅游接待的饮食缺乏传统特色食品，大多是现代馔肴，像牛头饭、苏里玛酒、咣当酒、酸鱼、烤鱼干、泡梨、花花糖、花纹粑和"呷尼"等特色食品，都没有见到。旅游宾馆中的一日三餐是请汉族厨师做的内地菜饭，大大降低了游客的兴趣与食欲。而且，在整个旅游地中，除了有几家特色餐饮店外（专卖烧烤鱼干），很少有系列展示摩梭饮食的场所。究其原因，一是旅游相关部门对展示、宣传、创新民族传统饮食文化认识不够，只考虑划船、歌舞等项目，服务内容单调；二是其特色产品来源较少，且有季节时令之限，存在供需矛盾，从而制约了本地旅游饮食的发展。传统饮食文化及其产品主要是以传统手工艺（特别是个人的技艺）为主要生产手段，这一方面表现出了传统饮食文化及其产品的特殊魅力；但另一方面，在推向市场时，必然存在着如何保证产品质量、规模和效益的问题。因此，进一步提高质量，创新技术，这是推广传统饮食文化及其产品亟须要做到的事情。

（三）以纪录片、美食节目的方式弘扬传统饮食文化

纪录片的方式不失为一种保存和弘扬民间传统饮食文化的有效途径。典型的成功案例是 2012 年首播的《舌尖上的中国》，它是中国中央电视台播出的美食类纪录片，主题围绕中国人对美食和生活的美好追求，用具体人物故事串联起各地、各民族、各习俗造就的中国特有的饮食习惯和文化。该纪录片播出后引起了很大的反响，对中华各地民间传统美食的传播起到了一定的作用。

以陕西的"黄馍馍"为例，在 2012 年 5 月 17 日央视播出的纪录片《舌尖上的中国》中，制作黄馍馍的陕北老汉黄国盛向观众展示了绥德县的地方名吃"黄馍馍"的制作过程。之后，黄国盛夫妇与西贝餐饮企业正式签约，成为该企业"黄馍馍"的形象代言人。黄国盛作为该企业的技术指导，传授"黄馍馍"的制作工艺，在该企业北京、上海、广州、深圳等地的分店进行技术指导。黄国盛的"独家秘方"制作出来的"黄馍馍"，于 2012 年 8 月在该企业全国的所有店面开卖，售价每个 3 元，至此，陕西的黄馍馍由绥德县走向了全国各大城市。笔者在位于天津南开大学西门附近的一家"西贝"餐馆进餐时，总会看到主食的橱窗口摆着金灿灿、热气腾腾的黄馍馍，而在点主食时服务员也总不忘记指着菜谱上的图片向笔者推荐"这是《舌尖上的中国》中的黄馍馍"。

《舌尖上的中国》第二季于 2014 年 4 月 18 日在央视开始播出，播出后同样受到美誉和好评。这部美食纪录片的热播，带动了观众对其他美食类节目的关注。目前，各大卫视上播出的美食类节目，就有《爽食行天下》《闻香识男人》《时尚美食》《妈妈的味道》等近十档之多。但是，相比于《舌尖上的中国》所受到的美誉和好评，这些同样主打味觉元素的电视节目，却总是难以讨好观众。综合来看现有的一些美食节目，

节目形态非常雷同，大致可以分成三类：一是"搞馆子"，主打旅游美食，寻找当地的小馆子；二是"进厨房"，展示烹饪妙门；三是主打美食类综艺，让选手进行美食大比拼、过关卡。这些美食节目目前的一大通病是偏重于娱乐和服务，总是在做表面文章，缺少深度挖掘，很少有人关心食物背后的东西。

传统饮食提供的不仅是营养，传达的不仅是味道，更蕴含了与人情、时令相关的特殊意义，甚至被寄寓某种信仰。《舌尖上的中国》给我们呈现的正是这些，这是它打动观众的地方。但是伴随着工业化和城市化的浪潮，年轻一代进入城市，乡土食物的传承也在遭受冲击，许多传统的饮食制作工艺日渐失传，这个问题在加速的城市化面前尤其突出，正如有人评论《舌尖上的中国》所说："饮食是简单的，讲究的是附在上面的一颗深心。只是，想着，念着，却未必奉行，我们被拴在高速运转的时代之轮上，惦记着生活最朴素的质地，却照旧身不由己向着奢靡狂奔。《舌尖上的中国》真正的主角，是沦陷的故乡、沦丧的乡愁，以及正在沦亡的旧式生活。"

三、批判性地保护与发展中国传统饮食文化

我国传统饮食文化优秀部分固然价值很高，但是也存在着一些不值得提倡的因素。对于中国传统饮食文化，我们在保护与发展的同时也要有所扬弃，对于那些随着时代的发展已经被认识到是消极的、不科学、不环保、不文明的成分要进行批判。

（1）"吃"的生命意向。中国人将吃视作头等大事，"民以食为天"这一古老谚语就充分说明了中国人对"吃"的重视程度。"吃"不仅是维持生命的需要，而且"吃"本身还是一种"艺术"，具有审美情趣，是一种人生享受。传统文化中这种对饮食生活的特殊嗜好，有把人的生命意向导向"身体化"的作用，这与西方某些人的饮食观大相径庭，后者倾向于把"吃"视为机器加燃料，以便更好地运转从而实现自我的理想，"吃"在这里更多地表现为维持肉体的存在，以便使灵魂"自由"。而某些中国人往往把"吃"视为一种人生目的，"吃"已经不再是一种"手段"，而变成了"目的"。

（2）营养问题。人们对美味的极致追求丰富、提高了中国饮食的烹饪技术，但由于我们过分地追求味觉享受，使得食物本身的营养价值被忽略。中餐烹饪中的煎、炸、炖的方式很大程度上破坏了食材的营养成分，在加工过程中，就已将食物的营养成分破坏殆尽。因而在中国传统饮食文化中，食物的营养问题是最大的弱点。

（3）合餐问题。我们今天的共食合餐制虽是我们传统的就餐方式，但至今只有一千多年的历史。在宋代以前，中华民族的进食方式始终是共食分餐制。这种方式起源于原始社会的生产力水平和生活方式，共同劳动，共同分享劳动成果。"席地而坐"，

每人一份就是当时的就餐方式。到了西晋时期"胡床"输入中原地区，改变了人们"席地而坐"的习惯，因而产生了与之相适应的、腿比较高的食案。到了宋代，现代式的座椅已初见雏形，资本主义萌芽的出现使人们的交往越来越频繁，而共同就餐无疑是增进人们情感的重要方式之一。于是人们的就餐方式逐渐由原来的分餐制转变为合餐制。如果说合餐制是当时人们出于自身物质和精神的需要而创造的，是在特定条件下进行的一种最佳的选择，那么，当前一些传染性疾病发生之际，人们便深刻认识到这种合餐制已经构成了对公众安全的威胁，对自己生命的挑战。所以，合餐制已经不是现代人就餐方式的最佳选择。我们今天提倡分餐制，并非是放弃传统，在某种意义上说是继承了我国饮食文化中能适应当今社会需要的部分，是一种弘扬。

（4）饮食中的炫耀性消费问题。历代统治阶级在饮食奢靡上，既是开风气者，又是积极的推行者。另外，我国有一些地区的人们，几乎无所不吃，"吃"除了满足人们探索未知的好奇心以外，还能满足人们的虚荣心。追求时尚和炫耀性的消费是我们中国人传统消费观念的一部分，吃别人不曾吃过的东西、珍稀罕见的东西，是大可以在别人面前引以为荣的事。所以，猎奇求特便成了我们中国人追求美味的普遍心理。

（5）野生动植物资源的保护问题。中国传统饮食文化食材取用十分广泛，历来重视山珍海味的加工，如满汉全席中的山、海、禽、草"四八珍"。此外，我国很多地区都有食用多种野生动植物的习惯，尤其是近年来，传媒对天然食品的宣传，对在农牧业生产中使用化肥、农药、生长素等对人体可能的危害，使人们越来越倾向于野生动植物，这无疑对于生态环境的保护、生物多样性的维持是不利的。维持生态圈的平衡和生物的多样性是我们人类维系生存的根基。目前，我国的生态环境已经对我们的生存环境构成了威胁，要解除这种生态危机，远不只是科学技术的问题，也不只是制定法律法规的问题，同时还涉及我们最根本的生活方式和生存哲学的问题。"吃什么，怎样去攫取，怎样吃"构成了人类今天生活方式和生存哲学的核心。

此外，中国传统饮食文化中还存在着一些不人道的做法，如残酷的加工方式（如采用活烤、活烫、活断、活取、活剐等方法进行取料加工）、"活食"等野蛮的进食方式。一些不够合理、健康的习俗也需要改革，如一些地区敬酒必须喝干的礼俗，对那些不胜酒力的人的确勉为其难；一些地区男女不同席的礼俗、妇女不上正席的习俗，反映了封建男尊女卑的思想残余。

总而言之，我们对于中国传统饮食文化的保护与发展要有所"扬弃"，即"去其糟粕，取其精华"，这样才能使中国饮食文化真正健康地与世界接轨，走向全球。

第四节　城市化进程与传统器具文化

传统器具涵盖范围很广，指工业化生产之前人们在长期的生产实践和生活实践中创造的大量生产工具和生活用具。参照《中国传统器具设计研究》（卷二）中的分类表来分类，传统器具可分为生产器具和生活器具。其中生产器具又可分为农耕器具、工作器具、运输工具、纺织器具、计量器具和军事器具；生活器具又可分为饮食器具、居所器具、交通器具、携配器具、文化器具、陈设器具和生活杂具。从时间上看，中国传统器具是对过去的一种承载，是历史的元素，使得历史以有形的物质载体得到延续、保留。中国传统器具形成于各个人类发展的阶段之中，反映了一定时期的人类文明，是特定时间里人类生产生活的产物，记录了民族的历史，直观地反映了各个年代的生态、经济、社会风俗、文化、艺术等，它们是人类智慧的结晶，是一种客观表现。然而，伴随着工业化和城市化的进程，除了那些被保存在各种类型的博物馆中的传统器具和少量传承下来的之外，许多传统器具迅速地退出了历史舞台。本节内容探讨城市化背景下传统器具的存在状态，以及传统器具得以传承的形式。

一、城市化进程对传统器具保护的影响

进入 21 世纪，我国城市化进程的快速发展对传统器具的保护造成很大的影响。

第一，伴随城市人口迅速增长，城市面积不断扩大，城市面貌日新月异，这给历史文化遗产保护带来了相当大的负面影响，城市建设与文物保护的矛盾日益凸显。近年来在不少大中城市屡次出现文化遗产遭受的保护性破坏、建设性破坏、毁灭性破坏等重大恶性事件，一些传统器具也难逃厄运，这不仅受到了文博界的强烈反对，更引起了广大社会公众的一致愤慨。

另外，人口在急剧增加的同时也极大地促进了城市博物馆事业的发展，这对传统器具的保护和传承起着积极的作用。近年以地级市为中心的城市博物馆建设出现了一次新的高潮，尤其是各种各样的专题博物馆（包括民办博物馆）犹如雨后春笋。同时，国有博物馆实施了免费开放，被纳入了公共文化服务体系，其发展目的是为公众服务，为满足人民群众日益增长的文化享受的需要。尽管如此，但我们应该看到全国地级城市的博物馆发展还是不平衡，就是在一个以地级市为中心的行政区域内，由于经济发展水平与文化资源不平衡性的客观存在，一个区域内的博物馆发展也不平衡。在全国

地级城市中，有的早已建立了城市博物馆或已经建立了数家博物馆，有的城市博物馆正在建设之中，有的至今还没有建立起城市博物馆。这种区域博物馆发展的不平衡性数年甚至在数十年内还难解决，特别是在地级市辖的区县内，博物馆发展不平衡性的矛盾则更加突出。

第二，城市化在产业结构上的体现是工业和第三产业的发展，其中工业化对传统器具的打击是致命的，结果便是很多传统器具功能的丧失。随着工业化产品的更新换代，人们生活水平的提高，许多传统器具渐渐地被新生事物所替代，再加上它的运用范围没有得到进一步的挖掘，没有进一步地提升自身生产技术，很快就被人们所忽略，也就渐渐失去其存在的价值。比较例外的是民间的传统家具，传统家具在现代的生活当中已被很多人士所追捧，不仅仅是看中它的使用价值，更重要的是看中传统家具的艺术与文化价值。另外，传统器具制作工艺的流失也加剧了传统器具消失的速度，受到中国传统思想的影响，许多精湛的传统工艺的制作过程都是保密的，大多只传给自己的徒弟、亲人，甚至是传男不传女，这导致许多优秀的制作工艺到了某个时期就中断，甚至失传。但我们也应该看到，当前国内很多设计院校从理论到实践都在逐渐加大对中国传统文化与现代设计问题的研究，探寻传统器具中所隐含的先进观念与方式，以启迪我们的创新思维，创造出符合现代中国人生活方式的器具，提升我们的生活品质。在今天越来越需要体现民族设计，改"中国制造"为"中国创造"的大背景下，在工业设计与生产中发掘与运用传统器具中的中国传统智慧尤为重要。

第三，城市化也促进了人们价值观念改变，随着城市化水平的不断提高，全民的文化遗产保护意识也在日益增强，同时生态的、环保的、可持续发展的理念也渐渐深入人心，这对于传统器具的保护和传承是有利的。尤其在当前新型城市化的大潮下，无论是地方政府，还是普通民众，都开始认识到历史遗产对一个城市的重要性，认识到对于历史文化碎片要充分加以利用和保护，让城市的文化基因延续下去。同时，生态城市的建设理念也促进了城市中的园林建设，这为传统器具提供了展现的场所。传统器具通常具有一定的历史价值、美学价值、科学技术价值等，例如生产工具的陈列可以让人们直观地了解到某段历史人们的劳作方式，传统生活中使用的陶罐可起到装饰作用，风车、水车的展示可以使人们了解到其中的工作原理。在园林中合理地使用这些传统器具，既可使传统器具的价值得到有效的发挥，又能够增强园林的特色。

第四，城市化带来了人们生活方式的变革，旅游和休闲越来越成为城市人生活方式的重要组成部分，这对传统器具的保护和传承也极具积极意义。人们旅游通常分为自然风光游和人文景观游，其中人文景观游中的人类文化遗址、军事遗址、博物馆、主题公园、园林与建筑、风俗风情游等都可为传统器具保护与传承提供契机。同时人们对娱乐和休闲活动的注重也使得一些传统器具流行起来，例如风筝、秋千、空竹等。

以空竹为例，空竹在中国的历史可以追溯到三国曹植的《空竹赋》。明代初期，空竹已经发展到与今天的形制、玩法完全一致了。古代制作空竹的材料一般就用竹木，但是加工工艺却十分复杂，随着时代的发展，今天人们越来越发现抖空竹是一项老幼皆宜的娱乐健身器具，可玩性极强，它不仅可以锻炼灵敏的协调性，还可以为玩者提供创造性的空间，任何人都可以创造新的玩法。为了满足更多人群的需要，传统的手工艺制作方式已不再适合当今人们的需要，虽然传统制作的空竹更加优良、精致，材料上也更能体现中国文化的味道。但是今天我们看到的更多的是价格低廉的塑料空竹，这种改变符合批量化生产的要求，能够更加广泛快速地普及。通过该案例我们需要思考的是这样一件传统玩具是如何传承至今的，同样是传统玩具的陀螺在今天为什么已经几乎看不到了呢？

二、传统器具的传承与发展

从空竹的例子中可以发现，人在玩空竹的过程中的操作互动——手臂、心、耳、眼等共同参与，从而给身心带来愉快与享受，这些是该器具流传至今的决定因素，生产材料上的改变也是一大影响因素。

因此，中国传统器具要想传承下去，必然要符合现代要求，符合现代人的生活方式。目前有一些传统器具传承了下来，分析其传承的途径主要有以下几种：一是在生活方式的延续中得到传承，二是在传统民俗节日中得到传承，三是园林中对传统器具的再运用，四是传统器具在现代工业设计中的传承。

（一）传统器具在生活方式延续中的传承

传统器具能够传承至今更多的是基于一种文化上的延续。尽管伴随着城市化的进程，大家的生活方式都已经城市化了，但这并不意味着与历史和文化断裂，作为包含着文化认同感的器具仍然在无形中为每一代炎黄子孙传承着中华民族的历史与文化。以我们习以为常的筷子为例，中国人每天吃饭都要用筷子，就是这样一个由两根细木棍组成的饮食器具已流传数千年，一直延续至今。原始社会人们因需借助树枝一类的工具来翻置烹饪中的食物，久而久之，逐渐学会了用两根树枝夹取食物。大约到了汉代筷子开始普遍使用，从设计的角度来讲，大部分筷子的形态是方圆结合，与中国传统文化中的"天圆地方"相吻合。在使用时方端放置可以稳定而不至于滚动，圆端进食时没有明显的棱线，方便夹取。我们可以发现筷子从产生之时至今也没有产生革命性的变化，只是在材质与外观上略有不同，历经几千年能保持不变，这在中国传统器具的传承中也是不多见的。很少有人会去刻意思考筷子包含的中国文化，但正是我们每天拿在手中已成为无意识行为的器具却是民族文化的生动体现。再如泡菜坛是中国的传统饮食器具，至今很多家庭都非常喜欢使用，从古至今，形制基本没有任何改变。这和中国人的饮食习惯有着密切的关系。

这样的例子其实还有很多，都离不开日常的生活方式，或者说与日常生活中的实用性密切相关。以中国传统的炉灶和炕为例，中国北方普遍使用的大炕与炉灶（两者是相连的，可以算作一件器具）在古代很早就有并传承至今，已沿用数千年。该器具最大设计特点是资源的有效合理利用。当把火生上了，可以同时煮饭、烧水、烤食物，而炕也热了，并温暖了整个屋子，把火的热效能提高到极致，这是一种具有显著效能的生活用具。同时炉灶上还描绘着民俗的灶神画像和生活食物的图案，寓意生活的富足，祈求阖家平安，逐步演绎成腊月二十三迎灶王爷的习俗，成了一种固定的传统仪式。这种既提高效能又赋予传统文化的器具，将功能与精神，实用与文化结合得如此贴切，体现了中国人的智慧。至今，北方很多农村仍在使用炉灶和炕，但使用情形并不完全相同。一方面，很多家庭随着农村城市化的改造，原本使用的炉灶和炕被高楼大厦里的煤气灶、空调、暖气所取代。另一方面，也有很多人在继续使用，这里又存在两种情况：一种是家庭条件改善了，便把炉灶和炕的档次也提升了，但大多是在外观上，如给灶台和炕贴上瓷砖，基本结构没变，只是更好看了；另一种是目前我国仍有很多地区在使用传统的炉灶和大炕，可以说炉灶和炕是他们日常生活的重要组成部分。

值得注意的是，假如我们在农村城镇化的过程中认为炉灶和炕是过时了的东西，把它彻底抛弃，或者尽可能地用高科技和新材料来解决问题，那就大错特错了。笔者于2007年赴鄂伦春自治旗调查时发现，政府为猎民新建的生态移民村，房屋是别墅式的，内部取消了火炕，取而代之的是床和暖气片，这对于冬天长达七个月、习惯了火炕和火墙的鄂伦春人来说，无疑是一大挑战。因此，我们应该用现代的意识赋予传统新的价值与意义，而不是一味地为了现代而现代，把传统一味地否定掉。

（二）传统器具在传统民俗节日中的传承

除了作为日常生活方式一部分的传统器具外，一些传统器具在一年一度的传统民俗节日中也得到了传承。目前，从国家意识形态到民众的思想观念，都开始越来越重视传统节日。中国的传统节日目前被列为国家法定假日的有春节、清明节、端午节和中秋节，此外未被列入法定假日的有元宵节、七夕节、重阳节等，民间也都还比较重视。在这些传统节日里，我们通常能够看到那些富含象征意义的传统器具，如春节中的年画、春联，传统歌舞表演中的传统乐器、道具，端午节的龙舟，清明节祭祀祖先用的法器和礼器等。

在传统节日中运用最多的要数元宵节的传统灯具了。元宵节是中国民间的传统节日，在2000多年前的西汉就有记载了。按照中国民间的传统，这天人们要点起彩灯万盏来庆贺。灯笼与神有关，所以也就赋予了许多不同的象征意义。在喧闹的城市中，元宵的庆祝也越来越热闹，它体现了中国民众特有的狂欢精神，传统元宵节所承载的传统习俗的功能已成为日常生活的缓解压力的一个重要节日，人们逐渐意识到它的重要性。随着社会对传统节日的重视，民间集中展示的机会也随之加大，灯会规模也逐渐变大，人们对传统艺术的观赏水平也不断地提高，这就促使设计的不断创新，推动了艺术水平的提升，每年都会举行的元宵灯节孕育出了许多艺术作品。另外，民俗主题突出，形式各异的元宵灯会的开展，也带动了相关行业的发展，如旅游业。

（三）传统器具在园林中的运用

传统器具在园林中的运用主要继承了原始艺术实用与审美共存的特性。伴随着旅游越来越成为都市人的一种生活方式，在风景名胜区、旅游观光园、纪念性公园等园林景观中对传统器具的运用，可以激活本土文化资源，提高城市园林的品质，改善城市面貌，提升城市品位。现代一些设计师已经在园林设计中开始运用传统器具，并把运用的范围界定在风景区、公园、庭园、校园以及其他特色公司企业文化的表达方面上。例如我们可以经常看到屏风在厕所门口的摆放，陶罐与瓷缸在庭院栽植当中的使用，鼎在园林街景中的运用，传统的牌坊在广场入口的设置，石墩在路边的点缀等。

现在人们旅游，往往对境界和故事更加感兴趣，更注重切身的体验，传统生活器具的传统性与生活性的特点，成为多数观赏者所喜欢的亮点、拍照的焦点，对提高游人的生活情趣和丰富地方环境特色起了很重要的作用。如走在王府井大街上，当看到《理发》《单弦》《拉洋车》的雕塑时，就会联想到老北京那个时候的都市生活场景，顿生出一种历史的厚重感。这三件雕塑是以清末民初时期东安市场商贩云集的老照片为原型创作的，雕塑与周边环境融于一体，具有极强的历史感与互动性，是王府井大街上最受欢迎的雕塑。铜雕《拉洋车》落成第一年，游人还得排队才能登上车照相。

目前，传统器具在园林中的运用也存在一定的误区，一种表现是否定过去，缺乏延续。在一些人的眼里，传统器具是过时的，不符合时代潮流的，把它们当作生活中多余的东西，甚至当作生活垃圾处理掉，对于传统器具在园林中的运用往往容易被边缘化、被忽略。其实，在城市化的进程中，往往出现"千城一面"的问题，园林景观也变得千篇一律。如果我们能汲取当地的一些传统元素运用到园林当中，既能传承乡土特色文化，又能体现当地园林景观的特色。

与一味否定传统相反，另外一个误区是传统器具的盲目运用与堆砌。在城市发展的前提下，很多城市开始意识到景观的需要，缺乏文化沉淀的城市开始急于搜寻其自身的文化，甚至自己添加了自身所谓的文化，盗用别人的文化，特别是具有代表性的传统文化，通过传统器具，盲目地在城市当中堆砌，或者在纪念性的公园中大量堆砌，以表现自身城市的文化，最后的景观却是一些传统元素的堆砌，不仅没办法把自身要表达的文化表达出来，反而让欣赏者觉得这是种铺张浪费的表现，降低了自身的内涵。陕西省宝鸡市扶风县城北 10 公里处的法门镇的法门寺，始建于东汉末年恒灵年间，距今约有 1700 年历史，有"关中塔庙始祖"之称，是举国仰望的佛教圣地。2007 年 3 月，陕西省委、省政府作出了"将法门寺文化景区打造为中国佛文化创意产业的典范，构建和谐社会背景下的文化世纪工程，进而发展成 21 世纪世界佛文化中心"的重大决定。结果大体量佛像和大体量宣传设施的加入与原先古朴的法门寺整体布局形成冲突。由此可见，在运用传统器具的时候，要结合场所精神，将之合理地运用到园林中，才能发挥它特殊的作用。

（四）传统器具在现代工业设计中的传承

中国古人的智慧是不言而喻的，几千年的发明设计历史，许多产品的构造原理是令现今的人类都叹为观止的。因此，在充分了解这些产品的产生背景和历史发展的前提下，对其设计的构造原理展开剖析和思考，便可成为灵感的源泉，为当下设计提供更宽广的思路。人们对传统器具研究的对象和范围在认识上常常是那些博物馆里的精品，不过，其实也有很多民间的、无名的器物也包含了相当丰富的设计智慧。一些身边的看似不起眼的或者那些仍然在使用的老物件，如传统农具、老玩具等，其中所反映出来的设计智慧，至今也具有很多的指导意义。例如小时候很多人玩过竹蜻蜓，用双手掌夹住竹柄，快速一搓，双手一松，竹蜻蜓就飞向了天空。小小一片竹子，带给童年无限的快乐和遐想。被誉为"航空之父"的英国人乔治·凯利一辈子都对"竹蜻蜓"着迷。他的第一项航空研究就是在 1796 年仿制和改造了"竹蜻蜓"，并由此悟出螺旋桨的一些工作原理。他的研究推动了飞机研制的进程，并为西方的设计师带来了研制直升机的灵感。

目前，有些从事现代工业设计的研究人员已经看到这一点，开始从历史传统中去寻找灵感，从中国传统器具设计中去汲取智慧启迪现代设计的创新，这无疑是一种研究创新的视角。例如，南京艺术学院工业设计学院开设"中国传统器具设计研究"的课程，目的在于教授学生研究器具的方法，如何从中国传统造物文化中吸取灵感，如何找寻、分析传统器具的智慧点并运用在现代设计中。这种智慧点是多元化的，可以是器物的造型、色彩，也可以是结构、使用原理，还可以是设计文化上的表达与传承。在此基础上，该学院又开展了从中国传统器具设计中提取智慧进行现代创新设计的相关研究，开发了部分设计产品，如根据中国传统的货郎担设计的现代"早餐车"、根据中国传统洞房的床第（拔步床）而设计的"多功能床"、根据中国传统的计算工具算盘设计的"电子拨击乐器"、根据老年人出门辅助工具斑鸠杖而设计的"多功能电子手杖"、根据磁山石磨具而设计的"多功能熨衣棒"、根据我国古代用来熏香衣被等物的香薰球而设计的"滚坡玩具"等，这些都曾获得省级甚至国家级的工业设计奖。这说明对于我们祖先留下的设计文化，现代人只要认真地研究和总结，就能使之成为启迪现代设计的一种创新方法，这是一种有价值的思路。

传统器具蕴含中华文明设计智慧，将其应用到现代产品中，是对传统文明的传承和发展的创新过程，只是从传统器具中获取启迪不应仅局限于结构、原理，或者造型、色彩等，还可以从材料、哲学思想层面对这个再创造过程展开思考。在材料方面，传统器具的材料一般就地取材、因地制宜、因材制作，如竹、木、石、纸、藤等，而现代工业化批量生产方式决定了材料的性质，其中使用最多的就是塑料。虽然后者适用于满足现代生产的需求，但是对地球造成的影响却超过几千年。我们不得不反思这些现代材料从制造、使用到回收这一系列过程中，地球所要付出的代价是什么？在哲学思想层面，中国传统哲学主张"天人合一"，这是一种反对将人类与自然分离，反对仅仅把自然当作人类生活"环境"的思想。这种"万物生死相依"的思想是一种整体的生态观，人和自然是生命的共同体，不能分开。中国传统的这种思想显然是非常有现实意义的，树立"天人合一"的整体生态观念，就是把生态系统的整体利益作为最高价值而不是把人类的利益作为最高价值，把是否有利于维持和保护生态系统的完整、和谐、稳定、平衡和持续存在作为衡量一切事物的根本尺度，作为评判人类生活方式、科技进步、经济增长和社会发展的终极标准。显然这种思想与过去我们十分接受并引以为理念的"设计的目的是为人"相悖的，设计不仅仅是为了人需求和欲望的满足，设计是为了人健康地生存，是为了人与物与自然的高度和谐。换成现代的设计语言正是：以人为本，以自然为本，是人与自然和谐共存的可持续发展设计观。

综上，城市化对人们的影响是多方面的，随着生活环境、审美情趣、民俗心理的改变，虽然现有的传统器具仍然有部分被保留在博物馆，但大部分已被弃置或者被损坏。中国传统器具作为过去人们生产和生活的产物，是经过无数次实践检验的成果，蕴含着宝贵的历史、审美、哲学和科学技术价值，实践证明，我们既可以在保护中运用，也可以在运用中达到保护和传承的效果。如何应对城市化进程对传统器具保护和传承所造成的负面影响并抓住契机合理有效地发掘传统器具的价值，是一项值得研究的重要课题。

城市化是整个人类社会的发展方向，是一个不可逆转的潮流，而对传统物质文化的保护与传承，则是无愧于先人后代、功在千秋的事业，两者之间并非是完全对立的关系，找到两者的平衡点，是所有人的愿景。另外，文化是一个整合的统一体，物质文化与非物质文化并不是截然分开，而是彼此融合在一起的，因此，无论是在观念上，还是政策上、行动上，传统物质文化的保护与发展都要与非物质文化的保护与发展结合起来。

第六章　中华优秀文化的传播策略

文化传播要明确传播的目的、传播者、传播接受者、传播媒介、传播内容、传播效果，也要明确如何凭借传播的作用而建立一定的关系。

第一节　传媒策略

一、全球化背景下的跨文化传播基本策略

经济全球化在一定程度上也将引起文化生产和消费的全球化。在此背景下，中国媒体既要固守中国的文化版图，又要吸引外国文化的精华，同时还要进一步向外国受众传播中华文化，面临着前所未有的跨文化传播的挑战。

中国加入 WTO，就意味着正式融入经济全球化的大潮。从民族整体求强的角度出发，全球化不仅有经济含义，也是文化的全球化。在此种背景下，如何固守中国"文化版图"的边界，又以宽广的胸怀、开放的眼光对待世界各国文化对中国文化的影响，吸纳外来文化的精华，充实和丰富中华文化，成了中国传媒面临的重要课题，因为大众传媒是跨文化传播的重要渠道。大量的事实表明，中国的传媒对此问题已经有所重视，并且开始采取一些对策。但是，全社会各界人士对文化传播的重视显然不如对经济拓展关注得多，随着经济增长带来的物质文明，对文化传播的雄心也到了绽放异彩的时候了。

面对通过商业渠道、媒介渠道和人际渠道源源不断涌入中国的外来文化潮，我国传媒要建立符合时代特点和节奏的文化传播观念，改进跨文化传播对策。

（一）遵循文化传播求真务实的基本准则

真实，是媒体应该普遍奉行的基本准则之一；坦诚，是文化传播者应具备的工作

态度。对外宣传与对内宣传并重，是我国政府在改革开放初期就提出的宣传策略。但过去的对外宣传遵循比较刻板的模式，直接的"硬性"宣传多，文化的含量较少，时常引起外国受众尤其是西方受众的反感和心理抵制，因为"宣传"一词在他们的文化语境中有负面含义。中国人懂得"心诚则灵"这一返璞归真的道理，包括"真诚""坦诚"和"热诚"三个方面。真诚就要求我国的媒介从业人员以人文的眼光和关怀去捕捉跨文化交流过程中不同文化背景的人们表现出来的人类共性，比如同情弱者、助人为乐、追求和平、渴慕公义等情感。"坦诚"很容易理解，主要是指我国传媒在对外宣传中国和中华文化时，不应刻意回避中国作为发展中国家在前进道路上遇到的问题和麻烦，也不应掩盖中国社会的缺点，毕竟，有不足才有发展的余地。一旦更正了观念，我们可以凭"坦诚"深入人心，为进一步的跨文化交流创造条件。"热诚"就是要以积极的心态和行动参与各种跨文化交流活动，愿意介入我们原本不熟悉的领域。

（二）追求跨文化传播中的"雅俗共赏"

重新界定全球化背景下的"精英文化"与"大众文化"，追求跨文化传播中的"雅俗共赏"。在全球化的大潮中，文化产品的生产和消费日趋商业化，精英文化和大众文化的界限日趋模糊。英国广播公司在为中产阶级受众制作节目时就意识到了这个挑战。传播媒介不能总是守着"精英文化"与"大众文化"这二者的传统分界，而应以平和的心态向国内和国外的受众传播雅俗共赏的各国文化产品，以求引起尽可能多的人的共鸣，既提升国内大众的文化欣赏品位，又用通俗的方式向国外的受众传播博大精深的中华文化。

中央电视台的"中国诗词大赛"和"朗读者"都是雅俗共赏的典范，将阳春白雪的文化融入数千万电视观众的精神生活之中。

（三）接受商业理念对文化传播的渗透

现代社会发展相对于人类历史的过去是高速度的。主动适应快速的文化生产节奏，接受商业理念对文化传播的渗透，将是给予传统文化产品以新的生命的重要途径之一。在全球化背景下，文化与经济产品的关系日益密切，文化常常通过经济的、商业的渠道跨越国界传播。中国"快餐文化"的兴起和"麦当劳化"的经济运作模式有着密切的关系。由于全球化的经济运作，加上传播技术的发达，文化产品的生产周期短了，出品速度快了，跨文化传播的速度也加快了，比如当年美国大片就能引进到中国，以韩国电视剧为龙头的"韩流"也席卷中国文化市场，速度之快，影响面之广，令人应接不暇。这些商业化运作方式值得我国文化产业借鉴。

（四）建立以文化交流促进文化创新的观念

文化创新也要有开放的心态。古往今来，文化交流都能极大促进文化创新，在不同国家的文化与本土文化的撞击中力求创造出"既是民族的，又是世界的"新文化产品。在开放的世界里，任何文化都免不了要与其他文化进行跨文化交流，在全球化的时代更是如此。交流的结果是文化的互相渗透，我中有你，你中有我，两种文化分别都更新和充实了自身。应该指出的是，在保持开放心态的同时，要提防某些经济强势国家的"文化帝国主义"。在通过媒介引进外来文化时，可以追求多元化引入。所谓多元化，就是不能一味看重市场价值和轰动效应，只引进欧美文化产品，而要广泛兼顾世界其他国家的先进文化，包括亚非拉和东欧前社会主义国家的先进文化。对文化的定义要适当放开，赋予文化相对丰富的内涵，将文化视为体现民族性格、思维方式、价值观念等组成的生活方式总和的精神产品。

二、跨文化传播的具体方式

适应全球文化市场运作规律的跨文化传播具体方式，包括以下几个方面。

（一）世界来到中国，中国走向世界

应让中国受众充分意识到"世界来到中国，中国走向世界"的时代大趋势。媒介在制作生产对外宣传中国文化的内容时，要保证让中国受众也听得到、看得到、读得到，培养国内的人用世界的和全球化的眼光重新认识中华文化，去除"井底之蛙"和"夜郎自大"的心态。既强调中华文化历史上的辉煌，又有适度的文化忧患意识，充分认识到中国的文化面临着怎样的全球性的挑战。中央电视台国际频道的中华文化相关栏目是一个对外传播的窗口，其他媒体如报刊广播杂志也不妨多刊登或播出一些从不同角度看中国的文化内容，以求进一步开阔国内受众的视野。应更加主动地在对外宣传战线上全面出击，让外国受众更多地了解和理解中国文化，以便通过传媒在一定程度上消除和改变以美国人为代表的西方人对中国文化的无知和对中国人的误解与偏见。

这要求传媒与所有文化工作者联合，以全球化为背景看待和认识一切文化，做到对本国文化和外国文化"知己知彼"，增强交流沟通的效果。不能片面注重生产可以在国际艺术节拿奖的影视作品和其他文化作品，甚至为了获奖而在内容上迎合某些外国受众的欣赏口味和猎奇心理，在文化产品中过度突出中国文化传统和民族心理中的某些不健康因素。相反，"全面出击"就是要在对外宣传中大力增强文化传播的成分，用

文化产品的生动形象的内容弥补传统的"新闻外宣"的不足。同时，眼界要开阔，要把目标对准国外不同阶层的受众，包括社会上层的政要、社会中层的知识分子、商界人士、白领等，也不可忽略文化程度较低的阶层。

（二）开展文化产品制作中的国际合作

文化的相互认知与交流是增信释疑和加强合作的重要基础，也是区域一体化进程不断发展的内在需要。在文化产品制作中进行国际合作，敞开胸怀引进人类先进文化。除了直接通过现代化的传播手段再次引进，还可以考虑创新，即通过跨国合作，让不同文化背景的传媒工作者和其他文化人走到一起，来共同生产出符合新时代全球化挑战背景的力作。中国一些电视节目通过市场化运作，在东南亚国家受到欢迎。《我是歌手》《金太狼的幸福生活》《甄嬛传》《苍兰诀》等在越南播放时，都引起收视热潮。这方面，内地和港台传媒的合作为我们提供了经验。

中国与东盟有较大影响的文化产业合作已经开始。以"印象·刘三姐"制作人梅帅元为核心的广西实景演出创意团队，在越南下龙湾海上打造的实景演出《越南越美》等文艺项目都是文化传播的合作作品。

影视合作仅仅是中国东盟文化产业合作的一个缩影。近年来，双方的文化产业合作方兴未艾，以现场表演、电视广播、电影、书籍等为代表，文化贸易正向多元化发展，交流的领域和渠道大为扩展。中国—东盟文化交流与合作成绩斐然，文化产业迅猛发展。但是各国在拓展合作的深度和广度时，仍然有不少"短腿"需要突破，如文化交流难以带动文化贸易"走出去"；"走出去"的产品针对他国特点的创新改造不够等。

（三）传媒人才队伍建设

一切落实到人才问题上。要实现上述对策，改进传播方式，迫切需要培养和造就一支特殊的传媒人才队伍，既通晓中文和外语又理解中外文化之异同的人才。一些在海外留学的中华学子、华人华侨，对中外文化都比较熟悉，应该很好地发挥他们的作用。

许渊冲，北京大学教授，中国当代著名翻译家。1921年生于江西南昌。1938年考入西南联合大学外文系，师从钱锺书、闻一多、冯友兰、柳无忌、吴宓等学术大家。1944年考入清华大学外国文学研究所，后赴法国巴黎大学留学。他是目前中国唯一能在古典诗词和英法韵文之间进行互译的专家，被誉为"诗译英法唯一人"。他已出版译著120余本，包括《诗经》《楚辞》《老子》《论语》《唐诗三百首》《宋词三百首》《西厢记》《红与黑》等。2010年，继季羡林、杨宪益之后，许渊冲获"中国翻译文化终身成就奖"。2014 年获国际翻译界最高奖项——"北极光"杰出文学翻译奖，系首位获此殊荣的亚洲翻译家。这就是许渊冲，一位怀着赤子之心的老人，一代翻译大家，他为中华文化的传播作出了巨大贡献。

这也为我国急速增加的新闻传播院系提供了机会和挑战，并要求我们增加"跨文化传播"等课程设置，以跟上时代的发展。

总之，全球化的浪潮已经"入侵"中国的文化海岸，急需中国媒介帮助和引导大众应对。相信跨文化传播迅猛增加的结果是创造出更加富有先进性的中华文化。

三、传统媒体文化传播的转变策略

面对新的传播环境，传统媒体一方面要强化自身文化传播的担当意识，另一方面也要调整自身的媒体角色，在资源整合者的重新定位下，借助微博、微信、抖音、互联网络提供的新的发展平台，在以附着的方式实现"微"时段传播的同时，发掘文化资源、调动社会力量、加强官方微博的经营和管理，更好地为文化的传播贡献力量。

（一）传播角色的"微调"

微环境不仅改变了媒体传播文化的行为方式，也推动着媒体调整自身在文化传播活动中的角色与定位。传统媒体具备可信度高、资源丰富的优势，在新的传播环境下，传统媒体应充分发挥这样的优势，适度"微"调传播角色，改变长期形成的"喉舌"等刻板形象，做大众的"贴心人""小棉袄"，打造出平民化的传播平台。在传播文化方面，传统媒体不仅应坚守传播者的角色地位，同时也应强化资源整合者、产品开发者的角色，主动承担文化资源、社会资源、媒介资源整合的任务。

某一地域的文化是多样的，每一种文化也呈现出多层次多侧面的特点。如齐齐哈尔市有冰雪文化、鹤文化、红色文化、少数民族文化等。人们对某一文化也会多角度理解，一方面形成了"百家争鸣"的自由局面，另一方面也容易出现众声喧哗、没有主线的景象，最终削弱文化的影响力和传播力。因此，具备公信力的传统媒体应主动承担起文化资源整合的责任，将政府机构、文化传承者、艺术创作者、理论研究人员、社会媒体等整合为一体，传递出关于文化的认知最强音。例如，齐齐哈尔市鹤文化资源丰富，历届政府都着力将"鹤文化"打造成城市名片，曾举办"观鹤节""鹤文化艺术节""鹤文化与城市发展论坛"等活动。

传统媒体不仅拥有丰富的文化资源，在社会资源的占有和开掘方面也比一般的受众要更强势。传统媒体文化传播策略如何改革？具有官方色彩的传统媒体应以包容的心态，充分与私营媒体公司、各种民间团体开展合作，调动社会知名人士、广大市民群众的参与积极性，形成以传统媒体为龙头的全社会一起传播城市文化的共识。传统媒体应该充分开发这些社会资源的价值，开发与高校、传媒公司、民间艺术团体、知名艺人的多种合作，吸纳更多的普通人参与进来。通过对社会资源的重新整合，传统媒体更好地实现了传播城市文化的职责，也提升了媒体自身的吸引力和知名度。

（二）传播产品的"微型"

任何文化的传播都是以产品的形式来进行的。大制作意味着长周期、高投入，如电影、电视剧、大型舞台剧、动画剧集等；"微型"意味着微制作、微投入、微时长，如微剧本、微电影、微视、微雕刻、微语录、微诗歌等。在开发文化传播产品时，应该两者兼顾。以大制作实现大震撼、大影响，形成短期的轰动效应；以"微型"制作吸引普通人参与进来，形成细水长流、润物无声的效果，从而打造多层次、立体化的传播产品。

传统媒体作为资源整合者、文化传播者，应该有意识地与本地高校、传媒公司、社会团体、居民社区等开展合作，充分开发微电影、微视、微剧本、微小说、微创意、微语录、微雕刻、微书法等相关微型文化产品，产品可以涉及文学、戏剧、舞蹈、绘画、雕刻等各类文艺领域。各类传统媒体可结合自身媒体特性，开展相关的微作品征集、展览、评比等活动，以此来形成人人参与、人人传播的格局。如纸媒可以推出微剧本、微小说、微语录、微书法、微摄影等作品的征集、展览、评比、奖励等活动，电视媒体则可以开展微电影、微视、微创意等相关活动，而广播媒体也可以开展微作品朗诵、微广播剧展听等，各类媒体间又可以互相配合、打通合作，共同为各类活动搭建合理的传播平台。

（三）传播方式的"附着"

电视传播机构可以通过兴办新的电视栏目来传播地方文化。这样的点子是好的，但一档电视栏目的顺利播出是一个复杂的系统过程，如节目创意、市场调查、资金投入、人员配备等，实际操作时会压力极大。这对于资金、人力、物力都有限的市级电视媒体，是一件比较困难的事。与其开办一档前景未知的新栏目，莫不如充分利用已有的栏目，开发附着化文化传播新路径。

这样的做法是值得推广开来的。诸如微电影、微雕刻、微创意设计等相关活动能够实现，那么这种"附着化"的传播路径，不仅为这些微作品提供了展示的平台，也丰富了传统媒体的传播内容。即使是现有的各类艺术作品，如舞蹈、书法、绘画、诗

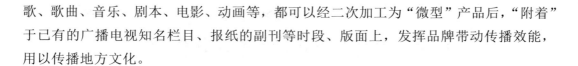

歌、歌曲、音乐、剧本、电影、动画等，都可以经二次加工为"微型"产品后，"附着"于已有的广播电视知名栏目、报纸的副刊等时段、版面上，发挥品牌带动传播效能，用以传播地方文化。

（四）传播渠道的"微扩"

微环境下的受众还具有阅读渠道网络化的特质。随着 Wi-Fi 网络的四处延伸及受众可使用终端的多样化，随身、随时、随地、随意成为受众接受信息的新趋势，微博、微信是受众经常接触的传播载体。传统媒体开办官方微博、微信成为一种潮流，特别是受传播范围限制的地方媒体，借助微博、微信打破地域传播的魔咒，实现"跨界"传播的完美"逆袭"，是传播渠道"微"扩张的典型体现。

很多报刊、电台在相继开办官方微博、微信公众号后，借助新的传播渠道来提升与受众的接触率。这些官方微博在节目预告、信息收集、意见反馈、吸引关注等方面发挥了一定的作用。但同时我们也应注意到，地方传统媒体开办官方微博热情高，但开办之后对官方微博的建设和管理却稍显滞后。如果没有后续的建设经营精力的投入，要实现跨区域传播的"逆袭"是有很大难度的。地方传统媒体不缺少本地的各类信息，但缺少借助微博来传递信息的意识；不缺少媒体从业者，但缺少管理微博、网站的专门人员。

（五）设置专门的微博管理者

微博管理者负责日常广播的发布和信息反馈的处理。官方微博发布的各类信息应尽量接近百姓的日常生活，这样才能引起围观、转发、评论等行为，形成交流状态，才能真正实现地方传统媒体开办官方微博的最初目的。除发布日常信息外，还可以在形成良好传播局面后增加调查、讨论等内容，通过围绕城市文化，设置相关讨论主题来引发围观者的思考，实现借助官方微博传播城市文化的目的。

现在的媒介资源越来越丰富，广播、电视、报纸、手机、电脑等多种媒介进入人们的日常生活，手机报、微博、网站、抖音、电子报纸等实现了人们多终端接收信息的愿望。传统媒体也应整合已有的媒介资源，开发微博、微信、手机报、电子报纸、在线节目等产品，在多个终端上向用户推介内容和形象。各类传统媒体开展的"微"活动、开发的"微"产品，都可以借助微博、微信等进行网络化、营销传播，扩大活动本身的吸引力，提高活动的被关注度。

第二节　影视作品的跨文化传播

一、中国电影的跨文化传播策略

在全球化浪潮的冲击下，跨文化传播日益频繁。作为大众传播媒介和意识形态载体的中国电影，必须以积极的姿态应对竞争，广泛参与世界范围内的跨文化传播。全球化对中国电影的跨文化传播既是一种挑战，也是一种机遇。中国电影要取得跨文化传播的成功，必须在"国际化"与"本土化"的结合中找到一个"契合点"，实行"国际化"与"本土化"的"双重编码"，在电影传播的文化策略、题材策略、艺术策略以及运作策略上广泛借鉴，大胆创新，以"和而不同"的目标作为跨国传播的文化诉求，开创中国电影新局面。

电影是一种大众传播媒介，是一种艺术形式，是一种影像语言，是一种意识形态，是一种文化产业，如何充分发挥影像的跨文化传播功能，实现中国电影的文化传播价值和资本价值的最大化，成为中国电影必须面对的重大现实。

（一）中国电影走向世界势在必行

众所周知，长期以来，中国电影一直禁锢在政治意识形态的宣传之中，缺少开阔的国际视野，这种状况直至 20 世纪 80 年代才有所改观，但走向世界的步伐还是太过缓慢。在全球化的今天，中国电影有必要更有可能参与跨文化传播，传播的本质即在于文化的交流。

1. 积极主动地参与跨文化传播

中国电影要实现跨越式发展，必须积极主动地参与跨文化传播，改变自身的弱势地位。一个民族或国度文化的进步，离不开文化传播的健康进行。没有交流的文化系统是没有生命力的静态系统，断绝与外来文化信息交流的民族怎么可能是朝气蓬勃的民族呢？中国电影作为一种承载传播中国文化、塑造国家形象任务的大众传播媒介，必须积极参与跨文化传播，在跨文化传播中汲取思想和艺术营养，在跨文化传播中输出中国的民族文化。在全球化信息不平等传播的态势下，一个巨大的"文化逆差"正在形成，中国电影只有迎难而上，借鉴世界先进的电影理念和运作方式，在坚守自身文化特色的同时，敢于跨出国门，才能实现中国电影在 21 世纪的腾飞。中国电影跨文

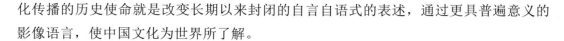

化传播的历史使命就是改变长期以来封闭的自言自语式的表述，通过更具普遍意义的影像语言，使中国文化为世界所了解。

2. 全球化为中国电影参与跨文化传播提供了可能和契机

全球化为中国电影跨文化传播提供了可能和契机，与此同时，不可否认，全球化带来了文化同质性的危险，民族文化在全球化浪潮的冲击下，日益失去自身的个性。陈卫星在《跨文化传播的全球化背景》一文中指出："全球化时代的传播特征是用消灭时间差距的传播手段把世界压缩为一个没有地方性的平面，用一个时间来代替多个空间。由于传播权力分配的不平等，掌握着世界性传播网络资源的发达国家和地区的时间成为传播当中的世界时间，在某种意义上也就等于取消了其他文化的存在。"但另一方面也应看到，传播全球化必然引起"文化反弹"，引起本土文化（或民族文化）对外来文化的抵抗和抗争，使文化的异质性、本土性彰显得更加强烈。正如美国社会学家罗兰·罗伯森所指出的："全球资本主义既促进文化同质性，又促进文化异质性，而且既受到文化同质性制约，又受到文化异质性制约。"所以，全球化并不意味着文化的一元化，相反，"全球经济一体化与全球文化多元化，二者在'二律背反'中呈现出一种非和谐的历史对称性。"这是一个双向运动的过程。"全球化向文化的发展提供了'普遍主义特殊化'与'特殊主义普遍化'的双向渗透过程，也即全球化的影响体现在两个极致：它的影响从西方运动到东方，同时也从东方向西方作反向运动。"这无疑为中国电影的外向传播提供了理论依据。

实际上，全球化一方面表现出差异的存在，另一方面又表现为流动与交换。在一定意义上，传播全球化的发展将推进全球文化的相互认同与融合，有利于消除人类文化间的疏离隔膜乃至误解敌对，为人类所理想的具有共同利益和共同价值规范的一体化的"全球文化"的形成，创造出丰富、开放的对话空间。中国电影就是置身于这样一种空前频繁的跨文化传播语境中，完全有可能大有作为。事实上，中国电影已经取得一定的成绩。

就电影学界而言，在最近 20 年里，一大批优秀的中国电影先后获得了各种国际电影节大奖，也有的影片在传播中国文化的同时，创造了相当可观的票房收益。电影《人在囧途之泰囧》不仅在中国缔造票房纪录，还掀起了中泰旅游热；泰国电视剧在中国主流电视台落地的数量也在不断增加。泰中文化交流中心总裁、泰国中央中文台原台长吴南江说："泰国的影视机构对中国的市场非常有兴趣，泰国人迫切想要了解中国的电影发行渠道以及进入中国市场的渠道。"这些电影的成功，使中国电影的"全球化"进程大大先于中国文学的"全球化"。这是值得大家欣慰的，但也应该看到，在这个方面我们还缺乏应有的自觉。中国电影不容故步自封，在切断信息传播的闭关自守状态中，用自给自足的生产方式来维持本土文化的纯洁性，甚至把本土文化禁锢在民族主义的意识、形态中，这不仅会丧失本土文化发展的经济可能性，更会弱化本土文化对非本土文化的传播力量，丧失文化竞争力。中国电影走向跨国传播、跨文化传播已是势在必行。

（二）国际化与本土化的契合

中国电影要走向世界，要实现跨文化传播，必须学会如何对电影的艺术信息、文化信息、影像信息进行融合，以实现其传播功效。实践证明，过于本土化或过于国际化的倾向都不利于电影的跨文化传播。固守民族主义是不行的，电影创作狭隘的民族视野妨碍着民族电影不断扩大自己的交流范围，也局限了对所表现的题材做更为深广的审美涵盖，其结果只能是传而不通。但另一方面，如果一部影片只剩下可以容纳国际受众的那些电影文化因素，恰恰使影片失去了文化的稀缺性，电影的文化资本也随之失去它作为信息资本的条件。如何在这两者之间找到一个"契合点"，是电影跨文化传播能否成功的关键所在。梅特·希约特把电影的文化因素分为三个层次：一是晦涩难以沟通的电影文化因素；二是可以转换的电影文化因素；三是本身就是国际化的电影文化因素。中国电影要取得跨文化传播的最大功效，既要避开第一个层次，以免"对牛弹琴"，也要避开第三个层次，以免丧失自我的文化特色。而应该致力于追求第二个层次，在国际化与本土化的结合中找到一个"契合点"，采用国际化与本土化的相结合和策略，实现两种电影文化的可转换。

1. 本土化与国际化共存

从文化策略层面来看，中国电影应该发掘既具本土性又可以为全世界所理解的那些"文化资本"，在保持本土文化特色的同时，也兼顾与世界文化的融合沟通。电影的文化表述是一个系统，既包括了肤色、服饰、饮食、语言、建筑等外在的表征，也包括人际关系、生活习性、民俗仪式、价值观念等内在的意义。对中国电影来说，20世纪八九十年代，以张艺谋、陈凯歌为代表的第五代导演的"新民俗片"，如《黄土地》《红高粱》《菊豆》《大红灯笼高高挂》，以及后来出现的《二嫫》《五魁》《黄河谣》《红粉》《炮打双灯》《风月》等，是最早将这一文化策略付诸实施的电影作品，成功地将中国电影推向了世界。这些影片借助富有浓郁地方文化特色的典型符号，如"黄土地""黄河""江南水乡""红高粱""红灯笼"等，营造某种特定氛围，体现出一种独特的"东方镜像"。尽管有论者以后殖民主义理论批判这类电影刻意为西方营造一个"他者"形象，以迎合西方观众的口味，但从跨文化传播的角度来看，所谓"异国情调""民俗奇观"，正是民族文化资源的重要组成部分。把它当作可资交换的文化资本加以利用，不仅在策略上是可行的，也一再被证明是民族电影国际化推广的成功之道。

从世界电影史上看，把影像的奇观性作为可交换的文化资本，并非始自中国的第五代导演，好莱坞的西部片，欧洲大量的民族风情电影，日本黑泽明、大岛渚、今村昌平的电影，都无不在发掘民族的文化资源，利用本民族的影像奇观来作为可交换的文化资本。如果说这一批走向国际的中国影片其民俗元素是本土的，那么这些电影中渗透的文化反思是可以被观众理解的。正如电影《刮痧》的导演郑晓龙所说："各种文化在浅层次、在表面上虽然千差万别，但当涉及人本身、人本性，比如亲情、家庭层面时，则是相通的。"善于寻找开掘东西方都能理解的、既有共性又有"距离感"的文化资源，找到民族化与国际化两者之间的"契合点"，是实现中国电影全球传播的重要文化策略。

实际上，WTO 给中国电影工业带来的最大影响是使国内的电影工业和国际的电影工业进一步融合，在此情境下，国际电影市场对中国电影变得更加重要。很多电影，如 "《爱情麻辣烫》的票房主要在国外，国内票房只占一小部分；《美丽新世界》票房的 30%～40% 来自国外；《洗澡》60% 来自国外，该片先后签下包括美国、日本、法国、英国、德国等世界主要电影集散地的总共 50 多个国家的销售合同，票房达 200 万美元……"又如霍建起《那山那人那狗》在日本的票房收入超过 3.5 亿日元，是当时日本境内票房最高的中国电影。影片能在日本观众中引起共鸣，得益于导演对影片文化内涵的发掘，当然，这种文化是在基于中日观众能够共同理解的基础上做出发掘的。该片曾获东京国际电影节金麒麟大奖，霍建起后来获邀担任东京国际电影节、中国长春电影节、上海国际电影节评委。再如《暖》，"通过自然，纯美的画面和音响的阐释，探讨人性、生活和生命意义的人文生态主义精神，把对当下中国社会存在的思考和人类环境、生存的问题意识并置于一段发生在 80 年代的故事中，开掘了除画面与音响语言之外更广阔的意义空间。"2005 年 12 月 28 日上午，在人民大会堂举行的纪念中国电影诞生 100 周年大会上，冯小刚、巩俐、霍建起等 50 名电影艺术家被授予"国家有突出贡献电影艺术家"称号。

对这种文化策略运用得最为成功的是获得奥斯卡大奖的李安的《卧虎藏龙》以及张艺谋的《英雄》《十面埋伏》等武侠大片，这些影片能够成功打入欧美主流电影市场，无一不是采取这种"双重编码"的文化策略，在"中西合璧"式影像书写中征服了西方观众。李安的《卧虎藏龙》创造了华语影片在欧美影院上映时间最长的纪录，而张艺谋的《英雄》则开创了中国电影进军海外市场的历史性突破，据统计，其海外票房累计已超过 11 亿元人民币，《十面埋伏》在海外的票房也居高不下，仅日本、韩国以及中国香港、台湾地区就达 28 亿元人民币。

有人把李安的《卧虎藏龙》的跨文化传播成功归结为三个方面：一是国际化的演

职人员；二是"远离"华人的武打效果（承徐克超现实主义动作画面的表述手法，大量使用电脑数码技术产生特技效果）；三是摩擦与再融合的文化主题。应该说，这种分析是非常到位的，李安高明之处就在于抓住两种文化、两个市场的"结合点"。《卧虎藏龙》跨文化传播的成功也给了大陆导演以启示，张艺谋、陈凯歌等敏锐地意识到富有中国特色的武侠片就是跨国传播中的一个重要的"契合点"，陈凯歌着手《无极》，张艺谋则拍出了《英雄》和《十面埋伏》。

与之前的"新民俗片"不同，这些影片走的是商业电影的路线，已经具备了更加自觉地更加积极地参与跨文化传播的意识。张艺谋自觉地以中国独具特色的"武侠文化"为内核，又掺入了"天下""和平"等国际性的思想元素，不同地域的观众都可以看出自己所能理解的文化内涵，加上精美的视觉效果，影片赢得全球观众的喜爱。《英雄》是当下世界的一个隐喻。《英雄》的喜剧性在于它是一部充满了中国文化象征的电影，但这部电影的坚固内核确是全球性的……张艺谋和他的电影已经不再试图展现全球化中的中国'奇观'，而是试图用中国式如代码阐释一种新的全球逻辑。但可以肯定的是，《英雄》的确既是民族的又是世界的。《十面埋伏》亦是如此，单就片名来说，借自中国传统民乐琵琶曲的《十面埋伏》，已经让它打上了中国制造的符码，但在《十面埋伏》中我们分明又可看出《谍中谍》式的"卧底与反间"。《卧虎藏龙》的竹林之战，《黑客帝国》中的气势与质感，这一切让西方观众有着似曾相识之感。

周星驰的《功夫》无疑也是采取了这一文化策略。周星驰坦言，希望自己的电影"可以去全世界每一个角落""能够被更多不同市场的观众接受，包括西方观众"。为了跨文化传播的成功，他请来西方观众认可的袁和平做武术指导，精心制作动作特效，同时还加入包括日本漫画风格在内的目前最流行的形式因素，产生了卡通化的效果。这一切，都是成就《功夫》高票房不可忽视的文化策略。由此看来，在富有东方文化韵味的中国电影中巧妙地编入国际性的符码，无疑是中国电影进行跨文化传播的有效策略。

2. 精心选择电影题材

从题材策略来看，为了引起"共鸣"，中国电影还应该在电影题材，或说电影传播内容上精心选择。中国电影不能走向国际市场的一个重要原因，就是过于狭窄的电影题材限制了其影响力的扩大。中国是一个文明古国，有着丰厚的历史文化积累，有着无可替代的题材优势，当下转型期的中国更有许多的电影题材资源可供挖掘，遗憾的是，我们对这些题材资源缺少现代性的理解和世界性的观照。

当好莱坞瞄准第二次世界大战题材拍出了《辛德勒名单》《拯救大兵瑞恩》《兵临城下》《珍珠港》等享誉全球的大片时，作为第二次世界大战受害国和死亡人数最多的国家之一，中国电影在这类题材的开掘上却差强人意，至今没有一部在国际上有影响的第二次世界大战题材影片，只能归之于创作视野的狭窄所致。

中国的题材资源在悄悄流失。迪斯尼公司 1999 年制作的《花木兰》就是一个从中国"窃取"题材资源的典型例子。中国电影要走向国际，不但要好好开掘自己的题材资源，也要注意关注一些国际性的题材或跨文化方面的题材资源，只有根据目标市场的受众需求来配置题材资源，才能征服国际影视市场。在我们的影视题材中，够得上国际性题材的作品实在太少了，老人题材、残疾人题材、妇女题材，我们都非常薄弱，即使是艾滋病题材和同性恋题材，也应当随着社会的发展进入我们的视野。中国电影要完成从"族意识"到"类意识"的超越。在我们的影视中，关注民族性是应当的、必要的，但是，在世界日益走向一体化的今天，我们是否更应当关注人类共同的东西呢？族意识与类意识相比，类意识是更高一个层次，任何狭隘的民族主义都是不足取的。当年一些中国电影导演终于调整策略，开始关注一些"涉外题材"，拍出了一批所谓的"涉外电影"，从冯小宁的"颜色三部曲"（《红河谷》《黄河绝恋》《紫日》），夏刚的《红樱桃》《红色恋人》，到稍后的《开心哆来咪》《刮痧》《我的 1919》《鬼子来了》《浪漫樱花》《大腕》《天地英雄》《芳妮的微笑》《巴尔扎克与小裁缝》《庭院里的女人》等。

"外域"，关注中国人与外国人的关系，关注中外文化、观念的冲突与融合。这种题材策略上的转变，显示了民族电影从本土化走向全球化的迹象，是一种值得肯定的电影探索。在电影题材的开拓方面，"第六代"导演从"另一个角度"做出了不懈的探索。如果说"第五代"走向世界主要依靠的是"文化策略"的话，那么"第六代"作为一个整体走向世界主要是依靠其"题材策略"。第六代导演把眼光投射在当下，关注中国社会转型时期的社会变化，关注边缘人物的灰色生活，这种"边缘题材"恰恰契合了全球化时代的世界性关注。作为"后人文主义"实践的第六代导演，以其"边缘化"的电影题材和独具个性的艺术表现力，征服了国际电影节的评委。纵观近年来迅速在国际影坛崛起的伊朗和韩国电影，无一不是依靠既具本土又具世界性的题材资源取胜的。"最伟大的艺术作品应该触及现实生活的问题和任务，触及人类的经验，总是为当代的问题去寻找答案，帮助人们理解产生那些问题的环境。"作为有着丰富题材资源的国家，中国电影应该具备一种世界性的眼光，一方面充分挖掘自身资源，另一方面本着"拿来主义"的精神，积极开拓新的题材资源，最大限度地发挥电影的跨文化传播功能，使中国电影在全球形成影响力。

3. 借鉴国际化的电影语言

从艺术策略层面看，中国电影要善于借鉴国际化的电影语言，在保持自身美学特

127

色的同时大胆创新。电影的语言表述系统主要包括运动的图像语言与概念语言（如对白、旁白、独白）的结合，其本质特点在于影像符号的表现力上。学者梵诺伊（F.Vanoye）列举了电影的"特殊符码"：摄影机运动、画面大小变化、影像蒙太奇、场外用法、电影特技和音画字的综合。他认为，电影艺术魅力之所在在于：电影有最大的摄录能力，弥补了其他许多艺术的最大缺憾；电影具有最大的再现能力，包括了写实和特技、影像蒙太奇的"做假"（montage sequence）。再如学者魏奈（M.Vemet）所谓的"电影非特殊符码"：如涉及透视法的"知觉式符码"、涉及文化背景的"认识性符码"、涉及个人偏好的"感性符码"、涉及精神分析的"潜意识符码"，以及涉及叙事的"叙述性符码"等，使得电影艺术突破视听限制，营造出一个多姿多彩、魅力十足的"梦境世界"。

从电影的艺术本质上看，中外电影并无二致，只有在电影的艺术表现力上勇于创新，才能吸引广大受众。中国导演的作品能够走向世界，除了其文化内涵方面的原因外，其对电影语言的推陈出新也是功不可没。20 世纪 80 年代前后，以徐克、许鞍华为代表的"新浪潮"电影，以侯孝贤、杨德昌为代表的"新电影运动"，还有以陈凯歌、张艺谋为代表的"第五代"导演群体，尽管有着各自不同的艺术风格和美学追求，但是他们的影片也有一个共同的特点，那就是都在一定程度上体现出民族传统文化与现代意识的冲撞，在继承性与超越性中，体现出中华民族电影艺术独特的文化价值与审美价值，或者换句话讲就是："用最现代的艺术语言来体现最传统的中国文化。"

没有这种"最现代的艺术语言"，中国电影就无法进行跨文化传播。学者尹鸿先生在总结中国电影国际化的艺术策略时概括了三点：一是"非缝合的反团圆的叙事结构"，即在叙事上放弃了经典好莱坞那种"冲突—解决"、善恶有报的封闭式结构。二是"自然朴实的蒙太奇形态"，即不采用好莱坞电影那种夸张、跳跃、紧促而戏剧化的蒙太奇形式，而是大多采用一种相对静止的画面，比较平缓的蒙太奇联结，有时甚至有一种中国山水画、水墨画的韵味，画面开阔、造型平缓。三是"纪实化风格"，即在叙事风格上采用了一种反好莱坞的纪实手法，如张艺谋的《秋菊打官司》、宁赢的《找乐》和《民警故事》、章明的《巫山云雨》、王小帅的《冬春的日子》等。

如果说这种艺术策略在"第五代"导演身上还没有形成自觉的话，那么在第六代导演那里，对于电影艺术个性的追求与张扬就显得更为自觉。"第六代导演们走出国门，其共同的动作方略是——'草船借箭'，也就是主打欧洲'小众型'的艺术市场（即先融资，再获奖，随后出击市场），不是'后殖民'式的屈己媚洋，而是以对中国当下社会变革某个'亮点'的发现以及艺术个性的张扬，去征服外域并开拓生机。"这种立足本土，借鉴欧洲艺术电影，自觉地有针对性地反好莱坞的艺术策略，既使中国电影与世界领先的电影艺术接轨，又打造了中国电影的"艺术个性"，有利于中国电影以独立的艺术身份走向世界，进行跨国传播。

此外，从运作策略层面来看，中国电影要走向世界，也要在立足自身的基础上，借鉴学习世界电影先进理念与商业操作规则，营造一个良好的有利于中国电影发展的"媒介生态环境"（如政策环境、资源环境、技术环境和竞争环境等）。正如邵牧君先生所说，"中国入世后，电影业面对的首要问题是全面实行产业化和彻底改变电影观念。"在全球化时代，中国电影要抵抗好莱坞，别无他法，只有如冯小刚所说的"用好莱坞的方式打败好莱坞"。把电影作为一项产业，实施好市场化战略，做好电影产业链上的每一个环节。好莱坞电影的投资策略、品牌策略、市场策略、营销策略等都值得中国电影借鉴。

张艺谋说："从投资、制作到发行、推广，可以明显看出，系统地向好莱坞的商业操作规则学习，很有必要。从商业角度来说，中国电影越接近规范化操作，说明中国电影越成熟，对抗好莱坞的商业大片，这就是实际行动"。《英雄》《十面埋伏》的成功充分证明了这一点。实际上，这两部电影也是集跨文化传播中的文化策略、思想策略、艺术策略与运作策略于一身的典范，张艺谋本人也不愧是中国电影跨文化传播的里程碑式的导演。

（三）让西方观众进入东方情境

在跨文化传播中，一个有效的传播至少包含三个关键要素：传播主体、接收者和传递的信息。传播主体、接收者（传播对象）和传播的信息都制约着跨文化传播的效果。

人，决定信息取舍，起着是否传递、如何传递信息的重要作用。在现代社会，传播媒介提示的"象征性现实"，对人们认识和理解现实世界发挥着巨大的影响。由于传播媒介的某些倾向性，人们在心目中描绘的"主观现实"与实际存在的"客观现实"之间发生着很大的偏离。媒介对受众的这种影响不是短期的，而是一个长期的、潜移默化的、培养的过程，它在不知不觉当中制约着人们的现实观。格伯纳等人将这一研究称为"培养分析"。这一理论揭示了大众传播媒介对人们的现实观究竟具有什么样的影响，这种影响又是如何发生的。

1. 主体策略

在传播主体方面，中国电影人应该具备一种国际化视野，摒弃单一的视角和过重的本土情结，用现代化、全球化的视界来观照中国的本土文化或中西文化的差异。台湾导演李安执导的"父亲三部曲"《推手》《喜宴》和《饮食男女》，将中国传统文化置于西方文化语境中进行比照，引起观众对中西文化差异的兴趣与思考，叫好又叫座；其《卧虎藏龙》在对中国传统文化的表述上，进一步接近西方人的习惯，也因此取得了更大的成功。这些成绩的取得，得益于李安对中西文化和中西审美差异的熟稔把握。

具有创意的作品，才能切实推进本土电影产业化的历史进程，真正开拓出一片健康的、可持续发展的电影市场。可见人才对中国电影的重要性。尽管中国的第六代、新生代导演们已经浮出水面，但中国电影要打造真正的国际品牌，还有很长的路要走。

2. 受众策略

在观众方面，中国电影要占领国际市场，必须培养中国电影的"国际受众"。国外电影观众是通过中国电影所提供的"拟态环境"或"象征现实"来认识中国人和中国文化，再来建构他们头脑中的中国形象。由于这种影响是一个长期的、潜移默化的"培养"过程，这就要求中国电影要处理好电影媒介的功能，运用正确的文化传播策略，让国外观众了解、热爱中国文化，对中国电影产生浓厚兴趣，用银幕塑造真实、完整而富有个性的"中国形象"。

中国电影要赢得国际受众，还必须注意研究国际受众的欣赏口味和观影心理。中国电影要善于引导和培养观众的"中国式审美"。艺术按照美的规律来创造，能使受传者获得美的精神享受。但对艺术传播者来说，不能满足于此，还应积极、主动地担负起培养人们对美的感觉能力，陶冶人们的品性，养成高尚的艺术趣味和健康的审美观念。这种引导"培养"的具体策略，还是要落实到跨文化传播的本土化和国际化的融合上，抓住不同文化"契合点"，既注意审美心理的"熟悉化"，又注意使其"陌生化"。

一个人的艺术审美心理易于和表现他所属的地域文化、民族文化的艺术作品共鸣，同时由于求奇、求新和渴望了解陌生这一系列心理因素制约，也愿意接受他种地域、异族文化形成的艺术作品，正是从这个意义上讲，越是民族的，越是容易走向世界。中国电影对国际受众的审美心理与艺术趣味，既要适应又要引导与提高。实际上，在培养国际受众方面，中国电影已经取得了一定成绩。由于几代中国电影人的努力，中国的"武侠类型片"已经在海外培养了大批忠实观众。今后，中国电影还要通过进一步的努力，形成样式更加丰富的"中国类型片"，吸引更多的国际受众，打造好中国电影进军国际市场的品牌。

（四）跨文化传播中的"和而不同"

跨文化传播中的"双赢"策略就是"和而不同"的文化诉求。在与好莱坞电影的同台竞争中，中国电影是缴械投降，还是积极抗争？是消极抵抗，还是勇敢地走出去？这是中国电影首先要思考的问题。以全球化为背景，中国电影的跨文化传播既需要宽广的文化视野，更需要过人的传播智慧。

如何使不同文化的民族、国家和地域能够在差别中得到共同发展，并相互吸收，以便造成全球意识下文化的多元发展的新形势呢？"和而不同"，这既是中国电影跨国传播的文化策略，也是其文化诉求，是全球化时代中国电影走向世界的终极目标。我们不必担心全球化过程中的中国文化失去个性，相反，参与跨文化传播，外国文化会丰富本国文化。因为文化的发展是通过外来与本土文化的融合和相互借鉴而实现的。文化的发展是一个动态多元竞逐的过程……合成的文化无可否认依然是本土的，并成为继续演化的新起点。文化需要交流，没有交流就没有发展。异质文化之间的交流与传播是文化发展的动力。

纵观亚洲新电影的崛起，可以发现他们并未采取与好莱坞"你死我活"的对立模式，而是以文化的"和而不同"为准则，从本土资源中发掘民族特色，在与好莱坞的对话与交流互动中实现"双赢"。美国威斯康辛大学教授大卫·鲍威尔（David Bordwell）在2000年香港"第二届国际华语电影学术研讨会"上提交的论文《跨文化空间：华语电影即世界电影》中有这样一段精彩的论断："直率地说，中国电影是属于中国的，但它们也是电影。电影作为一种强有力的跨文化媒介，不仅需要依靠本国的文化，同时也需要吸收更加广泛的人类文明，尤其是分享其他文化的成果。只有具备了吸收不同文化的能力，中国电影才能真正冲出国界并为全世界所接受。"

对于全球化背景下的中国电影来说，面对好莱坞电影的进入和亚洲新电影的崛起，唯有积极参与跨文化交流，秉持"和而不同"文化传播策略，广泛汲取，大胆创新，才能实现百年中国电影走向全球的美好梦想。

二、中国电视的跨文化传播策略

电视是传统媒介之一，属大众媒介。电视在制作、播放的过程中，对社会生活、个人生活产生直接或间接的影响，其中的有益影响逐渐形成一种文化，可以称作电视文化。电视文化功能包括传播功能、教育功能、服务功能、娱乐功能、引导功能等。虽然电视文化功能众多，但是传播功能是其基础功能，其他功能都是在传播功能的基础上衍生出来的。

媒介面向的是整个社会，传播适合整个社会需要的文化，从这一点上看，电视这种大众媒介是具有社会化功能的。人是社会的成员，媒介对人的社会化的影响体现在"他人导向"的力量。如果从社会主体的类型来看，可以粗略地把人类社会化的模式分成非传媒型和传媒型。其中传媒型的社会化是指，人们通过接受传播媒介，如以听广播、看电视、上网等方式来获得相应的知识，通过自己的学习而社会化。不论是教育功能、服务功能、娱乐功能，还是媒介对人的社会化影响，都是基于媒介的传播功能。

传播是各种媒介的主要特征，电视也不例外。

与此同时，电视肩负起对外传播的任务，既是时代的需要，也是新媒体对电视冲击的结果。中国作为大国之一，在世界的政治、经济、文化等各方面占有重要地位，更是闻名世界的东方文明之邦，这就要求我们在传播领域做好交流工作。

文化记忆在社会化过程中形成，是文化得以发展和传承的重要因素。大众传媒以独特的方式对文化进行提取，成为传承民族文化记忆的重要载体。纪录片《舌尖上的中国》的热播，凸显了在当今媒介商业化背景之下，电视媒介通过唤起文化记忆，达到经济效益和文化效应双赢的传播效果。

（一）发挥电视文化传播的人文价值取向

电视媒体是最为受众所接受的信息传播形式之一。它的优势即它本身是一种综合媒体和现场媒体，声像统一，现场感强，对受众的接受能力有较好的适应性，传播过程中受众的反射弧极大缩小，电视影像可以将传播本体抽象为形象的程度最大化。

电视媒体所包含的节目类型众多，电视剧、访谈节目、新闻节目、纪录片……《舌尖上的中国》是中国中央电视台出品的美食类纪录片，该片通过记录中华美食的多个侧面，展现食物在仪式、伦理等方面给中国人带来的文化。通过记录手艺传承人烹饪食物和食物材料产地居民的生活，使中国人的生活、中国人对生活的美好愿景以及中国人勤俭自强、吃苦耐劳的精神得到展示。

以电视节目形式之一的纪录片《舌尖上的中国》为例，分析在对外传播中国文化方面电视媒体拥有的闪光点。

1. 电视的视听优势

《舌尖上的中国》的主题是中华美食，比之于历史文化类纪录片，《舌尖上的中国》受到外国观众的追捧，这是因为美食是全人类的共鸣，不分国界、种族。帧帧画面，通过镜头进行视觉传达，加之优雅的汉语诠释食物的精神，并与中国文化自然衔接，再配以音乐，在听觉上达到完美。在《转化的灵感》中，关于豆腐制作的旁白是这样说的："中国古人称赞豆腐有和德，吃豆腐的人能安于清贫，而做豆腐的人也懂得'顺其自然'。而所有这些充满想象力的转化，它们所打造出的风味和对营养的升华令人叹为观止，并且形成了一种叫作文化的部分，得以传承。"镜头所捕捉到的豆腐白嫩细软的画面，与解说词相互映衬，受众可以在视听两方面得到享受。

虽然不同类型的纪录片有着不同的内容，但是画面和声音的双重应用是缺一不可的，可以有所变化、有所侧重。使用画面，可以在传播中扩大受众群，这是因为对于画面的接受没有年龄和学历的限制，从儿童到老者都可以收看。而使用声音，是在于

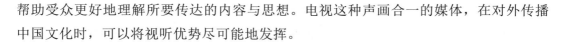

帮助受众更好地理解所要传达的内容与思想。电视这种声画合一的媒体，在对外传播中国文化时，可以将视听优势尽可能地发挥。

2. 电视的叙述优势

纪录片的故事层建立在视听层之上，通过视听符号的组合与变换，构成连贯的、具有意义的故事。电视在"讲故事"方面有着得天独厚的优势，它可以将声画关系运用得如鱼得水，在表达多个主题时，画面淡出淡入，加上旁白，可以将原本繁琐的故事过渡得游刃有余。电视纪录片用一个个故事来表达、凸显主题，是极具说服性的，让受众在眼观画面、耳听旁白的同时，拥有真实感和认同感。观众看到的这些故事主角或许就是日常与自己息息相关的人，故事挖掘平凡却不为人知的一面，国外受众可以更真实地看到新时代的中国人以及承载着五千年历史的中国精神、中国文化。

在《五味的调和》中讲到陈皮鸭的故事。"阿伦的记忆里，父母始终只是在店里日夜忙碌的两个身影。在他看来，40 多年的生活经历，如果用一句话来概括，莫过于苦尽甘来。中国人善于吃苦，是因为苦味的背后蕴含着更加丰富的味觉感受。"苦尽甘来，是中国人在味觉上对"苦"的辩证，更是在逆境中习惯坚持的信念。一只陈皮鸭，不只是阿伦一家的记忆，更是包含着有着相似经历的中国人的感情。《舌尖上的中国》常常将这些看似平常的人与事作为主题，透过平凡折射出不平凡的中国人精神以及背后的中国文化。

3. 电视的教化优势

电视作为大众媒体，在传播信息的过程中承担着教化的角色。观看电视节目，是人们了解信息、学习知识的一种渠道，那么，电视就必须在传播中增强文化性和知识性，一方面对本国受众起到教化作用，另一方面在对外传播中担负起宣传本国文化的重任。文化层，是隐藏在故事背后的信仰体系、社会价值、伦理道德等文化要素。电视纪录片作为文化传播的节目形式之一，具有承载不同文化和价值体系的特点。

《舌尖上的中国》通过展现中国人与美食的关系，将隐藏在美食背后的文化传达给受众，在潜移默化之中电视的文化优势得以发挥。2014 年 4 月，央视推出了《舌尖上的中国》第二季，受到极大关注。导演在处理食物、人物和故事时，更注重用中国情将这些元素串联起来。《舌尖上的中国》中的食物代表了中国各地的饮食特色和文化，陕北的挂面、苏州的糕点、沿海的鲜味……不论是哪里的食物，向观众传达的是食物中蕴含的中国情和中国文化。外国人对中国文化的喜爱，不仅是对中国历史的崇敬，对中国饮食文化的喜爱也甚浓厚。《舌尖上的中国》对于中国人是一份情，对于外国人则是异于本民族的新文化，通过食物这种可以品尝的文化，向其他民族展示属于中国的味道、中国的文化。

如果说《舌尖上的中国》第一季的解说词做到了雕章琢句，传达食物的本真，那么《舌尖上的中国》第二季的解说词则从声画层面和故事层面上升到了气息更浓的文化高度，更清晰地向受众传达中国文化。譬如《心传》在介绍苏州糕点时，这样解说道："从塑造汉字到塑造糕团，象形一直是中国人的独门心传，这是别具一格的糕点，已经不是单纯的食物，而是更高层次的对生活情趣的审美。"画面的丰富，是视觉的刺激，但只有画面是不够的，解说词担当着让纪录片生动起来的重任，语言的传达可以使受众更清楚地了解其中传达的内容，这也就是电视纪录片所特有的优势——能将看不见的文化用语言进行表达，文化的感知便在这一幅幅画面、一段段语言中得到体现、得到升华。

撒贝宁主持的《典籍里的中国》是一档由中央广播电视台综合频道精心打造的文化传承类节目，其主题为"国学"。此节目采用了"戏剧+影视化"的现代科技表现方式，将中国的历史长河生动地重现在观众眼前。撒贝宁作为读书人，巧妙地将观众的知识面与情感串联在一起，为我们带来了一场精彩纷呈的视听盛宴。这档节目对于传承中华优秀传统文化具有重要意义，也得到了社会各界的广泛关注和好评。当那些曾经的历史伟人出现在大屏幕上时，观众内心的感动和澎湃之情无法用言语表达。经过11期的节目，观众在一次次的时空穿越中，深刻地感受到了传承的力量和文化的魅力。千百年来，中华民族的传承不息，一代代薪火相传，这是我们民族的骄傲和自豪。

（二）电视节目类型多样化策略

电视节目的类型多种多样，可以在节目类型上做文章。针对对外传播的需要，多样化电视节目的类型有电视纪录片、电视连续剧、文娱类节目这三种，可以作为对外传播中国文化的节目形式。选择这三种节目类型，有其原因：一是这三种节目类型比较常见、受众数量大、符合各国受众进行收看；二是这三种节目类型可选择的传播内容十分广泛，可以根据具体需要进行设计。《舌尖上的中国》作为近年来成功的纪录片，2012 年 5 月在央视首播后，引起广泛关注；2012 年 7 月在台湾公视播出；2012 年 9 月在新加坡星和都会台播出；2012 年 10 月在香港 TVB 翡翠台播出。2013 年，《舌尖上的中国》实现了央视纪录片海外销售市场的历史性突破，海外市场的热烈反响让国内纪录片得到了大众的认可，也在海外市场占有一席之地。2014 年 4 月，《舌尖上的中国》第二季登陆央视，美食风潮再次席卷电视荧屏。《舌尖上的中国》的大举成功，让我们看到了除了综艺选秀节目能够大紫大红，适应受众需求的纪录片也可以引领电视潮流，给了我们许多在对外传播方面的有益启示。

1. 电视纪录片

电视纪录片，是运用新闻镜头真实客观地记录社会生活。电视纪录片的题材广泛、形式多样，画面和解说相互配合，声画合一，并将艺术性融入其中，赏心悦目，同时，受众可以从中了解知识与文化。中国文化包含的内容繁多，人文历史、宗教信仰、风俗习惯等，这些都可以采用纪录片的形式进行艺术表现，配合解说以达到对内、对外的传播效果。

英国BBC的纪录片闻名世界，涉及题材广泛，历史文化、宇宙奥秘、人文风情……尽收眼底，制作精良，恰到好处的拍摄、精彩的画面配以解说，是一场名副其实的视听盛宴。欧美在纪录片的拍摄、制作方面胜人一筹，应多加借鉴。2013年8月，河南电视台都市频道播出了独家投资、独立拍摄的纪录片《大美河南》，共5季30集，包括山水篇、美食篇、自然篇、文化篇、民俗篇。中原腹地的美景、美食、文化、习俗一一呈现给观众，这对于中原文化的对外传播无疑助了一臂之力。中央电视台也出品过许多优良的纪录片，如《大国崛起》《贸易战争》《敦煌》《故宫》《圆明园》……以独特的视角带领观众了解中国、了解世界。

2. 电视连续剧

电视连续剧，人们再熟悉不过的节目类型之一。随着时代的发展，各国的联系愈加密切，文化的交流更加方便，将电视连续剧出口国外逐渐成为一种文化传播潮流和商业行为，而观看外国电视剧也成为一种时尚。

韩剧在东南亚的流行，形成了一股韩流风，扩大了韩国文化的影响力，更给韩国创造了经济效益。从《蓝色生死恋》《大长今》，到2014年引领炸鸡啤酒风潮的《来自星星的你》，韩剧在编剧、主演、拍摄各方面都下足了功夫，越来越多的年轻人也模仿韩国的穿衣打扮，喜爱韩国文化。十几年里，韩剧的影响没有减弱，反而越来越强劲。

中国历史上下五千年，可作为拍摄的题材很多，而我们缺少的是怎么将中国文化融入电视剧中的想法。将中国文化融入电视剧中，出口各国，传播中国文化和中国思想是个循序渐进的过程，韩流、韩剧所取得的成功，对我们来说是一种启发，更是一种借鉴。

3. 文娱类节目

文娱类节目可以划分为两大类，一类是文艺晚会形式的节目，另一类是娱乐性节目，这两类节目在传播过程中主要起到娱乐、休闲的作用。文艺晚会，是中国老百姓十分熟悉的节目形式，特别以春晚为其代表。央视春节联欢晚会，是中国中央电视台在每年农历除夕晚上为庆祝农历新年举办的综艺性文艺晚会，在演出规模、演员阵容、播出时长和海内外观众收视率上，都创造了世界综艺晚会之最。2014年，央视春晚首次升格为"国家项目"，与奥运会开幕式等同。近几年的春晚打破常规，邀请来自世界各地的艺术家同台演出，其中席琳·迪翁、李敏镐、苏菲·玛索的出演受到极大关注。

更重要的是，春晚通过邀请外国艺人，使得各国民众开始关注春晚，了解当今的中国，改变对中国的陈旧印象。因此，中国传统文化的对外传播，可以将央视春晚这种备受海内外关注的节目作为传播渠道。

值得注意的是，许多地方卫视大量购买国外综艺节目版权，如何打好"中国牌子"，创造"中国品牌"的娱乐节目更为重要。中国文化的传播，是需要"中国品牌"的节目作为支撑。

（三）精英文化与大众文化相结合

一般来讲，大众文化就是大众所创造并欣赏的一种普及文化，精英文化是代表正统的、由主导一个国家或一个民族的那一部分精英所创造和欣赏的文化，也有人称之为"高级文化"。电视文化是电视对当代人生活方式的影响。从文化发展的意义上说，电视传播是文化传播的革命性变革，电视成为改造社会的一种全新的文化力量。

电视文化大众化和精英化的契合点：精英文化大众化，大众文化精致化。随着时代的要求，"精英文化大众化，大众文化精致化"将是大众文化和精英文化的优势结合的方式。一直以来，精英文化"高处不胜寒""曲高和寡"，而大众文化却拥有众多观众。之所以会出现两种文化对立的局面，主要是因为所谓的精英文化节目没有找到一个与大众文化融合的方式，没有找到一个很好的切入点。人们看惯了精英文化一贯高高在上、曲高和寡而又单一的节目形式，更倾向于大众文化节目的平民化色彩。

1. 大众文化精致化

现代传播学理论告诉我们，完整的传播过程，是传播者与受众相互影响的互动过程。电视观众是电视节目价值的最终实现者。电视文化走向大众、走向悦众、走向娱乐是基本趋向，这可能是媒体生存所决定的，也是大众文化的时代所决定的，批判也好，漠视也罢，不太可能改变它的走向。积极的做法是，倡导有品位的电视文化，有艺术感染力的电视作品，有精神升华价值的电视节目或栏目。观众固然有选择看节目的自由，但是对于观众中确实存在的庸俗文化的欣赏需求，我们也应该加以引导，毕竟通俗不等于庸俗，通俗的东西也有含金量，而庸俗更多地等同于低级，缺乏文化的含量。

提高大众文化的思想性和文化品位，既不能对它横加干涉，又要防止对它疏于引导。电视要向雅俗共赏的方向发展，走雅俗结合的路子。一方面，高雅文化在保持高品位文化追求的同时，也要从内容到形式上增加可接受性，向大众靠近，这样才有更光辉的前景；另一方面，大众文化在保留对市场经济的适应性、娱乐性、大众性的同时，也要借鉴高雅文化的优点，强化对生活意义的理解和对高尚审美情趣的追求，不断提高品位，推出一批雅俗共赏的文化精品。

电视文艺工作者要挖掘电视文艺的引导功能，陶冶观众，提高自己的审美情趣，要寻找这样的一个契合点，既要使我们的节目符合艺术的规律，体现出丰富的创造力和想象力，有较高的艺术意味，给人以美的享受，又要大众化，为广大观众所喜闻乐见，使广大观众的趣味在潜移默化的欣赏中得到提高。在具体的表现方式、时空节奏处理和视、听表现手段等方面，努力求新求变，做到开放与多样，抓住主要目标观众，尽量做到雅俗共赏，努力寻找和扩大自己的知音，使电视文艺的审美功能得到加强。

2. 精英文化大众化

无论大众文化与精英文化有多少差别，二者都不存在绝对的、明确的界限，这不仅因为大众文化与精英文化本身存在于不同的层次，更因为随着社会的发展和社会成员整体素质的提高，所谓的精英文化不断地被社会大众所接受而成为大众文化，从而二者之间不断地相互转化。所以，广大电视观众应该避免将大众文化与精英文化分化，不能简单地将它们视为"阳春白雪"和"下里巴人"一样的对立物。由于时间和空间的差异，"大众"和"精英"的含义也随之改变。在19世纪和20世纪初的中国，报纸杂志和其他大众传播工具属于精英文化，然而在今天却属于大众文化；意大利歌剧如今在美国和中国都属于精英文化，然而在意大利却属于大众文化。大众文化的创造者也不断地改变着自身的角色，并大有"下里巴人"与"阳春白雪"相互结合的演变趋势。

《百家讲坛》是CCTV-10于2001年7月开播的一档以传播优秀文化为宗旨的讲座式栏目，从最初开办时的无人问津、收视低迷，到栏目改革后的成功，该栏目在学术界和社会各界掀起了一股热潮。究其成功的原因，在于其合理准确的栏目定位、贴近大众的连续经典的选题、传播主体的巨大影响力、悬疑故事化的传播方式以及多种电视媒介方式的综合运用，这些传播策略使其成为科教频道的品牌栏目。该栏目在专家学者和普通老百姓之间架起了一座桥梁，借助于电视媒体这一大众化传播媒介，达到了传播中国传统文化的目的。

《中国诗词大会》是央视科教推出的一档以"赏中华诗词，寻文化基因，品生活之美"为宗旨的大型文化类演播室益智竞赛节目。为贯彻落实习近平总书记关于弘扬中华优秀传统文化的指示精神，为让古代经典诗词深深印在国民大众的脑子里，成为"中华民族文化基因"，通过演播室比赛的形式，重温经典诗词，继承和发扬中华优秀传统文化。创作组在诗词题目的遴选上注重"普及性和专业性并重"，邀请诗词领域的专家学者历时近一年组建诗词题库。入选诗词题目几乎全部出自中小学课本，涵盖豪放、婉约、田园、边塞、咏物、咏怀、咏史等各个类别，聚焦忠孝、仁义、爱国等中华优

秀传统文化主题，带领观众在"熟悉的陌生题"中领会中华诗词文化精髓，透过诗词之美传承和弘扬社会主义核心价值观。

（四）实现电视节目理念的创新

电视节目的创作理念需要体现与时俱进的时代精神，用多样化和深刻性丰富观众的精神文化生活，潜移默化地影响观众的审美和欣赏水平。将精英文化和大众文化结合起来，走一条以浅显通俗的样式传达深刻内涵的娱乐方式之路，应是当今新形势下电视文化的发展方向。多样化电视节目类型的目的在于改变传播的形式，但更重要的是内容的革新，因此，创新电视节目的理念尤为必要。改变旧模式，以新思维创新理念，这是新媒体环境下传统电视进行对外传播的内在革新。

1. 邀请各国人士参与中国节目

加深其他各国对当今中国的了解，这就需要在对外传播这种单向传播上，让外国友人参与进来。电视不同于互联网，它是一种单向传播，受众处于被动的接受地位，电视传播什么，观众就接受什么，没有机会形成双向互动。为了避免电视这种单向传播的劣势，可以转变思维，尤其是在传播中国特有文化时，可以邀请外国友人参与到中国节目中。出于国家情结和民族自豪感，被邀请国家的观众也会收看节目，在收看的过程中了解中国文化，形成间接的双向交流。我们也可以参与到国外电视节目中，展示中国文化。

中央五套的《城市之间》，通过包括中国在内的各个国家的竞技比赛节目，向观众传达各个国家、各个民族的文化与精神。《汉语桥》这档节目，在传播中华语言和中华文化方面起到了重要作用。外国选手在比赛的同时，更多地了解中国。类似这样的节目应该得到更多的关注，才能使电视在面向世界传播"中国文化"上多出一条路。

鉴于泛北部湾国家在电影方面的共识和迫切合作的愿望，由中越泰三方共同合作，跨越东盟6国拍摄的电视剧《海道传奇》应运而生。这部电视剧以武则天时代为背景，通过一幅海上藏宝图展开剧情，呈现"海上丝绸之路"的风土人情与文化交流。

2. 增强中国文化底蕴

习近平总书记在十二届全国人大一次会议闭幕式上发表重要讲话，强调实现中国梦就必须弘扬中国精神。这种精神是凝心聚力的兴国之魂、强国之魂。中国梦实质上代表了五千年中国文化和中国精神。现阶段，我国正处于快速发展阶段，中国是全球发展的强大动力之一，面向世界传播中国文化和中国精神，是包括电视在内所有媒体必须承担的职责。

电视节目在对外传播中国文化和中国精神的同时，要增强节目的中国文化底蕴，考虑运用怎样的传播方式达到最好的传播效果，这也需要分析国外受众的理解能力和接受能力。中央电视台设有英语频道、西语频道、法语频道、阿拉伯语频道等外语频道，专门面向外国人。CCTV-1、CCTV-3、CCTV-4、CCTV-13、CCTV-NEWS、CCTV-E、CCTV-F 与其他华语频道借助长城平台，在美国、加拿大、法国、亚洲、拉美地区通过有线电视、卫星电视等方式播出。2010 年，亚洲品牌 500 强中国中央电视台位列第七。现有的电视资源十分丰富，利用好这些资源，融入中国文化和中国精神，增强中国底蕴。

网络日益发达，人们越来越多地利用视听新媒体了解、认识世界，但是电视这种传统媒体拥有着其他媒体所没有的优势，受众基数大、节目形式多样、选择性大……电视在对外传播方面依旧扮演着重要角色。电视如何把中国文化和中国精神传播至世界各地，需要动用电视的优势、避免其劣势，寻找新途径。新媒体的出现的确给电视带来了压力，因此，电视需要找出新媒体不具备的传播方式，增强自身竞争力。电视对外传播中国文化和中国精神，不仅是在提升中国形象，向世界展示中国历史的悠久、中国文化的厚重和中国智慧的博大，同时也激发了中国人民的民族自豪感和自信心。

3. 对文化的维系和构建

电视作为家家户户都存在的家用电器，已经渗透到当代社会的每个角落。人们已经把看电视当作了日常生活的一部分。电视的诞生，史无前例地影响了人类的生活方式、思维方式和生产方式，它可以让全世界在同时共同关注、参与同一个事件。电视文化潜移默化地改变了人们的思维方式。

流行的电视节目所体现出的电视文化是反映当前社会共同体中多数人的心理、偏好和需求的一扇窗。电视节目包含着的正是电视的文化属性，是满足人们物质和精神需求而产生的，带有物质文化与精神文化。

（1）电视剧对文化的维系

电视剧是体现和传达文化的各种手段中最贴近生活、影响力最大最深远的。电视节目在一个多文化种类的星球上，不同文化的人们彼此之间的交流是不可避免的。电视提供了展示不同文化的平台，而电视剧以当下传播最广泛、受众最多、渗透最深的优势成为文化交流互动中最为直接的艺术形式。电视剧作为特定文化的载体，被人戏称是一个国家和民族的"私生活"，正如在爱情中可以表现一个人全部的道德风范，在反映"私生活"的电视文化中也最能表现一个国家、民族的大众行为与思维模式、审美趣味及欣赏习惯等。

① 清廷古装戏。清宫剧《康熙王朝》《雍正王朝》等电视剧热播，造成各类宫廷戏不断出现。

② 武侠小说改编剧。武侠剧往往忽视了文化内涵，情节设置不严谨，千人一面、千篇一律。不见了武者的心境和侠者的胆识，只剩下急功近利。很多武侠剧在拍摄的紧张进展中疲惫了思索，使作品的历史深度、文化深度大打折扣，完全不见了"侠之大者，为国为民"。

③ 谍战剧。一部《暗战》之后，谍战剧层出不穷，经历了《潜伏》的震撼、《黎明之前》的高潮、《借枪》的新鲜。只能说其他很多的谍战剧更多是在滥竽充数，只是对之前作品的粗浅模仿，并没有更深入挖掘文化内涵，从而使观众也产生了审美疲劳。

④ 韩剧。相比较其他在中国流行的电视剧而言，韩剧在家庭肥皂剧上成就显著。韩剧一般集数较多，篇幅较长，注重情节和题材的细腻开掘，剧中能对生活细节、亲情、家庭、婚姻、人际关系等深入洞察，温情而幽默地表现出生活哲理。能够展现出东亚、东南亚共同的文化内涵，充分考虑到了亚洲文化圈的集体认同的价值观、道德标准和审美取向，并用传统的手法进行了真实的表现。

其实，这并不是说中国没人能拍出好的充满内涵和人文关怀的电视剧，而是投资人要考虑是否能收回成本，是否能够播放。而剧本题材的匮乏也是我国电视剧翻拍、雷同现象严重的一个重要因素。

⑤ 脱口秀、访谈类节目。节目在话题选择上大多是与百姓日常生活息息相关的软新闻，看人间趣事，聊新鲜话题，长生活智慧，消郁闷烦恼。通过多样的表现形态，给观众营造轻松惬意的氛围，呈现精彩纷呈的内容。这类节目的成功与否往往与主持人息息相关。我国的脱口秀节目从笔者印象中的《实话实说》到《锵锵三人行》等诸多栏目借鉴了美国脱口秀的制作方式并加以本土化改造，同样有着较好的收视效果。内容也丰富多彩，具有明显地域文化色彩。

构建一个和谐的电视文化平台，需要从媒体到频道再到节目多方面的合作，需要确定科学的管理机制，这就是电视文化中的制度文化。整合有限的资源，加强集团化建设，减少恶性竞争，倾力打造地域性文化品牌。

（2）电视媒体的产业化构建

建立一套以市场为导向的节目生产、流通和播出体系及其相应的管理体系，把电视行业纳入中国市场经济的大体系中。内部整合发展，通过跨区域合作经营与兼并，联合组成跨区域新媒体。突破行业限制壁垒，实行跨媒体立体整合，实现资源重组。

电视频道专业化与风格化构建。同一个电视节目不可能吸引所有的观众，所以观众分流是必然出现的。电视频道应该明确自身定位与受众定位，正视这一点，对现有的资源进行理性的整合，使一个频道的节目专业化，锁住观众中的一部分人的视线，才能更好地获得发展。需要保证专业化频道的节目来源丰富、充足，拒绝庸俗与低级趣味，展现理性追求和人文关怀。对频道节目内容深度挖掘，找出受众所想知道而不知道的卖点。

电视节目的品牌化构建。电视节目的品牌化建设应该有长效、持久的支撑性资源，确立电视品牌节目的明确定位。以丰富的节目内涵和优秀的节目质量来构建电视节目品牌。保持不断创新和自我超越，随着观众精神需求的转变而转变。面对开放后的国际市场，要创立中国品牌电视节目的民族品格。

电视文化并非孤立的、偶然的存在，在一定程度上受到社会文化环境的影响和制约。确立了科学合理的管理体制和思维理念，才能保证中国电视文化产业的良性发展。电视产业究其本质是一种创意产业，电视传播的竞争在很大程度上也取决于创意的竞争。有创意的电视节目在保持外在形式常出新的基础上，更应及时剖析当下的社会心态，用适当的内容潜移默化地抚慰与影响受众的心灵，激发受众的共鸣，这样的节目才会具有持续发展的可能性。

第三节　新媒体文化传播

新媒体是一个相对的概念，是报刊、广播、电视等传统媒体以后发展起来的新的媒体形态，包括网络媒体、手机媒体、数字电视等。新媒体亦是一个宽泛的概念，利用数字技术、网络技术，通过互联网、宽带局域网、无线通信网、卫星等渠道，以及电脑、手机、数字电视机等终端，向用户提供信息和娱乐服务的传播形态。严格地说，新媒体应该称为数字化新媒体。

新媒体就是能为大众同时提供个性化的内容的媒体，是传播者和接受者融会成对等的交流者，而无数的交流者相互间可以同时进行个性化交流的媒体。新媒体的特征具有交互性与即时性、海量性与共享性、多媒体与超文本、个性化与社群化。

新媒体的发展将是未来媒体发展的新趋势。传统意义上的媒体是通过电视、广播、报纸、杂志，单一形式地完成的对于信息的传播，而新媒体是在集传统意义的媒体的基础上，运用数字媒体技术开发创意完成的对于信息的传播、加工以及新的诠释的一种新的媒体概念。也可以称作是第五媒体。新媒体的形式随着生活科技以及人们对于信息的需求瞬息万变，以不同的形式出现在人们的视野中，比如时下非常风靡的移动电视流媒体、数字电影、数字电视、多点触摸媒体技术、重力感应技术、数字杂志等诸多形式。新媒体技术的应用体现了受众群体对于信息的抓取更加深入，希望得到更大程度上的互动，以及对于信息的重新自我诠释，受众可以根据自己的喜好经历参与其中，获取自己最想得到的信息。新媒体技术的诞生，是人们将平面媒体信息获取的枯燥性、延迟性、非互动性等不足的方面加以整合，运用数字技术、无线技术和互联网三方面，改善了受众群体对于信息量冗杂以及信息质量残损的劣势，使得信息在保证量的基础上，更加能使多个受众群体得到及时的沟通、交流、反馈，达到了市场、受众、市场反馈的良性循环模式，更大程度上清除了信息的冗余。因此，新媒体又可以定义为：互动式数字化复合媒体。

新媒体的参与性非常强，不需要太为复杂的设备、技术以及人员的配备就可以实现你自己的新媒体作品，如当下非常热捧的定格动画。在新媒体技术还未诞生之时，人们想通过简单的方式表达自己独创的想法有些许困难，但当新媒体技术诞生后，你只需要一台相机，一个剪辑软件，以及你充满创意的想法，就可以完成一个新媒体的产物——定格动画。你可以将你的想法通过手工的形式加上拍照技术，在剪辑软件上将其排序剪切，再配上声音，便是你独一无二的数字微电影。每秒 24 张照片的速度可以让你的定格画面动起来，让你获得当导演的乐趣。

新媒体技术就是交互式媒体的展现，未来媒体的发展趋势便是受众与媒体之间更多更深层次的互动。

一、统筹媒体的发展策略

随着以互联网为载体的新兴媒体的快速发展，全球信息传播快速化、多样化，"地球村"概念打破了传统的时空观，人们与外界甚至世界任何一个角落的联系更为紧密、更为便捷。同时，地球村的出现，使得传播需要考虑更多因素，运用更多传播手段。而视听新媒体的出现和快速发展，正是适应了传播的需要，并发挥着重要作用。

融合媒体是创新的技术平台，是新媒体内容的加工基地，承担所有新媒体领域的技术支撑，并负责产品设计和市场对接，可从八个方面统筹媒体的发展。

第一是理念的融合。光明日报是面向知识界、文化界的中央媒体，是中国知识分子的家园。光明日报和光明网媒体品牌新闻理念核心价值上高度统一。

第二是流程的融合。以前的流程是独立的，没有交集，现在必须要把内容采编和发布统一在一个技术平台上，根据新闻事件的特点和过程来布置采集的方式，协同作业。

第三是技术融合。只有将最新的技术和媒体的技术设施融合起来，融媒体才有发展的动力。

第四是产品的融合。媒体融合发展的关键是要创新业态、创新产品，以产品为轴心，重组资源。近年来，光明网先后推出了光明云媒等新媒体产品，这些产品在新闻价值上与光明日报理念一脉相承，用户特色各有细分。

第五是人才的融合。需要建设一支业务水平高、反应速度快的新闻队伍。

第六是渠道的融合。现在已经发展到内容与人才并重，就是要解决新媒体、新技术的局面下如何保持对新的渠道的关注和应用，并具备策划全新渠道的能力。

第七是市场的融合。这是一个自然而然的结果，过去光明网主要是依赖传统报纸，现在广告收入呈现了良好的态势。

第八是资本的融合。现在仅仅依靠报社自身的积累显然不现实，要通过资本运作实现产业化的布局，提升市场的能力。

媒体融合发展是传统媒体的转型方向，也是新媒体的发展机遇。新闻网站，新闻聚合，同质化的困局，促使网络媒体品牌特色的差异化。

二、微媒体传播策略

（一）新媒体出现了四个显著的变化

自 2013 年以来，中国新媒体发展进一步呈现移动化、融合化和社会化加速的态势。在这种态势下，中国新媒体出现了四个显著的变化，基于新媒体的微传播已经成为促进中国社会发展的新动力。

第一，微传播成为主流传播方式。基于移动互联网的微博、微信、微视频、客户端大行其道，微传播急剧改变着中国的传播生态和舆论格局。

第二，传统媒体和新兴媒体正在加速融合。传统媒体纷纷推出新媒体战略，拓展传播空间，而新兴媒体凭借技术优势整合传统媒体资讯再传播，新媒体引发又一轮传媒革命。

第三，新媒体的社会化属性增强。功能不断拓展的新媒体正在快速向政治、经济、社会、文化各领域延伸。微政务成为创新中国社会治理的新路径。新媒体引发产业升级和互联网金融热兴。微交往、微文化正在推动社会结构变革和文化发展。

第四，新媒体安全成为最重要的国家战略。新媒体正在超越传统媒体成为跨越诸多领域的"超级产业"，而新媒体的安全问题日益成为各个国家战略考量的重点。2013 年以来，在顶层设计的强化下，中国新媒体在社会发展中的战略地位进一步凸显。中国正迈步从新媒体大国走向新媒体强国。

（二）微媒体的三大类型及其传播策略

微媒体主要指以微博和微信等社交软件为代表的媒体，从微博、微信到微小说、微电影等。"微"事物满足了人们在快节奏的生活中以最短时间获取最多信息的需要，使人们在有意无意间将"碎片化"的时间充分利用。这类媒体呈现出以短小精练、多手段、多方式的表达形式进行文化传播与信息交流乃至进行情感沟通的特征，信息量大，信息内容以几何增长的速度快速传播，具有超强的冲击力和震撼力。

当代的媒体消费趋势呈现出碎片化、微小化的需求。以移动互联网为基础的微媒体时代到来，微博、微信等传播媒介正逐渐成为信息传播的重要工具，用户凭借微媒体分享并持续地生产各类信息资源，信息的传播呈现出即时性、流动性、互动性、融合性的特征，正在冲击着传统传播学的传授概念。

1. 微博

2011 的 5 月 10 日，新浪微博又推出了自己的新浪微电台，使微博的用户可以凭借智能手机等客户端在收听移动广播的同时还能实时浏览微博、参与大家的互动，这种群体的互动和舆论引导功能，在有突发事件出现时体现得更为明显。中国之声的新浪"微电台"在 2011 年 8 月 10 日正式上线，众多中国之声听众通过其官方微博与其进行互动。全国有多家电台在新浪上开通了微电台，其中中国之声影响力排名第一。微电台不仅具有互联网传播与广播两者的优点，还可以使得移动广播由单一的音频传播升级为音视频同步和双向传播的广播新形态，大大拓宽移动广播的发展空间。

随着短视频、直播等传媒形势的发展，微博平台又开通短视频、直播的功能。事件不仅仅有文字的描述，更有视频辅证，提升了微博平台的影响力。2023 年，新浪微博更是将这个功能改进成为微博故事，快速记录并分享生活中的任何时刻到"我的故事"，只需简单两步操作，就可以发布一部长达 15 秒的视频或照片故事。但请注意，这些故事会在发布后的 24 小时后自动消失，不留任何痕迹。

2. 微信

微信与移动广播从特点上看，有着很高的亲近度。腾讯公司在 2011 年 1 月推出微信，并在 2012 年 8 月开始启用微信公众平台，到目前为止，微信的用户已经超过 12.6 亿，俨然成为国内最重要的微媒体平台。微信与移动广播都依赖于手机这个移动终端，契合移动人群的使用特点，从媒介属性上有着天然的联系，并且可以信息共享和兼容。与微信的结合，可以增强移动广播的互动性，产生二次的开发内容。微信信息传播是一种以 P2P 为基础的社会化网状人际传播模式，因此具有便捷的文字以及语音回复功能，与微博、短信相比较，听众更乐于在微信上与广播节目进行实时的互动、实时路况爆料等，可以大大地增强广播节目的现场感、吸引力以及感染力。微信在移动广播中的应用不只是微信互动和微信路况，还可以建立微信电台、微信商城等。通过技术手段连接到微信的电台助手，微信就可以轻松地拓展出节目点播、节目回放、天气预报、雾霾指数、违章查询、幸运抽奖等众多实用功能。

3. App 客户端

移动广播手机客户端作为传统广播的一种延伸，为移动广播的发展开拓了新的传播渠道，客户端的普及使移动广播的收听和消费更加便捷。国内目前独立 App 的广播电台有数十家，从种类上看主要是分两类：第一类是以广播收听、点播、互动等功能为主，像厦门音乐广播、济南经济广播等；第二类是针对交通广播移动人群收听需要开发的，除了收听、互动等功能之外，听众可以通过 App 客户端实时查询到路况播报，像北京交通广播等。

（三）充分利用微媒体的特点

习惯上，我们把新浪、搜狐那些门户网站称为媒体，它们是由大型企业运营的；相对门户网站而言，个人运营的网站就是一个微媒体，其中博客便是很好的微媒体的例子，相信以后会出现更加丰富多彩的微媒体形式。

微媒体创造的内容简单易读；互动性比传统媒体和新媒体都要强，内容的创造者与阅读者是面对面的强关系；并且阅读者可以通过关注、取消关注、订阅等操作进行选择性的阅读。当媒体成为达到某种目的而进行的传播的渠道时，这种被传递的信息就叫作广告：这是作为媒体的正当收入方式，其他都是歪门邪道——以封闭性信息来收取信息费用的小众式媒体这里姑且不论。在这种情况下，媒体的差别就在于规模和受众群。

1. 增值性

必须有信息的源头参与才可能产生有价值的微媒体网络，信息源是指任何产生信息增值的发布。写一篇文章是信息源，对信息做一次有价值的修改或者发布一条评论，也是信息源。只要有新加入的信息，即信息增值，就有可能存在感兴趣的受众，并不要求发布者有记者证，使用正式文体和写作、发布方式。

2. 差异性

这种差异性是指微媒体整体与传统媒体的差异：因为都是微小的个体所发布的内容，风格、导向性、内容都会不同，很容易理解。微媒体的组成个体之间未必有很大的差异性，相反，很有可能出现大量的转载、抄袭、雷同和垃圾类信息。这个差异性也有别于特立独行的"个性化"，原因很简单：就像一份小众群的杂志，内容再精彩发行量也就那么多，我们这里只讨论大众媒体的问题。

3. 传播性

这种传播指的是自发的传播，而不是通过报亭这样的发布渠道，因此需要两个条

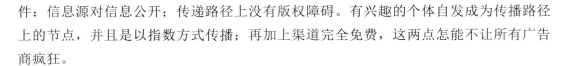

件：信息源对信息公开；传递路径上没有版权障碍。有兴趣的个体自发成为传播路径上的节点，并且是以指数方式传播；再加上渠道完全免费，这两点怎能不让所有广告商疯狂。

4. 选择性

由被关注，到被谈论，再到被传播，这是必然的模型，信息的优胜劣汰在此自然形成。我们会把好文章告诉朋友，会发布评论，会转载……是的，的确有垃圾和骚扰信息让某个路径上的节点非常不愉快，但是不会对网络整体产生致命影响，因为这个网络结构是自适应的。

三、广播媒体微信公众账号的运营策略

微信公众平台在传播的广泛性、即时性、互动性等方面具有独特优势，充分发挥这些优势就能达到文化传播的良好效果。

（一）明确定位微信账号承担的功能

微信能使用语音发送信息，与广播的媒介属性有着天然的联系。但在实际操作中，出于播出安全等方面的考虑，真正把微信接入直播信号、让微信粉丝"发声"的少之又少。一般来说，不同层级的微信账号承担不同的功能，如频率的公共账号侧重在微信平台上推介本频率节目、树立形象和维护关系；而节目层面的微信更有针对性，可利用微信拓展节目内容、吸引忠实听众。从广播媒体已有账号的运营经验来看，微信主要有如下功能：一是节目预告，为节目争取潜在听众；二是内容推广，将节目的核心内容进行深度挖掘或在微信上进行二次传播；三是沟通互动，获取听众提供的线索，实时反馈信息或意见建议；四是活动或产品推广，发布活动信息或节目附属产品的相关内容。广播频率和节目可根据自身实际，有重点地选择一个或多个功能。

（二）精心策划所推送的信息

微信公众账号推送的信息包括内容和形式两方面。媒体使用微信公众平台的目的和定位不同，发送的内容会有差异。在推送信息的表现形式上，不仅与内容本身有关，也与公众账号运营人员使用微信的技巧有关。

新闻类广播频率的微信常使用"图文报摘"型。这种图文报摘消息的头条使用图片和大标题，点击可查阅正文，其他内容以标题链接的形式。中央人民广播电台的"央广新闻热线"、中国国际广播电台的"环球资讯广播"等账号就是如此，它们依托母媒

体强大的信息资源，把微信平台打造成免费的手机报。专业型的广播频率或节目往往把微信平台做成信息速递工具。中央电台经济之声将节目中的核心内容分时段提炼出来，在节目播出前以文字或图片的形式发送，既提纲挈领，又起到节目预告的作用。另外一些专题类的节目，喜欢把微信做成杂志类的阅读物，每天推送一篇较有深度的内容，形式上类似图文报摘的头条，包括标题、图片、内容预览及阅读全文的链接。如北京电台的"照亮新闻深处"每天发一篇与前一天节目话题相关的文章，"1039旅途"每天介绍一个特色旅游景点，中央电台都市之声则是结合频率的定位每天发一篇优美散文。

微信公众账号的内容应具备实用性、贴近性、可读性，在形式上要综合运用微信提供的各种功能和排版方式，形成自己的发布模式，尽可能地贴近和满足听众的需求。

（三）打造令人印象深刻的独特风格

微信的最大特点是还原人际传播的基本特征，因此，广播媒体在利用微信公众平台的时候要时刻记住，它并不是一个严肃的媒体平台，即使要用它做严肃的事情，也应该顺应它亲和、贴近的本性，也要像一个性格分明的"人"一样去跟粉丝沟通。

在这一方面，中央电台都市之声《FM中国好声音》节目的微信就对账号进行了"拟人化操作"，在关注其微信后的提示信息中，它说"欢迎亲们随时与小文互动，如果回复慢了，请耐心等待一会儿"，这让人一下子就感受到有一个与其平等沟通的对象。北京电台音乐广播的微信账号叫"先听为快白米饭"，主持人白杰和小图钉延续了在节目中的搞笑风格，常常现"声"说法，向粉丝预告话题、分享生活趣事。

（四）运用图片、标题、文字标签等方式强化碎片化传播

手机作为媒体具有便携性、移动性、个性化的特点。广播在利用微信进行传播时，也应遵循受众使用手机的规律，让传播内容适应"轻松、轻便、碎片化"的需求。目前，图片的使用已经比较普遍，大家纷纷挑选有代表性、视觉冲击力强的图片，以追求在最短的时间内将信息传递出去。标题和文字标签的使用还不多，但已能看到明显的传播效果。

中央电台文艺之声《快乐早点到》节目，对推送内容中的新闻标题进行了加工，如"亲们，支付宝可以用来交学费了哦""新版《武松》下周开播，武松爱上了潘金莲，你怎么看"等。这样经过改造的标题由于简短集中、活泼有趣，更容易受到粉丝注意。中央电台音乐之声推送的内容中有"Muzine杂志周周看""书报摊""潮物""乐动心灵""新碟推介"等多个不同的栏目，发布时对这些栏目进行特别标注，这样很容易让粉丝形成记忆点，便于他们在每天的内容中快速找到自己感兴趣的内容。

（五）全过程、全方位、多角度发起互动

如果要对一个微信公众账号的运营情况进行评估，互动效果应为其中的重要一项。在现实情况中，大多数账号仅仅把微信当作一个单向推送信息的工具，并没有发挥其互动的优势。而好的运营经验是，在小小的一个账号中，利用一切可利用的资源提供互动方式，号召粉丝参与互动。中央电台中国之声的"央广新闻热线"，在微信账号的功能介绍中发布了节目的热线号码，号召公众提供新闻信息、参与互动活动。经济之声的"交易实况"，在关注账号后的提示信息中提供了节目在短信、微博、网络等多个平台的互动方式，向粉丝展示了各种反馈信息的入口。都市之声的"时尚知道"，每天主动推送的内容仅仅是一条特别制作的标题，若要获得详情则需要回复相应内容，有效地激发了粉丝参与的积极性。

（六）重视多媒体平台的推广

有很多广播媒体的公共账号粉丝不够多，往往是运营人员苦心经营，但鲜少有人响应。这是因为广播媒体的微信账号在推广上存在局限。

一方面，微信这个平台以熟人社交为主，没有微博中类似"广场"的公共空间。因此，用户很少有机会"偶遇"自己想找到的账号，只能是在已经明确知道账号名字的基础上，主动去搜索广播媒体微信公众账号。广播媒体的公共账号能否被搜索到，与媒体本身的知名度和影响力关系很大，也与其在运营时品牌识别是否统一有关。另一方面，其他的媒体如电视、报纸、杂志在推广微信账号时，可以直接在版面上刊登二维码，用户轻松地一扫，即可成为账号粉丝。

广播是声音的媒体，没有这样直接有利的方式吸引听众去关注其微信账号。因此，广播媒体若要增加其微信平台的影响力，除了保证提供优质的内容，还要借助各种资源的力量进行推广。一是利用媒体的联动效应，加大在广播、微博等平台的宣传力度，在节目中反复播报、推广，或借助媒体在网络、微博等其他新媒体平台的力量，尤其是增加使用平面媒体发布二维码的机会。而无论哪一个平台，粉丝和人气的聚集都需要长时间的积累和努力，这就对广播媒体在新媒体时代的运营能力有很高的要求。二是借助线下活动，聚集核心受众，通过一小群人"带动"更多的人，加速互动传播和口碑传播。

随着新媒体的飞速发展，诸如微信、微博、抖音等新媒体凭借其传播速度快、信息覆盖面广等优势，已发生了革命性变化。在数字技术、网络技术的推动下，新闻传播的渠道得以拓宽，新媒体已成为公民参与互联网的主要渠道。新媒体是以网络和数字技术为基础，通过互联网、局域网、卫星通信等渠道，以电脑、手机、数字电视等

终端，为用户提供信息和娱乐服务的一种传播形式。与传统媒体相比，新媒体的主体更为广泛和多样，新闻传播的主体已从专业记者扩展至广大民众，人人都可以参与到新闻传播过程中，成为发布者、编辑者和接受者。此外，新媒体还具有信息发布高速、零滞性，传播过程的主动性和互动性，以及立体化和碎片化的观众体验等优点。然而，新媒体的普及也带来了一些问题。由于普通人在缺乏专业媒介素养的情况下被赋予了信息发布的权力，可能会导致与事件相关的网络谣言增多，引起公众恐慌。因此，我们需要理性使用新媒体，既要保障公民的知情权，又要防止网络谣言的传播。

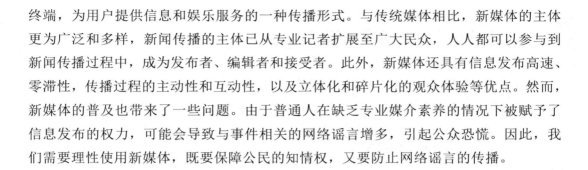

第四节　对外汉语教学中的文化传播

　　语言是文化的载体，对外汉语通俗来讲就是汉语的出口，是中国文化的对外传播。当下对外汉语发展情况良好，许多国家都开设了孔子学院，部分世界顶尖大学甚至开设了汉语课程，这说明世界其他国家对于汉语和中国文化还是相当认可的。当前世界正在构建地球村，不同民族、国家和文化之间的交集越来越多，竞争也越来越激烈。对于中国而言，汉语是中国文化浓缩的结晶，更是中国传统文化的载体。汉语不仅承载了中国的传统文化，更承载了中华民族的意识与精神。由于世界其他国家对中国的传统文化了解不多，对中国社会当前发展的现状也所知甚少，因此通过对外汉语传播中国文化，有利于其他国家对中国及中国文化的了解。再就是中华民族的无限魅力，引起了不少外国人对汉语学习的渴求，对外汉语便成了 21 世纪的热门学科。

一、汉字与汉文化的理论概述

　　汉字，得名于汉族和汉朝，是记录汉语的书写符号系统。至今为止，汉字不仅仅是持续使用最久的文字，更是上古时期各个文字系统中唯一传承至今的文字。"盖文字者，经艺之本，王政之始，前人所以垂后，后人所以识古。"著名语言学家古德诺夫曾说："语言作为文化的组成部分，其特点体现在：它是学习文化的重要手段，人们在掌握和使用语言的过程的同时获得整个文化。"

　　由此看来，作为汉语言的书写符号系统，汉字不但具有工具性，也具备传承思想文化的功用。它是一种充满时代色彩、地域观念、人文心理等的动态文化符号，它本身就能够被看作是一种文化信息的载体。因此，将中华文化运用到汉字教学当中可谓是一箭双雕，既能高效地完成学习者会认、会读、会写汉字的学习目的，又将中华文化加以传播，何乐而不为。

二、文化渗透汉字教学的策略

在对外汉语教学中，汉字教学可以分三个阶段，即初级、中级、高级。各阶段对教学任务和识字数量的要求都应有所侧重，因而教学方式应该也有所变化。

（一）说文习字，培养兴趣

在学习者学习汉字的初级阶段，汉字教学并不只是关注学习者识字量的问题，同时还是培养学习者对汉字的兴趣的关键时期。是否喜欢学习汉字，并积极主动地学习汉字，这将对学习者今后各个阶段的学习都产生极大的影响。在这个阶段，汉语教师可以在讲课当中用到"六书"中象形、指事、会意、形声这 4 种造字法，简单举例并在讲解过程中使用基础的文化知识辅助教学。学习者初学汉字，应当从独体字入手，由象形字开始。

象形文字是指纯粹利用图形作为文字使用，它临摹事物的外形或显著的特征，能够直接让学习者了解字义并对汉字字形产生兴趣、深化记忆。虽然象形字在汉字总数中所占分量不大，但是它却是构成汉字的基础，很多的会意字、形声字都是由象形字构成的。所以，掌握好象形字是掌握汉字基本构件所必需的。从汉字来源入手，让学生印象深刻。指事字是一种抽象的造字法，也就是当没有或不方便用具体形象画出来时，就用一种抽象的符号来表示。会意字有两种取象方式，一种是"以形会意"，比如："休"字，甲骨文就像是一个人倚在树下休息。"益"字，取水从器皿中溢出之态。此类会意字大多数是指事字在象形字的基础上添加、减少笔画或符号。例如指示字"本"，在"木"下加一短横特指"木"之根，引申为根本。另一种是"以义会意"，就像"从"，两个人在一起，表示二人一起行走；树木较少为"林"，树木很多为"森"，这样的教学方式会让学习者学习起来非常感兴趣。

再比如"王"在古代文字中，世人多认为是一个斧头的形状，因古代统治者多用暴力来统治人民，此为象形。而董仲舒说："古之造文者，三画而连其中谓之王。三者，天、地、人也，而参通之者王也。"孔子说："一贯三为王。"他们则认为"王"字是会意产生的汉字。由于学习者处于初级阶段，当这类汉字造字法存在争议的情况下，最好只用一种便于理解的方法进行讲解，可以降低学习者汉字学习的难度，不至于磨灭学习者学习汉字的兴趣。

（二）汉字结构，讲解文化

中级阶段汉字教学的重心应放在字形辨析上，要将汉字书写能力作为一个重要的点贯穿其中，并进入词语拓展阶段。当识字数量累积到一定程度时，教师应积极引导学生区别异同、辨析字形，促进学生书写汉字和认读汉字准确性的提升。所谓"汉字书写能力"，包括笔画的形状、笔画的组合关系、结构、部件、笔顺、基础的造字规律等汉字书写的基础知识。

偏旁是构成合体字的基本单位，具有归类的作用。偏旁分为形旁和声旁。汉字是表意系统的文字，它的形旁自然而然就担当了表意的角色。拥有相同形旁的汉字，往往具有相同的义类属性。由此，我们可以通过对汉字偏旁分类总结，使学习者对字义有进一步的了解，认识字形，加强结构观念。例如：当我们讲到"江"字的时候，可以告诉学习者，它左边的"氵"旁是由汉字"水"演变而来，是一个形旁，一般具有这个偏旁的汉字大多与"水"有关。然后给学生总结出"海、河、湖、泊"等，并利用中国有关的景色照片，让学生对这 4 个字加以区分。在讲"打"的时候，可以先从"扌"讲起，说明"扌"实为"手"的变形，带此偏旁的多与手有关等。

与此同时，教师应该准确了解汉字构成与演变，避免对学生产生误导。例如讲解"股"字的时候，可以告诉学生当"月"字旁在汉字左边时，为"肉"的变写，这样的汉字多与"肉"有关，如"胖""肺""肚"等；而"月"字在右时多和天文有关，如"明""朗""朝"等。这样，通过教师的正确引导后，在今后的学习当中学生会主动地对"月"字旁的汉字含义进行猜测与学习。如果遇到易混淆的偏旁，比如学习者经常分不清"礻"字旁和"衤"字旁，这个时候教师在进行区分时，可以讲到"礻"旁是"示"作偏旁的变形。从"示"的字，一般与神灵有关，像"神""祈""祥"；而"衤"旁则是"衣"的变形，带"衤"字偏旁的字都与衣服相关，像"袄""裤""袜"等。运用这样的方法教学而非死记硬背频繁抄写，可以从文化层面减少学习者汉字书写的错误率，并且不至于让学生对汉字书写产生恐惧心理。

（三）讲述汉字故事，寓教于乐

最后的高级阶段，也是提高阶段。可以着重讲解基础的汉字学，虽然前几个阶段的过程中都需要文化知识做辅助作用，但是该阶段讲解了系统的汉字文化知识、汉字形声字复杂的表音系统、字理知识以及汉字的文化底蕴，等等。

由分到总重点分析汉字当中的文化信息，以更好地达到学习者习得目的语的目的。如关于"年"的文化故事："年"是汉族民间传说的凶兽，头长尖角，凶猛异常。年兽长年深居海底，每到除夕，爬上岸来吞食牲畜伤害人命。因此每到除夕，村村寨寨的人们扶老携幼逃往深山，以躲避"年"的伤害。又到了一年的除夕，乡亲们像往年一样都忙着收拾东西准备逃往深山。这时候村东头来了一个白发老人，他对一户老婆婆说，只要让他在她家住一晚，他定能将"年"兽驱赶走。只见当天，白发老人身穿红衣，在屋门上贴红对联，在屋外放着鞭炮，敲锣打鼓，年兽便逃跑了。所以，每年过年的时候要放鞭炮、穿红衣服、贴红对联、敲锣打鼓。这样，在讲解汉字"年"的同时，也给学生灌输了中国人过年"贴对联、放鞭炮"等文化习俗，寓教于乐，不仅让学生学到了知识，也让中国文化得到了传播。再比如有这样一个故事：在历史课堂上，老师问一个学生："屈原是什么人？""是医生。"学生回答。"胡说！""怎么胡说呢，书上说他是大夫嘛！"这样有趣的故事，既能让学习者知道"大"这个多音字，也能引起学生对屈原这个历史人物进行了解的欲望。还可以使用对联，如：上联：冻雨洒窗，东两点西三点，东西都有；下联：切瓜分客，横七刀竖八刀，横竖俱全。这是个拆字联，对冻、洒、切、分等字进行拆分，这样可以在吸引学习者注意的同时，也让学生对自己学习的汉字有了进一步的了解。

（四）讲练结合，预防枯燥

书法是汉字的形态之美，是汉字的审美艺术化。提到汉字解构文化，必不可少的是书法，中国书法是汉字书写的艺术，书法艺术与汉字文化之间存在极为深刻的内在联系。如果在学习过程中让学习者通过练习书法的方式进行书写练习，会让枯燥的写字变得富有乐趣，有助于学习者对汉字笔画和结构的记忆。由初级阶段的临摹，到一点点自主书写，在学习者快乐地学习汉字的同时又传播了中国的书法文化，一箭双雕。还可以让学生从学到的汉字小故事当中进行发展想象，编写汉字小品在课堂进行展示，这样主动的记忆方式不失为一种好的教学方法。"猜字谜"是一种文字游戏，也是汉民族特有的一种语言文化现象。这又是一种练习汉字的好方法，例如：二月（打一字）——朋，七人草下躲（打一字）——花，又小又大（打一字）——尖，这种字谜的编写或是利用了汉字的造字规律，或是利用了汉字形、音、义某一方面的特点，显得既有趣味又有知识内涵，学习者在猜谜的过程中又一次对汉字结构进行记忆，印象深刻。

汉字教学并非以符号识记为主要目的，以强化语言符号为基础表征，其实，归根到底依然是一种文化选择。因此，汉字教学的一个要点，就是要把握汉文化的内涵，进行文化的传播，文化教学应该在汉字教学过程当中贯穿始终，并逐渐增强、逐步深入。从而使学习者了解汉字背后的文化深意，学到纯正、地道的汉语，并在获得汉语语言交际能力的同时，完成由汉语言文化的仰慕者到传播者的改变。

第七章 "一带一路"与中华优秀文化的发展

"一带一路"倡议是指习近平总书记 2013 年 9 月和 10 月在出访中亚和中南亚期间，分别提出建设丝绸之路经济带和 21 世纪海上丝绸之路的战略构想，得到了丝绸之路共建国家以及海上丝绸之路共建国家的强烈反响。丝绸之路经济带主要从我国西北到中亚、外高加索然后通往欧洲，海上丝绸之路主要是中亚、东南亚一直到非洲。有近 60 个国家表示参与支持"一带一路"倡议。这意味着，在欧亚大陆上至少有一半的国家已经明确表示愿意参与，而且，愿意参与的国家数量还在不断增加中。丝绸之路经济带和海上丝绸之路，除了是经贸重要的纽带，也是文化交流、人文交流、文明相互交融重要的纽带。

"一带一路"，是世界上跨度最长的经济大走廊：发端于中国，贯通中亚、东南亚、南亚、西亚乃至欧洲部分区域，东牵亚太经济圈，西系欧洲经济圈，覆盖约 44 亿人口；"一带一路"，是世界上最具发展潜力的经济带：沿线大多是新兴经济体和发展中国家，普遍处于上升期，无论是从发展经济、改善民生，还是从应对金融危机、加快转型升级的角度看，沿线各国的前途命运从未像今天这样紧密相连、休戚与共。新丝路战略构想契合共建国家的共同需求，沿线各国是共建"一带一路"的天然合作伙伴。

"一带一路"目标是要建立一个政治互信、经济融合、文化包容的利益共同体、命运共同体和责任共同体。也就是说，中国推动的是包括欧亚大陆在内的世界各国，构建一个互惠互利的利益、命运和责任共同体，潜台词是大家好好合作、好好玩耍、好好过日子。

"一带一路"的内涵涉及政策沟通、设施联通、贸易畅通、货币流通、民心相通五个方面。"一带一路"承担着国家的重点任务，主要有促进贸易稳定增长和结构升级、拓展与共建国家双向投资、建立针对共建国家的援助战略体系、提升区域经济一体化水平、深化与共建国家全方位交流、发挥地方比较优势形成资源整合等。国家为推进"一带一路"建设，在财税支持、金融政策、贸易投资体制等方面提供保障措施。

第一节 "一带一路"倡议下中华优秀文化传播大有可为

构建"丝绸之路经济带"和"21世纪海上丝绸之路"是中国当前全面深化改革、开创高水平对外开放新局面的重要倡议。在"一带一路"倡议中，人文交流与经济合作是两条同样重要的主线，二者相得益彰，互相促进。依托"一带一路"进行文化传播，是加快文化"走出去"步伐、构筑新时期对外文化战略的必然要求。

一、"一带一路"倡议的战略意义

（一）时代发展的必然选择

2000多年前，中国汉代张骞出使中亚，开辟出横贯东西、连接欧亚的古丝绸之路；随着古代航海业的不断发展，中外之间的海上贸易运输日益兴起，逐渐形成海上丝绸之路。丝绸之路不仅是中国与欧亚非各国之间商业贸易的通道，更是沟通东西方文明的桥梁。正是在丝绸之路的引领推动下，世界开始了解中国，中国开始影响世界。丝绸之路在推动东西方思想交流、文化交融、全球经济一体化、人类文明多样化方面发挥了十分重要的作用。在新的历史时期，随着中国与共建国家经济文化联系的日益密切，古老的丝绸之路重新焕发出生机与活力，迎来难得的发展机遇。建设"一带一路"，是我们顺应时代发展潮流的必然选择。

（二）探寻经济增长之道

"一带一路"是在后金融危机时代，作为世界经济增长火车头的中国，将自身的产能优势、技术与资金优势、经验与模式优势转化为市场与合作优势，实行全方位开放的一大创新。通过"一带一路"建设，共同分享中国改革发展红利、中国发展的经验和教训。中国将着力推动共建国家间实现合作与对话，建立更加平等均衡的新型全球发展伙伴关系，夯实世界经济长期稳定发展的基础。

"经济带"概念，就是对地区经济合作模式的创新，其中经济走廊——中俄蒙经济走廊、新亚欧大陆桥、中国—中亚经济走廊、孟中印缅经济走廊、中国—中南半岛经济走廊等，以经济增长极辐射周边，超越了传统发展经济学理论。"丝绸之路经济带"概念，不同于历史上所出现的各类"经济区"与"经济联盟"，同以上两者相比，经济带具有灵活性高、适用性广以及可操作性强的特点，各国都是平等的参与者，本着自

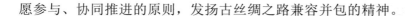

愿参与、协同推进的原则，发扬古丝绸之路兼容并包的精神。

（三）实现全球化再平衡

传统全球化由海而起，由海而生，沿海地区、海洋国家先发展起来，陆上国家、内地则较落后，形成巨大的贫富差距。传统全球化由欧洲开辟，由美国发扬光大，形成国际秩序的"西方中心论"，导致东方从属于西方、农村从属于城市、陆地从属于海洋等一系列不平衡、不合理效应。如今，"一带一路"正在推动全球再平衡。"一带一路"鼓励向西开放，带动西部开发以及中亚、蒙古国等内陆国家和地区的开发，在国际社会推行全球化的包容性发展理念；同时，"一带一路"是中国主动向西推广中国优质产能和比较优势产业，将使沿途、沿岸国家首先获益，也改变了历史上中亚等丝绸之路沿途地带只是作为东西方贸易、文化交流的过道而成为发展"洼地"的状况。这就超越了欧洲人所开创的全球化造成的贫富差距、地区发展不平衡，推动建立持久和平、普遍安全、共同繁荣的和谐世界。

（四）开创地区新型合作

中国改革开放是当今世界最大的创新，"一带一路"倡议正在以经济走廊理论、经济带理论、21世纪的国际合作理论等，创新经济发展理论、区域合作理论、全球化理论。"一带一路"强调共商、共建、共享原则，超越了马歇尔计划、对外援助以及走出去战略，给21世纪的国际合作带来新的理念。

建设"一带一路"将为沿线各国发展提供新机遇。当前，国际金融危机影响尚未结束，世界经济增长不稳定、不确定因素增多，全球贸易、投资格局和资金流向酝酿深刻变化，亚欧各国处于经济转型升级关键阶段，经济发展面临不同程度的困难和挑战。"一带一路"将成为横跨中西、连接欧亚的经济纽带，实现各国以经济合作为重要内容的区域大合作，以点带面，从线到片，使区域内各经济要素有序自由流动和优化配置，带动共建国家经济转型和发展。

（五）维护地区和平与稳定

建设"一带一路"是维护地区和平与稳定的需要。欧亚地区是国际政治舞台的中心地带，由于其重要的地缘战略地位，各大国都非常重视在此扩大影响。近年来，恐怖主义、分裂主义、极端主义等"三股势力"在欧亚地区活动日益猖獗。在"21世纪海上丝绸之路"沿线，相关国家仍存在一些领海、岛屿和海洋权益争议，海盗等各类海上犯罪活动也不同程度存在。这些因素不利于维护共建国家和地区的和平与稳定。建设"一带一路"，有助于各国通过合作来促进共同安全，有效管控分歧和争端，推动

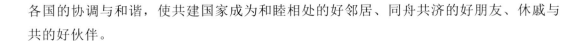

各国的协调与和谐，使共建国家成为和睦相处的好邻居、同舟共济的好朋友、休戚与共的好伙伴。

二、文化交流与合作是"一带一路"建设的新模式

文化的影响力超越时空，跨越国界。文化交流是民心工程、未来工程，潜移默化、润物无声。我们在建设"一带一路"的进程中，要积极发挥文化的桥梁作用和引领作用，加强各国、各领域、各阶层、各宗教信仰的交流交往，努力实现沿线各国的全方位交流与合作。

（一）文化交流与合作有助于促进不同文明的共同发展

丝绸之路古已有之，体现了人类跨越阻隔、交流互鉴的胆识和毅力，在古代东西方文明交流、交往历史中写下重要篇章。2100 多年前，雄才大略的汉武帝遣臣子相继开辟了陆上丝绸之路和海上丝绸之路，将中国与亚、欧、非三大洲的众多国家联系起来，丝绸、瓷器、香料络绎于途。正是在丝绸之路的引领推动下，世界开始了解中国，中国开始影响世界。丝绸之路在推动东西方思想交流、文化交融、全球经济一体化、人类文明多样化方面发挥了十分重要的作用，为古代东西方之间经济、文化交流作出了重要贡献。古丝绸之路既是一条通商互信之路、经济合作之路，也是一条文化交流之路、文明对话之路。古代中国许多物质文化和发明创造通过丝绸之路传到西方后，对促进西方近现代科学的发展起到了积极作用；近代西方天文学、数学和医学等知识，也是通过海上丝绸之路传到中国的。这两条通道所展现的开放、包容的文化交流心态，为我们树立了光辉典范。

今天，世界和中国又站在一个崭新的战略关口。顺应求和平、谋发展、促合作的共同追求，"一带一路"倡议也被赋予新的丰富内涵和深远意义，传统文化的传承与现代文化的创新迎来难得的发展机遇。充分发挥"一带一路"连接不同文明的纽带作用，就能把地区间的经济、社会、文化交流提高到新的水平。"一带一路"倡议构想涉及几十个国家、数十亿人口，这些国家在历史上创造出了形态不同、风格各异的文明形态，是人类文明宝库的重要组成部分。我们要充分发掘共建国家深厚的文化底蕴，继承和弘扬"丝绸之路"这一具有广泛亲和力和深刻感召力的文化符号，积极发挥文化交流与合作的作用，使沿线各国都可以吸收、融汇外来文化的合理内容，促进不同文明的共同发展。

（二）文化交流与合作有助于夯实我国同沿线国家合作的民意基础

国之交在于民相亲，民相亲在于心相通。各国间的关系发展既需要经贸合作的"硬"

支撑，也离不开文化交流的"软"助力。"一带一路"沿线各国的历史、文化、宗教不同，只有通过文化交流与合作，才能让各国人民产生共同语言、增强相互信任、加深彼此感情。近年来，中国与共建国家的文化交流形式越来越新、内容越来越多、规模越来越大、影响越来越广。中国与沿线大部分国家都签署了政府间文化交流合作协定及执行计划，高层交往密切，民间交流频繁，合作内容丰富，与不少共建国家都互办过文化年、艺术节、电影周和旅游推介活动等，在不同国家多次举办了以"丝绸之路"为主题的文化交流与合作项目。

文化交流与合作有助于提升我国的国际话语权和影响力。文化是一个国家核心竞争力的重要组成部分，在综合国力竞争中的地位和作用日益突出。我们要发挥文化潜移默化的影响作用，做好与"一带一路"共建国家的文化交流与合作，讲好中国故事，传播好中国声音，把中国梦同周边各国人民过上美好生活的愿望、同地区发展的前景对接起来，促进中华文化走出去，提升中国的国际话语权和影响力。

我们要立足现有基础，打造新模式、探索新机制，深入开展与沿线国家的文化艺术、科学教育、体育旅游、地方合作等友好交往，密切中国人民同沿线各国人民的友好感情，夯实我国同这些国家合作的民意基础和社会基础。

（三）文化先行搭台，经济登台唱戏

丝绸之路在古代东西方文明交流交往历史中写下重要篇章。正是在丝绸之路的引领推动下，世界开始了解中国，中国开始影响世界。顺应求和平、谋发展、促合作的共同追求，"一带一路"新倡议被赋予新的丰富内涵和深远意义，传统文化的传承与现代文化的创新迎来难得的发展机遇。充分发挥"一带一路"连接不同文明的纽带作用，就能把地区间的经济、社会、文化交流提高到新的水平。文化的影响力超越时空，跨越国界。"一带一路"是共建国家不同文化深入交融的融合剂。不同文明之间的交流互鉴，是当今世界文化发展繁荣的主要渠道，也是世界文明日益多元、相互包容的时代标签。文化传承与创新是各国经济贸易合作的"软"支撑，只有通过文化交流与合作，才能让各国人民产生共同语言、增强相互信任、加深彼此感情。

文化搭台，经济唱戏。在建设"一带一路"进程中，我们应当坚持文化先行，树立文化引领经济的理念，推动传统文化的传承与现代文化的创新，通过进一步深化与共建国家的文化交流与合作，促进区域合作，实现共同发展。一要使"一带一路"成为走向和平的通途。古老丝绸之路的精神核心是"和平、友好、开放、包容"，已经成为人类文明的共同财富。今天的丝路沿线各国，是拉动世界经济增长的引擎，是世界多极化和全球化的中坚力量，通过"一带一路"文化交流加强各国友好往来，增进相互了解，是实现持久和平的重要基础。二要使"一带一路"成为走向发展的通途。沿途沿线大多是新兴经济体和发展中国家，普遍处于经济发展上升期，在文化交流的基础上深挖各国之间合作潜力，推进区域基础设施、基础产业和基础市场的形成，推进贸易投资自由化和便利化，必将从根本上缩小经济发展差距，确立符合世界经济发展多样性的合作新范式。三要使"一带一路"成为走向共赢的通途。我国正处于经济结构调整、产业升级的重要时期，丝路沿线各国大多也处在经济建设的关键节点上。创新合作模式、发展本国经济、优化产业布局、实现互补共赢符合各方利益。共建"丝路经济带"的宏大战略构想涵盖经贸、投资、人文和战略互信等各个方面，将把区域合作提升至新的高度。要深刻认识到，在经济全球化、社会信息化大潮下，各国相互依存、相互影响达到前所未有的程度。只有"通"，才能在取长补短、求同存异中共同进步；也只有"通"，才能同舟共济、同担责任、共享权利，建立更加平等均衡的新型发展伙伴关系。

三、"一带一路"使文化传播可作可为

（一）依托战略平台开展人文交流

加强不同文明交流互鉴，促进多元文化共生共荣，是世界文化发展的趋势，也体现中国的文化品格。在"一带一路"倡议下，中国与共建国家能够开展更广泛的文化交流、学术往来、人才合作、媒体互动等活动，为深化双多边合作奠定坚实的民意基础。2015 年 3 月，国家发改委、商务部和外交部联合发布了《推动共建丝绸之路经济带和 21 世纪海上丝绸之路的愿景与行动》（下简称《愿景与行动》），作为"一带一路"倡议实施的纲领性文件。文件指出，民心相通是"一带一路"建设的社会根基。继《愿景与行动》发布以后，中视媒资（北京）文化传媒有限公司与国家发改委国际合作中心达成战略合作，共同成立"一带一路文化传播与经济发展课题组"，共建国家间将互办文化年、艺术节、电影节、电视周和图书展等活动，合作开展广播影视剧精品创作及翻译，共同开展世界遗产的联合保护工作等。可见，"一带一路"倡议为沿线人文交流构筑了良好的平台，我们应充分利用，大力促进我国的文化发展和对外交流。

（二）抓住战略机遇，扩大文化贸易

"一带一路"的建设也为中国发展文化产业、进一步扩大文化贸易提供了崭新的契机和丰富的题材。以往中国的对外文化贸易主要面向欧美和日韩等发达国家，而这些国家本身的文化产业水平都比较高，文化输出能力强，加上其固有的文化偏好，

中国存在严重的贸易逆差。而"一带一路"倡议涵盖了中亚、南亚和东南亚大部地区，也向西亚、欧洲和非洲延伸，这两大区域国家众多，经济总量约 21 万亿美元，分别占全球的 23%和 69%，且许多是发展中国家，这为中国未来的文化贸易开启了一个新的广阔天地。同时，因地缘的关系，它们与中国文化有着天然的联系，是中国今后开展对外文化贸易的良好合作伙伴。再者，这两大战略带也是不同文明的交汇之所，既包括历史悠久的大陆文明，也包含开拓创新的海上文明，中国作为同时富有这两种文化资源的文明大国，应充分发掘，从而形成一批具有传统特色和现代感的文化作品。

（三）挖掘战略底蕴，弘扬传统文化

"一带一路"倡议是我国传播中国优秀传统文化、塑造良好国家形象的重要举措。刘奇葆同志指出，"丝绸之路上的驼队，郑和下西洋的宝船，带出去的不仅有精美的丝绸和瓷器，更有灿烂的中华文化。"开展"一带一路"倡议与弘扬传统文化是无法分割的。首先，"一带一路"本身就是中国优秀传统文化在当代的唤醒和延续，它所承载的历史使命、所蕴含的精神理想与融合中西文化、广纳八方精华的汉唐风度是一脉相承的。通过"一带一路"，世界将感受到更加立体、鲜活、充满历史底蕴又与时代同步的中国传统文化。其次，"一带一路"倡议作为我国打造亚洲命运共同体的重要组成部分，体现了我国崇和向善的传统战略文化。如今，中国将自身发展与亚洲的兴衰荣辱紧密连接在一起，从"同舟共济"到"亲、诚、惠、容"，中国道路越走越明晰。传统文化作为我们的战略底色，随着国家的发展也不断得到彰显。这些战略理念将内化为中国的软实力，对提升中国国家形象具有重要作用。

由此可见，在"一带一路"倡议之下，文化传播前景广阔，文化建设大有可为。应抓住这个文化发展的战略机遇期，将中国文化在更广泛的区域内传播，进一步加强文化产业，从而更好地培育和提升中国的软实力和国家形象。

第二节　"一带一路"倡议下传统文化的传播路径

建设"一带一路"，是以习近平同志为核心的党中央统筹国内国际两个大局，着眼实现"两个一百年"奋斗目标和中华民族伟大复兴的中国梦，为进一步提高我国对外开放水平而提出的重大战略构想。在建设"一带一路"的进程中，我们应当坚持文化先行，通过进一步深化与共建国家的文化交流与合作，促进区域合作，实现共同发展，让命运共同体意识在共建国家落地生根。

一、建设"一带一路"坚持文化先行

实施"一带一路"倡议，推进文化先行，进一步深化与共建国家的文化交流与合作，是一条重要的途径。通过进一步深化与共建国家的文化交流与合作，促进区域合作，实现共同发展，让命运共同体意识在共建国家落地生根。应发挥"人文先行"的优势，制定规划、整合资源、形成合力，进一步推动中国同共建国家的全方位、多领域交流合作。无论是古丝绸之路还是海上丝绸之路的形成，都源自于不同民族的人们对文化交流交融的向往与参与，更需要依托于促进文化艺术取长补短、商贸活动热烈开展、不同文明交流互鉴的重要平台。

（一）语言沟通是共建的基础

善用恰当话语体系，阐释倡议内涵。"一带一路"建设的障碍和不确定因素主要是来自有关国家的疑虑，减少疑虑、建立互信至关重要。突出"一带一路"和平、包容、共赢的发展理念；强调政治上相互信任尊重，经济上平等互利共赢；"一带一路"不是"中国经济扩张"，也不是"中国一家独大"，更不是谋求海洋霸权、谋求地区事务主导权和势力范围。从历史上看，丝绸之路的核心是经贸，其性质是和平的。不要把丝绸之路的话语"战略化"。强调中国不搞单边主义，不把自己的意志强加于人，避免使用"西进""崛起"等带有单边色彩的概念引起外界疑虑。这就要求我们在"一带一路"所在国家，推广汉语教育，并互派留学生学习他国语言，培养更多文化使者，向共建国家传播中国文化。这是具有现实意义和历史意义的。

（二）搭建政府沟通的框架体系和战略部署

加强政府沟通和战略部署，推动政府间文化交流与合作深入发展。我们与"一带一路"共建国家有稳定和牢固的官方文化交流平台；与上合组织、东盟、阿拉伯国家联盟等多个组织成员国及中东欧地区建立了人文合作委员会、文化联委会机制，这是我们今后可以进一步借助的重要基础。现在中国已与各个国家成立了政府间合作委员会，双方都是由副总理一级的领导人担任合作委员会中外方的主席，在委员会下面设立了文化合作分委会，由各国文化主管部门领导担任分委会主席，委员会基本定期轮流在双方国家召开会议，就国家之间的文化交流进行顶层筹划、统筹协调。像阿拉伯地区，有中阿合作论坛、中阿部长级会议等。

未来，制定政府文化交流的中长期战略规划，落实好与"一带一路"共建国家的政府间文化合作协定和年度执行计划，视情况在相关计划中纳入共建"丝绸之路"的

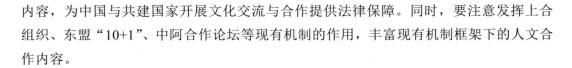

内容，为中国与共建国家开展文化交流与合作提供法律保障。同时，要注意发挥上合组织、东盟"10+1"、中阿合作论坛等现有机制的作用，丰富现有机制框架下的人文合作内容。

（三）遗产保护先行一步

丝绸之路申遗成功就是文化先行的一大表现。2014 年 6 月，中国与吉尔吉斯斯坦、哈萨克斯坦联合申请的"丝绸之路：长安—天山廊道路网"入选《世界遗产名录》。此次申遗成功，为沿线地区带来的发展动力将不可估量。它必将推动国内各省区市乃至三国之间在文物保护工作方面的交流、协作，促进这一地区文化遗产管理与保护水平的提升；必将在这一地区兴起文化遗产保护热潮，不仅可以拉近民众与文化遗产之间的距离，更能密切丝路沿线民众间的情感，为古丝绸之路注入新的活力；此外，沿线众多省区市政府乃至企业借风"新丝路"相机而动，申遗的成果被融入当地的经济建设之中。可以说，申遗的成功使得丝路沿线各国重新关注这条古代商贸之路，为丝绸之路经济带成为新的国际纽带打下了铺垫。

海上丝绸之路的申遗工作也受到了前所未有的关注。相比陆上丝绸之路，海上丝绸之路的概念提出较晚，相关的资料梳理、理论研究等基础工作有一定差距。近年来，海上丝绸之路相关的文物考察工作不断推进。沿线地方各级政府应建立"一带一路"沿线文化遗产保护管理长效机制，切实做好"一带一路"建设中的文化遗产保护管理工作。

（四）建立广泛的民间交流渠道

除了政府间官方交流外，现在很多民间文化机构、文化团体甚至艺术家个人之间都有很多文化交流活动，包括民营艺术团体通过各自的渠道也通过驻外使领馆为他们搭建平台，建立直接的交流，进行定期互访，或者通过商业运作方式进行商业性演出和展览。每年在国内特别是在北京，看到的很多高水平的演出、展览都是通过市场运作方式进行的。精心打造新的文化交流品牌，深化"丝绸之路文化之旅"活动，与共建国家联合举办"丝绸之路艺术节"，举办形式多样、丰富多彩的文化论坛、展览、演出活动。围绕"文化新丝路"的主题，联合译介、出版相关书籍，拍摄、播放有关影视片。利用网络平台和新媒体手段，通过音乐、演出、动漫、网游等文化产品，提升中华文化影响力。

二、开展中国与共建国家的文化交流与合作

中国一直高度重视与"一带一路"共建国家的文化交流与合作，积极有为地开展

了丰富多彩的文化交流活动，有力配合了我国整体外交大局。我们要结合建设"一带一路"的重要契机，发挥"人文先行"的优势，制定规划、整合资源、形成合力，进一步推动中国同共建国家的全方位、多领域交流合作。

（一）文化交流打下民意基础

"一带一路"文化建设已经成为我国对外文化工作的新抓手。文化和旅游部已与新疆、宁夏、甘肃等有关省区开展了多渠道、多层次、多形式的交流与合作，举办了一系列以"一带一路"为主题的综合性文化交流活动，协调指导西北五省区文化厅成立了"丝绸之路经济带西北五省区文化发展战略联盟"，在陕西西安举办了首届"丝绸之路国际艺术节"，在福建泉州举办了"海上丝绸之路国际艺术节"。在由中国文化和旅游部、阿拉伯国家联盟秘书处主办的中阿文化部长论坛上，论坛代表一致认为，文化交流与合作将在中阿"一带一路"建设中起到不可替代的桥梁和引领作用，中阿共建"一带一路"拥有坚实的民意基础。

中国将与"一带一路"国家互办文物展览，举办高规格的学术研讨会，开展文化节庆活动，让共建国家和人民与我们共享当代中国的发展成果，了解中国和平发展的意愿。

（二）发挥中西部省区的地域优势

整合各方面资源，形成建设"一带一路"的合力。要积极发挥中西部省区的独特作用。由于特殊的地缘地位，我国广大中西部省区在建设"一带一路"进程中有着特殊的历史、人文优势，我们要在国家总体外交政策的指引下，支持中西部省区制定有关规划，加大哈萨克语、吉尔吉斯语、塔吉克语、乌兹别克语等多个语种的广播、影视、游戏节目的投入制作，向共建国家传播和推介中国文化。中西部各省区也应当以积极有为的姿态，发挥文化桥头堡作用，主动融入"一带一路"倡议。要积极发挥市场主体性作用，调动各类文化企业的积极性，分国家、分地区制定对外文化交流贸易政策，推动与共建国家的文化产业合作。此外，还要充分发挥专家学者和智库的作用，群策群力，通过定期召开研讨会、分专题开展调研等形式，为"一带一路"建设中的文化交流与合作提供智力支持。

（三）文化贸易既是传播又有收益

全国超过 20 个省区市上报了"一带一路"有关规划项目，其中不少项目涉及文化产业与文化贸易领域。如浙江省上报了继续推进实施浙江吉尔吉斯斯坦德隆电视台文化贸易平台，作为"一带一路"建设工作重点项目，并将进一步开展共建国家各类文化贸易促进活动，以促进该省文化企业对共建国家的境外投资并购。

北京第二外国语学院国家文化发展国际战略研究院常务副院长李嘉珊教授表示："文化具有先天优势，在国际交流、国际贸易中发挥着独特的作用。"亚非拉地区，尤其是"一带一路"共建国家，在基础建设、资源能源开发等领域，对中国的资金、人员、技术及管理支持有着非常巨大的需求，目前丝路基金主要面向基础设施等方面的建设，以此促进中国与"一带一路"共建国家更多元的互联互通。"但这并不意味着文化、教育等领域等待渠道铺设好再加入其中，而应以更加开放的胸怀和更积极的实践主动融入这一战略进程中，无论官方还是民间都应深度参与。"

旅游业也走在了国家布局的前沿。全国政协委员、文化和旅游部原部长邵琪伟说，"一带一路"会对旅游业产生极大的影响，推动旅游业总体水平提高，加大和世界相关国家的交流交往。不少省区市文化旅游搭上"一带一路"快车，为文化旅游产业发展开拓了新契机。2014年，中国西安丝绸之路国际旅游博览会、首届国际丝绸之路旅游发展会议等大型展会显示出了巨大的吸引力。在柏林国际旅游交易会上，福建省作为唯一开展现场推介会的中国省份，凭借海上丝绸之路旅游资源而赢得了极大关注，共接待来自欧美地区的200余家旅游批发代理商。

（四）打造文化交流的新品牌

发挥现有丝路品牌工作成果优势，精心打造文化交流的新品牌，旨在流芳千古。长期以来，我们在境内外举办了多个以"丝绸之路"为主题的文化交流合作项目，取得了丰硕成果。深化"丝绸之路文化之旅"活动，与沿线国家联合举办"丝绸之路艺术节"，举办形式多样、丰富多彩的文化论坛、展览、演出活动。要继续挖掘古丝绸之路的文化内涵和人文精神，并赋予其新的时代意义。要注意发挥我驻外使领馆文化处（组）和海外中国文化中心的作用，进一步完善中国文化中心的全局布局，抓紧就在丝绸之路沿线国家建设新的文化中心进行合理安排，加大文物修复、文博设施建设、艺术人才培训等对外文化软援助的力度。

（五）"一带一路"是艺术创新的源泉

与丝绸之路有关的艺术创作自古以来硕果累累。"一带一路"更为当代艺术家提供了巨大的创作空间和无穷的灵感。

中国国家画院发起了"丝绸之路美术创作工程"，考察写生团分为海上丝绸之路、陆路丝绸之路、草原丝绸之路三路。为了使创作更具学术性和现实针对性，该院还制定了《"丝绸之路"美术创作选题》，确定了300多个选题作为艺术家创作的选题参考。首届中国新疆国际艺术双年展上的众多艺术作品，即显示出丝绸之路艺术创作的如火如荼。

以丝绸之路为主题的音乐作品为数不少，中央民族乐团已推出了大型音乐会《丝绸之路》，以琵琶、胡琴、热瓦普、唢呐、扬琴、冬不拉追寻古老而悠久的古丝路音乐足迹。新疆维吾尔自治区、陕西、甘肃均在酝酿推出与丝绸之路有关的音乐、歌舞作品。新疆木卡姆艺术团推出的音乐会《丝路乐魂》已经上演。

影视纪录片成为展示共建"一带一路"的重要手段。纪录片《丝绸之路经济带》《海上丝绸之路》、大型人文纪录片《崛起新丝路》都向观众展示了中华文化的历史人物和现代风采。作为国内首档丝路专业节目，中央电视台大型人文纪实栏目《新丝路》在央视发现之旅频道播出了。该栏目涵盖文化、艺术、航空、高铁、健康、科技等众多门类，集中展示"一带一路"建设过程中各领域的创新实践。

三、"一带一路"倡议推动中华文化"走出去"

"一带一路"倡议的提出，是中国进一步融入世界经济体系，强化与周边国家经济、贸易和文化合作的客观需要，是影响和优化世界经济社会发展秩序和格局的一个大手笔。推动中华文化走出去是"一带一路"倡议的重要内容，有必要对"在'一带一路'倡议实施中推动中华文化走出去"的相关问题做出思考，还需要做出实践和操作层面的合理运作和科学安排。

（一）充分挖掘特色文化资源

只有全面而准确地表现深厚的传统文化资源和丰硕的当代文化创新成果，才能更好地推动中华文化走出去，为人类文明作出中国独特的贡献。一是要研究沿线各国风土人情、民族习惯、文化渊源、审美趣味和时尚潮流。充分考虑各种文化背景下的消费习惯和风俗因素，研究国外不同受众群体的文化传统、价值取向和接受心理，找到他们的关注点和兴趣点，有针对性地开展适销对路的文化产品和服务，形成文化名牌，使中华文化不但能"走出去"，而且能"走进去"，最大限度减少"文化折扣"现象。二是要发挥各国的比较优势。充分挖掘"一带一路"的历史文化遗产，引导和动员民间力量开展丰富多样的文化交流活动，支持有关国家联合申请世界文化遗产。在坚持其独特价值观和文化特色的基础上，实现内容和载体的创新，发挥各国在文化资源、制造、资本、人力等多方面的比较优势，将各自的潜在优势转化为实际发展成果，实现互利共赢、共同进步。

（二）突出资本带动的整合优势

资本走出去是"一带一路"建设的重要支撑。但目前文化类对外投资占比还很小，资本要素在文化贸易领域还没有形成规模。一是要形成以资本走出去带动优质文化产业和文化产品走出去的思维，鼓励文化企业创新投资方式，加强文化出口平台和渠道建设，走出去开展并购投资、联合投资，扩大境外优质文化资产规模，为文化产品和产业走出去奠定基础。二是探索设立对外文化产业基金，加强"一带一路"在文化领域的金融合作。人民币跨境结算、规划区域金融中心、筹建亚投行、设立丝路基金等工作的推进，为"一带一路"注入了新的动力和活力。在此基础上，有必要探索设立对外文化艺术产业基金，围绕重点文化产业和重点项目，推动文化资源有效配置、生产要素合理流动、文化市场深度融合，形成丝绸之路文化产业发展金融布局。

（三）注重文化科技的深度融合

当今社会是技术统治时代，很多文化变革、文化创新往往是技术发展和突破所带来的。"创客""互联网+""工业4.0"等体现了经济未来发展的趋势，也代表着"一带一路"的建设方向。加强文化与科技的融合，提高文化的传播力、表现力，能够使文化产品更有力地影响世界、造福人类。一是要推动有关科技领域先进、共性、关键技术成果向文化领域的转化应用，创新文化产品及服务模式，提升文化产品的科技含量。二是运用互联网思维带动文化与科技融合。互联网改变了社会生活，也逐渐改变传统的商业模式。在推动文化与科技的融合发展中，要坚持平台为王和内容为王并举，不断推动基于互联网和移动互联网的商业模式创新，推动专业垂直、O2O模式、股权众筹以及在线参与等新兴模式成为文化产业发展的主流。

（四）发挥贸易平台的带动作用

建设"一带一路"，推动文化走出去，要推进各种国际化、外向型经济文化交流平台的逐步建立和完善。一是继续办好文博会。在中宣部和相关国家部委的大力支持下，深圳文博会自2004年创办以来，已成功举办19届，在2023年的文博会上，主会场设有六个展馆，总展览面积达到了12万平方米。共有3596家政府组团、文化机构和企业参展，相比上届增加了194家。其中，2688家企业选择了线下参展，而908家则选择了线上方式。除此之外，深圳市各区还设立了64个分会场，共开展了各类活动500多项。参与人次高达400多万。尤为值得一提的是，在文化产业招商大会上，项目总成交额达到了34.2亿元，再创历史新高，这无疑为我国的文化产业注入了新的活力。要继续推进文博会的国际化、市场化、专业化建设，扩大文博会的品牌效应，优化集中展示、交易和信息平台的功能，为促进中国文化产业发展、推动中华文化走出去和促进"一带一路"建设发挥新的积极作用。二是推进国家对外文化贸易基地建设。发挥北京、上海、深圳 3 个国家级对外文化贸易基地的辐射带动作用，从不同层面吸纳集聚文化贸易资源，创新体制机制，提供全产业链服务，使之成为功能完善的对外文化贸易服务链和国际文化贸易政策创新试验区，成为文化企业迈入国际市场的助推器。

（五）增强文化企业的竞争能力

培育具有国际竞争力的文化市场主体是推动中华文化走出去的关键环节。一是推动文化企业做好"走出去"的心理准备。必须事先熟悉国际商务的各种通行惯例和规则，对沿线国家或地区的政局状况、法律规章、风俗人情等充分了解。同时，为提高属地化水平，有必要尽可能多地了解当地的社会风气、人际关系、环境意识等特点特色，善于运用国际语言融入和开拓国际市场。二是提升产业层次、产品质量、科技含量、供应链管理和品牌打造能力。文化企业必须适应当前在国际价值链中位置的上升势头，顺势而为地提高各方面的能力与层次，并最终形成综合性的优势。三是推进文化产业结构调整。积极培育新的文化业态，培育一批外向型骨干文化企业和大型文化中介机构，提高文化产业规模化、集约化、专业化水平，大力打造文化产品和服务出口品牌，增强走出去的文化竞争力。

总之，对于众多有意向并有实力"走出去"的文化企业来说，独善其身是远远不够的，关键是企业怎样抓住有利机会，收到各种有价值的信息并积极落实到市场活动中去。

第三节 "一带一路"倡议下传统文化创意发展的机遇

一、"一带一路"是挖掘文化创意元素的超级宝库

"一带一路"使文化创意产业可以充分依靠中国与有关国家既有的双多边机制，借助既有的、行之有效的区域合作平台，放飞文化创意的梦想。

习近平总书记在 2015 年博鳌亚洲论坛主旨演讲中指出，"一带一路"建设秉持的是共商、共建、共享原则，不是封闭的，而是开放包容的；不是中国一家的独奏，而是共建国家的合唱。"一带一路"建设不是要替代现有地区合作机制和倡议，而是要在

已有基础上，推动共建国家实现发展战略相互对接、优势互补。"一带一路"建设不是空洞的口号，而是看得见、摸得着的实际举措，将给共建国家和地区带来实实在在的利益。在有关各方共同努力下，"一带一路"建设的愿景与行动文件已经制定，亚洲基础设施投资银行筹建工作迈出实质性步伐，丝路基金已经顺利启动，一批基础设施互联互通项目已经在稳步推进。这些早期收获向我们展现了"一带一路"的广阔前景。以古代的丝绸之路为历史背景，"一带一路"的确是一个挖掘文化创意元素的超级宝库。

习近平总书记曾指出：以亚洲国家为重点方向，率先实现亚洲互联互通。因为"一带一路"源于亚洲、依托亚洲，所以首先造福亚洲。通过互联互通，为亚洲邻国提供更多公共产品，欢迎大家一起搭乘中国发展的列车。他又提出，以经济走廊为依托，建立亚洲互联互通的基本框架。"一带一路"兼顾了各国需求，统筹了陆海两大方向，涵盖面宽，包容性强，辐射作用大。"一带一路"以人文交流为纽带，夯实亚洲互联互通的社会根基。用创新的合作模式，以点带面，从线到片，逐步形成区域大合作。其实，只要定住心、仔细品，在"一带一路"的每一点、每一处、每一步，都是文化创意元素的"聚宝盆"，整个"一带一路"就是发现和挖掘文化创意元素的超级宝库。习近平总书记在出席中阿合作论坛第六届部长级会议上曾经表示，"一带一路"会继承古丝绸之路开放传统，吸纳东亚国家开放的区域主义，秉持开放包容精神，不会搞封闭、固定、排外的机制。"一带一路"不是从零开始，而是现有合作的延续和升级。有关各方可以将现有的、计划中的合作项目串接起来，形成一揽子合作，争取产生"一加一大于二"的整合效应，"互联网+""一带一路"+"人脑的创造力"所爆发出的创意正能量，必将会产生意想不到的乘数效应。

如果说历史上的丝绸之路主要是商品互通有无，那么，"一带一路"交流合作范畴要大得多，优先领域和早期收获项目可以是基础设施互联互通，也可以是贸易投资便利化和产业合作，当然也少不了人文交流和人员往来。各类合作项目和合作方式，都旨在将政治互信、地缘毗邻、经济互补的优势转化为务实合作、持续增长的优势，最终目标是物畅其流、政通人和、互利互惠、共同发展。

在共建"一带一路"过程中，中国有正确的义利观，道义为先、义利并举，向发展中国家和友好邻国提供力所能及的帮助，真心实意帮助发展中国家加快发展。中国不断增大对周边的投入，积极推进周边互联互通，探索搭建地区基础设施投融资平台。中国不仅要打造中国经济的升级版，也要通过"一带一路"等途径，打造中国对外开放的升级版，不断拓展同世界各国特别是周边国家的互利合作。因为"一带一路"不是中国一家的事，而是各国共同的事业；不是中国一家的利益独享地带，而是各国的利益共享地带。"一带一路"建设，包括前期研究都是开放的，共同谱写丝绸之路的新篇章，共同建设利益和命运共同体，共同创造美好幸福未来的"一带一路"理念、构想令人振奋。"一带一路"必将风光无穷、创意无限。

二、"一带一路"开启跨学科、跨领域、跨语言、跨文化的新思维

"一带一路"涵盖 60 多个国家和地区的 44 亿人口，将产生 20 多万亿美元的经济效应。这个世界上最长的经济走廊、最大的市场，将产生最大的投资机会。

从公开的新闻资料统计看，各省 2015 年政府工作报告上关于"一带一路"基建投资项目总规模已经达到 1.04 万亿元，主要包括重庆、四川、宁夏、江苏、海南、云南、陕西、广西、浙江等省区市。从项目分布看，主要还是以"铁公机"（铁路、公路、机场）为主，占到全部投资的 68.8%。

经济发展是基础，必须有共同受益的机制，才能真正"聚气生力"。"一带一路"应该是今后 20 年至 30 年甚至更长时期我们国家对外开放的一个大战略，"一带一路"与东盟、非盟、阿盟、欧盟"四盟"整体贯联起来了，是我国前所未有过的最大的开放格局。在"一带一路"的新起点上进行"创意"，政府、企业和我们每个人都应该以跨学科、跨领域、跨语言、跨文化的新思维，对自身重新定位，因为"大战略必须新思维、大构架必须善设计、大格局必须大创意，大创意必须深挖掘"。

在以大数据为背景的"互联网"创意时代，提出"一带一路"新构想，就是适应时代发展的新思维。

三、"一带一路"促成我国各地发展文化创意的着力点

"一带一路"是指"丝绸之路经济带"和"21 世纪海上丝绸之路"。"一带一路"不是一个实体和机制，而是合作发展的理念和倡议，是充分依靠中国与有关国家既有的双多边机制，借助既有的、行之有效的区域合作平台。"一带一路"借用古代"丝绸之路"的历史符号，高举和平发展的旗帜，积极主动地发展与共建国家的经济合作伙伴关系，共同打造政治互信、经济融合、文化包容的利益共同体、命运共同体和责任共同体。

我们注意到，陕西打文化、旅游、自贸区牌的举动令人瞩目。如召开"丝绸之路国际旅游博览会"、首发"长安号"丝绸之路旅游专列和 7 处丝绸之路景点入选《世界遗产名录》。西安加快建设"丝绸之路经济带"自由贸易园区（西安）核心区，西北地区第一个综合保税区——西安综合保税区和西安国际港务区成为陕西"一带一路"的"新起点"。

"丝绸之路经济带黄金段"的甘肃，全力部署兰州新区、敦煌国际文化旅游名城、

中国丝绸之路博览会三大战略，着力推进兰新高铁等综合交通枢纽建设，以沿线节点城市为支撑，打造兰州等"丝绸之路经济带"重要的交通枢纽和陆路进出口货物集散中心。

作为"丝绸之路经济带战略支点"的宁夏，已经架设了"空中丝绸之路"和"互联网丝绸之路"，打造面向中东和穆斯林地区的门户枢纽，建设面向阿拉伯国家的跨境电子商务平台。

作为"丝绸之路经济带核心区"的新疆，举办亚欧博览会，霍尔果斯县级市挂牌成立，兰新高铁全线贯通，乌鲁木齐新机场加快建设，"丝路产业"推动高水平工业园区、高新技术产业园区和物流中心建设，新疆推进丝绸之路经济带核心区建设工作领导小组成立等，让新疆人对建设交通枢纽中心、商贸物流中心、金融服务中心、文化科技中心、医疗服务中心信心满满。

我们还看到，各省都在行动中。广西壮族自治区表示，将积极参与"一带一路"、中国—东盟自贸区升级版建设。充分利用泛北部湾、大湄公河次区域等合作平台，争取亚洲基础设施投资银行和丝路基金等投资，加快南宁—新加坡经济走廊建设，推进与周边国家互联互通。

山东省提出，将主动融入"一带一路"、京津冀协同发展、长江经济带三大战略，促进与周边省市共同发展。并且加强与"一带一路"共建国家和地区基础设施互联互通建设合作。

湖南省表示，要发挥"一带一路"区位优势，大力推进水、路、空、铁四网联动，积极对接长三角、珠三角、北部湾、港澳台，建设高铁沿线地区经济增长带，发展临港、临空经济，主动服务"一带一路"倡议，加强与京津冀地区的经济联系，融入长江经济带建设。

新疆维吾尔自治区原主席雪克来提·扎克尔说，新疆地处亚欧大陆地理中心，是我国向西开放的桥头堡，是丝绸之路经济带上的重要节点、核心地区，周边同 8 个国家接壤，有 17 个国家一类口岸以及喀什、霍尔果斯 2 个国家级经济技术开发区。新疆也在积极跟踪国家"一带一路"重点互联互通和基础设施建设项目，参与非洲、周边国家高速公路、铁路、港口等基础设施以及农业综合开发项目建设。

新疆、陕西、甘肃、宁夏、青海、重庆、云南、四川、山西、浙江、江苏、山东、湖北、福建、河南、贵州、西藏、广东、广西、海南等省区市已经将丝绸之路经济带战略作为重点工作列入了政府工作报告中。这些省区市经济规模之和，约占全国比重达 2/3。陕西认为，"西安将争当建设丝绸之路经济带的排头兵""把陕西打造成新的丝绸之路经济带的桥头堡"。河南提出，"虽然中国古代丝绸之路的起点位于西安和洛阳，但新丝绸之路经济带的起点，放在郑州最为合适。"其后，四川、内蒙古等地也相继表示，自己是丝绸之路经济带或草原丝绸之路经济带的起点。

几乎同时，对于海上丝绸之路，广东省提出，要"发挥海上丝绸之路的排头兵的作用"。汕头、广州、江门、东莞、惠州、深圳等地随后相继表态，要打造"海丝"枢纽。福建省的福州、厦门、漳州、泉州都希望是"海丝起点"。江苏连云港市提出，"作为亚欧大陆桥和海上丝绸之路的起点，要把连云港打造成丝绸之路经济带的东方桥头堡。"江西省认为，"海上丝绸之路又被誉为海上陶瓷之路，景德镇的陶瓷是海上丝绸之路最大宗的商品。"

各地在围绕"一带一路"研究自身定位时，大部分使用了枢纽、节点、支点、门户、通道、黄金段、核心区等词汇。此外，"东部陆海丝绸之路经济带""草原丝绸之路经济带"和"空中丝绸之路"等概念也应运而生，成为黑龙江、内蒙古等地着力打造的重点。

习近平总书记指出，推进"丝绸之路经济带"建设，抓紧制定战略规划，加强基础设施互联互通建设。建设"21世纪海上丝绸之路"，加强海上通道互联互通建设，拉紧相互利益纽带。经济学家林毅夫认为，"一带一路"倡议的重心是促进互联互通的基础设施建设，"一带一路"文化创意元素，只有在互联互通方面深入挖掘，才能源源不断，风光无限。中国提出"一带一路"并非自己独享，而是全球恢复增长的交响曲中的和谐乐章。

在全球化背景下，经济一体化是利益共同体的基本前提。与近60个国家、40多亿人口建立广泛的沟通和协作机制，不仅有助于中国获得外部资源，同时也可以帮助中国商品、资本和适用性技术真正走出去。更重要的是，"一带一路"会一石激起千层浪，全面提升文化创意的理念和层次，用全新思维挖掘创意元素，形成创意成果。"一带一路"是古代智慧加现代思维，一定要虚实相生，互联互通。"一带一路"促成我国各地发展最佳定位点，即文化创意的着力点。

四、"一带一路"新构想点开了人们无尽的"财富"想象

"一带一路"的理念，好就好在打破原有点状、块状的区域发展模式。横向看，贯穿中国东部、中部和西部；纵向看，连接主要沿海港口城市，并且不断向中亚、东盟延伸。这将改变中国区域发展版图，更多强调省区之间的互联互通、产业承接与转移，有利于加快我国经济转型升级。

"一带一路"新思维激起了人们的财富想象，它"传承着具有2000多年历史的古丝绸之路精神"。外交部王毅部长说，它不是美国二战后用资金援助欧洲复兴的"马歇尔计划"。它"诞生于全球化时代，它是开放合作的产物，而不是地缘政治的工具，更不能用过时的冷战思维去看待"。正如国家发改委学术委员会张燕生秘书长所言，"新

常态的中国用资本输出的方式进入到亚太和欧洲，构建贯穿欧亚大陆的全方位开放的新格局"。它是"立足周边，辐射'一带一路'，面向全球，高标准的自由贸易区网络"，它"是中国经济新 35 年提出来的一个能够影响全局，能够影响中国经济、共建国家的经济和全球经济的一个大的战略思路"。

"我们将从中国视野转变到全球视野来配置我们的资本，来配置我们的市场，来配置我们的服务，来配置我们所有的生产要素。"张燕生认为，通过"一带一路"，中国将把近 6 万亿元对外金融资产一步一步地由外汇储备资产转化为自然人、企业和政府的对外投资。

一般而言，从"皮毛之路""玉石之路"到"丝绸之路"，再到当前的"一带一路"，能成功的一个基本前提就是，这是一条"路"。如果说商品是"路"得以开辟和存在的可能，"路"则是商品在不同空间挪移的基本保障。把"一带一路"建设和区域开发开放结合起来，加强新亚欧大陆桥、陆海口岸支点建设，思路已经清晰，就看如何利用自己的优势，找到自己的定位，拓展新的发展空间了。

中国 40 多年的改革开放，取得了举世瞩目的成就。思考中国改革开放的经验，经历了通过发展经济特区、先行先试、突破了理念上的禁锢；通过沿海 14 个城市的对外开放，扩大了开放的领域，形成了开放拉动的经济增长格局；通过延伸到长江沿线的开放，形成了全国范围内的开放局面。按梯度、分层次的开放节奏，取得了丰富的经验及经济发展的实际效果。基本驱动是先开放合资、后扩大出口，通过对内深化改革，激发增长活力。通过加入 WTO，深度融入世界经济体系，拓展了外向型经济的发展空间，其结果是工业化、城镇化快速发展，内需外需一起拉动，形成了我国经济 40 多年的高增长局面。如今我国在多个领域呈现出了多梯度、多层次的新发展趋势。对于开放程度较高的领域，如金融、科技、教育等，越来越多的外资企业涌入，带来了先进的理念和管理经验，也促进了国内企业的自我提升和成长。2023 年，我国持续释放金融领域改革开放信号。相关部门积极推进金融市场的改革和开放，加强了与国际金融市场的联系和合作，吸引了更多的外资进入中国市场。这不仅促进了国内金融市场的繁荣和发展，也为广大人民群众提供了更多的投资渠道和机会。今天，如何在新的视角下，研究吸收过去有效的改革开放经验，开拓新发展思路，的确需要全新的理念推动。政策制定如此，文化创意研究更要"顺藤摸瓜"、乘势而为。我们今天的战略构想使我们对中国通过"一带一路"实现财富增长充满了期待。

五、"一带一路"为文化创意产业开拓市场提供了历史机遇

"一带一路"为各国文化融合创新疏通了渠道。不同的经济发展程度和社会政治背

景，使得各国、各地区的文化具有丰富多彩的特色，多样化、多元性意味着差异和矛盾，这种差异和矛盾在带来更大变数的同时，也带来更大的文化发展空间，因为文化发展的动力机制正是文化的交流、碰撞、融合、创新。在几千年的历史演变中，中国传统文化在中外交流中凸显着民族个性的同时，也受到域外文化的影响，正是在这种撞击与交汇中实现着自身的生长和创新。"一带一路"倡议对于文化大发展、大繁荣的意义也在于此。因此，"一带一路"建设的着眼点是各相关国及背后多元文明的群体性复兴，是建立在文明融合而非文明冲突的立场上，是以文化的交流交融为经济建设搭桥铺路并提供价值引领和支撑。这就要求各相关国家必须加大文化的对外开放水平，通过文化的传承、交流和创新，使古老文明在现代社会焕发新的活力，这种交融也将为区域经济一体化奠定坚实的民意基础与社会基础。

文化消费需要广阔的市场，消费主体越广泛，文化的传播就越广泛，文化的影响力就越大，文化产业的市场空间也就越大。"一带一路"倡议的实施，使不同文化背景、不同宗教信仰的各国、各地区、各民族人民交流更为密切，为各种优秀文化及和谐发展、和平共处理念的传播提供了途径，同时也为文化消费、文化产业跨越国界开辟了道路。文化产业的跨越式发展，需要发挥好国内、国际两个市场、两种资源的优势，同时也要求文化产业积极主动地参与国际分工和转型升级，进入全球文化产业价值链的更高层次。从这个意义上讲，文化产业作为文化与经济双核战略结合的重要载体，在实施"一带一路"和推动中华文化"走出去"战略中将发挥突出的作用。

文化的影响力超越时空，跨越国界。文化交流是民心工程、未来工程。古丝绸之路是一条文化交流之路。古代中国许多科学文化创新创造通过丝绸之路传到西方后，对促进西方近现代科学的发展起到了积极作用；近代西方的一些现代科学知识，也是通过海上丝绸之路传到中国的。"一带一路"是共建国家不同文化深入交融的融合剂。不同文明之间的交流互鉴，是当今世界文化发展繁荣的主要渠道，也是世界文明日益多元、相互包容的时代标签。这些是基础，也是我们走向未来的开始。我们要立足现有基础，打造新模式、探索新机制，深入开展与共建国家的文化艺术、科学教育、体育旅游、地方合作等友好交往，密切中国人民同各国人民的友好感情，夯实我国同这些国家合作的民意基础和社会基础；我们要充分发掘共建国家深厚的文化底蕴，继承和弘扬"一带一路"这一具有广泛亲和力和历史感召力的文化符号，积极发挥文化交流与合作的作用，共同促进不同文明的共同发展。

历史赋予重托，奋斗创造未来。我们要深入发挥文化潜移默化、润物无声的重要作用，扎实做好与"一带一路"共建国家的文化交流与合作，为开创我国全方位对外开放新格局，推进中华民族伟大复兴进程，奠定坚实的民意基础和社会基础。

参考文献

［1］鲁迅. 中国小说史略［M］. 北京：人民文学出版社，2005.

［2］胡适. 中国哲学史大纲［M］. 上海：上海古籍出版社，2009.

［3］钱穆. 中国文化史导论［M］. 上海：上海人民出版社，2010.

［4］冯友兰. 中国哲学史［M］. 北京：中华书局，2007.

［5］杜维明. 儒家思想的新开展［M］. 上海：上海人民出版社，2011.

［6］张岱年. 中国传统文化论稿［M］. 北京：人民出版社，2008.

［7］田原哲男. 中国文化传承与创新研究［M］. 上海：上海外语教育出版社，2013.

［8］李泽厚. 中国古代思想史论［M］. 北京：生活·读书·新知三联书店，2008.

［9］杨洪基. 中国传统文化与现代文明［M］. 上海：上海人民出版社，2010.

［10］钱锺书. 管锥编［M］. 北京：生活·读书·新知三联书店，2007.

［11］葛兆光. 中国古代宗教与思想史［M］. 上海：上海人民出版社，2010.

［12］孟祥才. 中国文化传承与创新的战略思考［M］. 北京：人民出版社，2012.

［13］侯外庐. 中国思想史纲［M］. 北京：生活·读书·新知三联书店，2009.

［14］钱念孙. 传统文化与现代化［M］. 上海：上海人民出版社，2011.

［15］冯契. 中国哲学研究［M］. 上海：上海人民出版社，2010.

［16］余秋雨. 文化苦旅［M］. 上海：上海文艺出版社，2010.

［17］王蒙. 中国文化的精神维度［M］. 北京：生活·读书·新知三联书店，2012.

［18］谢清松. 传统文化的传承与创新［M］. 北京：人民出版社，2014.

［19］郝柏村. 中华文化讲座［M］. 北京：生活·读书·新知三联书店，2011.

［20］楼宇烈. 中国文化论集［M］. 上海：上海人民出版社，2013.

［21］张岂之. 中国文化史［M］. 北京：中华书局，2009.

［22］葛兰言. 中国古代文化史［M］. 上海：上海人民出版社，2012.

［23］钱仲联. 中国文化散论［M］. 北京：生活·读书·新知三联书店，2011.

［24］林庚. 中国文学史［M］. 北京：人民文学出版社，2009.

［25］庞朴. 中国文化史纲［M］. 上海：上海人民出版社，2010.

［26］叶嘉莹. 中国古典诗词鉴赏［M］. 北京：生活·读书·新知三联书店，2012.

［27］程千帆. 中国文化散论［M］. 北京：生活·读书·新知三联书店，2011.

［28］饶宗颐. 中国文化与世界文化研究［M］. 上海：上海人民出版社，2013.

［29］史树青. 中国古代文化史［M］. 北京：中华书局，2008.

［30］魏明伦. 中国戏曲史［M］. 北京：人民出版社，2015.

［31］贾饱私. 中国古代书法艺术［M］. 上海：上海人民出版社，2014.

［32］吕思勉. 中国文化史稿［M］. 北京：生活·读书·新知三联书店，2013.

［33］汪晖. 中国近代思想史［M］. 北京：人民出版社，2012.

［34］蔡少卿. 中国民俗文化导论［M］. 上海：上海人民出版社，2015.

［35］钟叔河. 中国图书史［M］. 北京：生活·读书·新知三联书店，2011.

［36］邓谦. 中国古建筑文化［M］. 北京：生活·读书·新知三联书店，2013.

［37］邱少华. 中国传统艺术文化［M］. 上海：上海人民出版社，2012.

［38］田自秉. 中国工艺美术史［M］. 北京：人民出版社，2010.

［39］李仲谋. 中国民间艺术文化［M］. 上海：上海人民出版社，2015.

［40］王宁. 非物质文化遗产保护与传承研究［M］. 北京：人民出版社，2017.

［41］高亮. 传统文化的现代转型与发展战略［M］. 上海：上海人民出版社，2014.

［42］赵振华. 中国传统文化传承与创新研究［M］. 北京：人民出版社，2015.

［43］孙小华. 传统文化的传承与发展：理论与实践［M］广州：广东人民出版社，2016.

［44］周利平. 中国传统文化与现代社会转型［M］. 上海：上海人民出版社，2017.

［45］陈丹阳. 文化产业发展与传统文化传承研究［M］. 北京：人民出版社，2018.

［46］马建民. 传统文化与现代文化产业发展［M］. 上海：上海人民出版社，2016.

［47］刘永芳. 传统文化传承与文化旅游产业发展［M］. 北京：人民出版社，2017.

［48］李慧勇. 传统文化与现代文化产业融合创新发展［M］. 北京：人民出版社，2019.

［49］王庆华. 传统文化与现代创意产业发展［M］. 上海：上海人民出版社，2018.